普通高等院校土木类"十三五"规划教材

房地产概论

主　编　王国力
参　编　于　涛　王红微　白雅君
　　　　孙石春　孙丽娜　齐丽娜　何　影
　　　　李　东　张　楠　张黎黎　董　慧
　　　　付那仁图雅　张家翮　贾英男
　　　　韩慧慧　张　敏　芦志霞　宋　昂
　　　　赵海泉　王　涛

华中科技大学出版社
中国·武汉

内 容 提 要

本书共 11 章,具体内容包括房地产与房地产业、房地产基本制度和政策、房地产项目策划、房地产开发、房地产投资分析、房地产市场营销、房地产估价理论与方法、房地产金融、房地产产权产籍管理、房地产经纪、房地产物业管理。

本书注重理论和实践的有机结合,对于普及房地产行业基础知识、房地产开发流程管理的基本方法和操作技能具有十分重要的意义。本书可作为高校房地产类专业的教材,对房地产行业的从业人员也具有较强的参考价值,也是所有房地产投资者、房产使用者和产权所有者以及希望取得房产产权者的重要参考书。

图书在版编目(CIP)数据

房地产概论/王国力主编. —武汉:华中科技大学出版社,2018.8(2025.7 重印)
普通高等院校土木类"十三五"规划教材
ISBN 978-7-5680-3157-8

Ⅰ.①房… Ⅱ.①王… Ⅲ.①房地产-高等学校-教材 Ⅳ.①F293.3

中国版本图书馆 CIP 数据核字(2017)第 171035 号

房地产概论
Fangdichan Gailun

王国力 主编

策划编辑:周永华
责任编辑:周永华
封面设计:原色设计
责任校对:马燕红
责任监印:朱 玢

出版发行:华中科技大学出版社(中国•武汉)   电话:(027)81321913
　　　　　武汉市东湖新技术开发区华工科技园   邮编:430223
录　　排:华中科技大学惠友文印中心
印　　刷:武汉邮科印务有限公司
开　　本:787mm×1092mm 1/16
印　　张:16
字　　数:402 千字
版　　次:2025 年 7 月第 1 版第 10 次印刷
定　　价:49.80 元

本书若有印装质量问题,请向出版社营销中心调换
全国免费服务热线:400-6679-118   竭诚为您服务
版权所有   侵权必究

前　言

  房地产作为房屋和土地的社会经济形态，是人类活动的空间和重要的生产要素。它不仅关乎经济发展、财产分配，还关乎民生和社会的稳定和谐。房地产产品与其他商品不同，它兼备了消费和投资的双重功能，同时具有基础性、先导性、关联性等特性，是国民经济的重要组成部分。房地产工程是复杂的系统工程，主要包括开发、经营、管理、服务等环节。从土地的开发，房屋的建造、维修、管理，到土地使用权的有偿转让、划拨，房屋所有权的买卖、租赁，房地产的抵押贷款等各流程环节的实际操作，都有特定的规范、标准和要求。

  本书致力于满足高校房地产类专业教学需要，对普及房地产行业基础知识及掌握房地产开发流程管理的基本方法和操作技能具有十分重要的意义。书中以房地产基本制度、理论为支撑和重心，相关职业理论和房地产学关联论为巩固核心，在揭示房地产和房地产行业的属性特征以及房地产在国民经济中的地位与作用的同时，对房地产经济活动及房地产经营活动的基本常识和规律进行了梳理，从而形成一个比较科学和全面的房地产概论体系。本书主要内容包括房地产与房地产业、房地产基本制度和政策、房地产项目策划、房地产开发、房地产投资分析、房地产市场营销、房地产估价理论与方法、房地产金融、房地产产权产籍管理、房地产经纪、房地产物业管理多个部分。

  本书的编写参考了大量的相关资料，编者在此对提供资料的作者表示由衷的谢意。由于编者水平有限、时间仓促，难免有不足之处，欢迎读者提出宝贵意见。

编　者

2018 年 1 月

目 录

第1章 房地产与房地产业 (1)
- 第1节 房地产 (1)
- 第2节 房地产业 (9)

第2章 房地产基本制度和政策 (13)
- 第1节 建设用地制度与政策 (13)
- 第2节 城市房屋的征收与补偿 (16)
- 第3节 国有土地上房屋征收制度与政策 (17)
- 第4节 房地产开发的经营管理制度与政策 (19)
- 第5节 房地产交易管理制度与政策 (27)
- 第6节 房地产税收制度与政策 (30)

第3章 房地产项目策划 (35)
- 第1节 房地产项目策划概述 (35)
- 第2节 房地产项目选址策划 (39)
- 第3节 房地产项目主题策划 (44)
- 第4节 房地产项目产品策划 (45)
- 第5节 房地产项目形象策划 (53)
- 第6节 房地产项目投融资策划 (55)
- 第7节 房地产项目价格策划 (60)
- 第8节 房地产项目市场推广策划 (62)
- 第9节 房地产项目广告策划 (66)

第4章 房地产开发 (71)
- 第1节 房地产开发概述 (71)
- 第2节 房地产开发的程序 (74)
- 第3节 房地产开发用地 (76)
- 第4节 房地产开发项目可行性研究 (81)
- 第5节 房地产开发项目的准备 (85)
- 第6节 房地产开发项目的实施 (94)
- 第7节 房地产开发项目后评价 (100)

第5章 房地产投资分析 (103)
- 第1节 房地产投资分析概述 (103)
- 第2节 房地产投资分析基本原理 (105)
- 第3节 房地产投资环境分析 (110)
- 第4节 房地产投资财务评价 (113)
- 第5节 房地产投资决策分析 (115)
- 第6节 房地产投资风险分析 (117)

第6章　房地产市场营销 (125)
第1节　房地产市场营销概述 (125)
第2节　房地产市场营销计划 (128)
第3节　房地产营销环境分析 (130)
第4节　房地产市场调查 (134)
第5节　房地产开发项目客户定位 (140)
第6节　房地产市场营销策略 (142)

第7章　房地产估价理论与方法 (147)
第1节　房地产估价概述 (147)
第2节　房地产估价方法 (152)
第3节　各类房地产估价常用方法及注意事项 (163)
第4节　房地产估价风险 (165)

第8章　房地产金融 (167)
第1节　房地产金融概述 (167)
第2节　房地产金融市场 (169)
第3节　房地产金融机构 (171)
第4节　房地产项目融资 (174)
第5节　房地产信托 (176)
第6节　房地产抵押贷款 (178)
第7节　住房公积金制度 (183)
第8节　房地产保险 (187)
第9节　房地产资产证券化 (189)

第9章　房地产产权产籍管理 (193)
第1节　房地产产权登记 (193)
第2节　房地产产籍管理 (195)

第10章　房地产经纪 (197)
第1节　房地产经纪概述 (197)
第2节　房地产经纪基本业务 (203)
第3节　房地产经纪合同 (206)
第4节　房地产经纪职业规范及行业管理 (208)

第11章　房地产物业管理 (214)
第1节　物业管理的程序 (214)
第2节　物业综合管理 (227)
第3节　物业设备管理 (231)
第4节　物业服务企业的资金管理 (237)
第5节　房屋维修管理 (243)

参考文献 (249)

第1章　房地产与房地产业

第1节　房　地　产

一、房地产的定义

（一）房地产的概念

房地产是"房产"和"地产"的统称，是房屋与土地在经济方面的商品体现。"房产"和"地产"是分开的两个独立的权属系列财产。"房产"和"地产"这两个不同的权属系列，分别由不同的管理部门管理和确认。"房产"由房地产管理部门（房产局）管属；"地产"则近似于"不动产"。广义的房地产是指宗地项目以上的全部土地和房屋，以及附着于土地和房屋上不可分离的部分，更多的指工程项目、行业或产业。狭义和广义房地产的区别在于单个或全部、微观或宏观。

房地产既是一种客观存在的物质形态，也是一种法律权利。房地产由于其权属及经济的特性，而具有特别的法律意义，即房地产本质上是指以土地和房屋作为物质存在形态的财产。这种财产是指蕴含于房地产实体中的各种经济利益，以及由此形成的各种权利，如所有权、使用权、租赁权、抵押权、处分权、收益权等。

（二）房地产和不动产的辨析

不动产是指依自然性质或法律规定不可移动的财产，如土地、房屋、探矿权、采矿权等土地定着物，与土地尚未脱离的土地生成物，以及由自然或者人力添附于土地并且不能分离的其他物。不动产一旦移动，将会使该财产的价值和使用价值受到根本性的影响和破坏。以前由于建筑物的木质化，可以拆迁搭建而不受太多影响，所以不动产更多的指土地。现在由于建筑工艺技术及材料的改进，建筑物与土地已经成为一体，不可分割，不能独立拆建，所以不动产不再仅仅指土地，而是包含了建筑物，即土地及附着于土地上的改良物，包括附着于地面或位于地上和地下的附属物。其中改良物包括了建筑物、道路、停车场、水电设施以及土地上生长的植物等。而且，不动产并非完全是实物形态的，如探矿权和采矿权也属于不动产。

"房地产"和"不动产"的差别主要体现在以下几个方面。

(1) 称谓领域不同。"不动产"是民法惯常使用的词汇，"房地产"则是经济法、行政法及商事实务中较常用的称谓。

(2) 适用范围不同。"房地产"与"不动产"在某些方面可通用，但"不动产"一般指某个单项的"物业"单位（如单项的房产、地产，或者单个项目），个人或微观方面常采用"不动产"（如购置、投资、拥有不动产等）；而"房地产"是指一个国家、地区或城市所拥有的房产和地产。因此，在宏观适用上应采用"房地产"，如"房地产业""房地产管理局""房地产体制改革"和"房地产政策"中的"房地产"一般不能用"不动产"代替。

(3) 概念外延不同。一般而言，"房地产"概念的外延包括房地产的投资开发、建造、销售、售后管理等整个过程。"不动产"有时候也可以用来指某项具体的房地产，但只是限于房地产的交易、售后服务这一使用阶段或区域。

(4) 不动产与动产对应，房地产与动产没有明显的对应关系。"动产"是指不动产以外的财产，如机器设备、车辆、动物、各种生活日用品等。它是可移动的，并不因为移动而改变和影响其固有的物理特性、形状、功能和价值。动产和不动产在某个时期存在微妙的可变关系，如植物的果实尚未采摘之前，树木尚未砍伐之前，都是地上的定着物，属于不动产。一旦果实被采摘、树木被砍伐，它们脱离了土地，则属于动产。

二、房地产的构成

房地产是由房产（房屋）和地产（土地）组成，房屋与土地反映了房地产在物质方面的属性和形态，而房产与地产又是房地产在经济方面的体现。因此，本书将从物质和经济两个方面对房地产的构成进行分析。

（一）物质形态构成

1. 土地

土地是指陆地表面及其上下一定范围内的空间内容物，从空间上讲是一个垂直系统。一宗土地可以分为三层：地面；地面以上一定范围内的空间（简称地上空间）；地面以下一定范围内的空间（简称地下空间）。

2. 建筑物

建筑物是指由建筑材料、建筑构配件和设备等组成的整体物，包括房屋和构筑物两大类。

（1）房屋：房屋是指建筑于土地之上，供人居住和从事商业或其他社会活动的建筑物。房屋不仅包括住宅和办公楼，还包括一切四壁的建筑物，如饭店、剧院、体育馆、仓库、地下室等。

（2）构筑物：构筑物是指房屋以外的建筑物，如桥梁、纪念碑、道路、城墙、隧道、水坝等。人们一般不直接在其内进行生产活动。

3. 地上定着物

地上定着物是指固定在土地或建筑物上，与土地、建筑物不能分离的物体，如树木、花草、管线、花园、假山、围墙等。

（二）经济形态构成——房地产产权及其权属关系

房地产在经济形态方面的构成就是房地产产权及其权属关系，即以所有权为核心，以占有、使用、收益、处分四大权能为载体的房地产经济、法律关系。相同的房地产物质（用途、结构、地段、朝向、户型等），在不同的所有制关系或不同的产权关系下，其财产份额、经济上的分配关系和利益的取得是完全不同的。

三、房地产的基本内涵

在房地产估价活动中，建立对房地产准确的基本认识，对于估价的正确性、合理性是非常重要的。

（一）土地的基本内涵

（1）坐落。坐落包括所处的区域和具体地点，可从国家、地区、城市、邻里、地点这五个从宏观到具体的层次来认识。

（2）面积。面积为依法确认的面积，通常以平方米（m^2）表示。

（3）形状。形状通常用图（如宗地图）来说明，形状规则的土地一般价值较高。

（4）四至。对四至描述的最佳顺序为东、南、西、北，描述为东至、南至、西至、北至。

（5）地势。地势包括地势高低、自然排水状况、被洪水淹没的可能性等。

（6）周围环境、景观。随着人们生活水平及对生活质量要求的提高，加上城市土地环境、景观资源的稀缺，周围环境和景观对房地产价格的影响越来越明显。

（7）利用现状。利用现状包括现状用途，土地上有无建筑物、其他附着物。如果有建筑物、其他附着物，还需要进一步了解该建筑物、其他附着物的情况。

（8）产权状况。由于土地权利的种类和内容均能影响其价值，因此，进行房地产估价时应特别注意土地权属状况。在目前中国的土地制度下，主要了解以下内容：是国家所有的土地还是农民集体所有的土地；是出让土地使用权还是划拨土地使用权；属于出让土地使用权的，其剩余土地使用年限有多长及可否续期；土地取得手续是否完备；是否抵押、典当或为他人提供担保；是否涉案；产权是否有争议；是否为临时用地；是否属于违法占地等。

（9）地质和水文状况。地质和水文状况包括地基的承载力、地下水位的深度等，其对土地利用的成本产生较大影响，从而影响价格。

（10）基础设施的完备程度和土地的平整程度。基础设施的完备程度和土地的平整程度是指道路、给水、排水、电力、通信、燃气、热力等的完备程度和土地的平整程度，即通常所说的"三通一平""五通一平"或"七通一平"。"三通一平"是指路通、水通、电通和场地平整；"五通一平"通常是指具备了道路、给水、排水（包括雨水、污水）、电力、通信等设施或条件以及场地平整；"七通一平"一般是指具备了道路、给水、排水、电力、通信、燃气、热力等设施或条件以及场地平整。基础设施的完备程度和土地的平整程度在很大程度上影响着土地的价格。

（二）建筑物的基本内涵

（1）坐落。建筑物的用途、档次、规模与建筑物的坐落是否配置协调，对房地产价格的影响是不容忽视的。

（2）面积。建筑物的面积包括建筑面积、套内建筑面积、使用面积以及其他面积（如住宅还需要了解居住面积，商业用房还需要了解营业面积，出租房屋还需要了解可出租的面积等）。

（3）层数和高度。通常按照层数或高度将建筑物分为低层建筑、多层建筑、高层建筑和超高层建筑。

（4）结构。结构指建筑物中由承重构件（基础、墙、柱、梁、屋架、支撑、屋面板等）组成的体系。结构一般分为钢结构、钢筋混凝土结构、砖混结构、砖木结构和简易结构等。

（5）设备。设备包括给排水、卫生、燃气、照明、空调、电梯、通信、防灾等设备。估价活动中通常还需要了解它们的配置和性能。

（6）装修。装修分为内装修和外装修。需要了解装修的标准和程度，所用材料的品质及装修质量等。

（7）公共配套设施。公共配套设施是指小区内各种非营利性的公共配套设施,主要包括幼儿园、变电室、居委会或建筑物周边的公共配套设施(如医院、邮电局、银行、超市、菜市场等)。

（8）平面布置。平面布置包括平面图、户型图等,平面布置的优劣由人们的认可程度来决定,并且会发生变化。

（9）外观。外观包括外观图片等。

（10）建成年月。建成年月包括开工日期和竣工日期。

（11）维修、保养情况及完损程度。了解维修、保养情况及完损程度,主要是了解地基的稳定性、沉降情况等。

（12）利用现状。利用现状包括不同用途的面积分配和楼层分布。

（13）产权状况。在中国大部分地区,建筑物与土地的所有制不同,土地全部都是公有的,而建筑物可以为私人所有。建筑物的所有权除了独立、共有,还有区分所有,其中,共有又分为按份共有和共同共有。法律规定,转让共有的房地产时,需经其他共有人书面同意。区分所有是以建筑物的某一特定部分为客体而成立的房地产所有权形式,是一种复合性的权利,由专有部分的所有权、共用部分的持份权(该部分为建筑物各专有部分的所有人之间按份共有)和因共同关系所产生的成员权构成。

四、房地产的特性

房地产作为一种财产,具有以下基本属性。

（一）时间上的永久性

土地和房屋区别于其他不动产的主要特征是其能够持久存在。一些自然灾害可能给土地造成一定的减损,但只能破坏它的特定用途,在灾害后土地仍然可以修复或作为他用。

一般房地产的使用年限都很长,土地是永久存在的,房屋附属设施的耐用期也很长。因此在房地产商品流通中,不仅可以转移产权,还可以在不改变产权关系的前提下,只转移一定年限的使用权。相对一般商品而言,房屋完全可以被看作是长期的商品,这也是房地产业比较容易获得长期性融资的原因。我国有关建筑物安全的规范规定,房屋建筑物因结构的不同其寿命年限及使用年限(或称为折旧年限,房屋价值转移的年限)也不同：钢结构70年、钢筋混凝土结构60年、砖混结构50年、砖木结构40年、简易结构10年。

（二）空间上的固定性

建筑物从整体上通过一定的地基与土地结合在一起,因而具有相对固定性。除少数房屋依靠一定的技术和设备可以移动外,绝大部分的房屋是不能移动的。房地产的空间固定性使得房地产的开发、销售、租赁及售后服务等一系列经济活动成为可能。

房地产位置的不可移动性也被称为房地产位置的固定性。具体表现如下。

（1）土地是不可移动的。

（2）人们对土地的投入也是不可移动的,水渠、管道、电缆、道路等都是土地(熟地)的组成部分,离开土地它们便不能称为对土地的投入。

（3）房屋是建筑在一定的土地之上的,房屋建筑物在一般情况下是不可移动的。而房地产交易也正是源于房地产在位置上的不可移动性,以法定契约的方式对产权进行交易。

（三）供给上的有限性

土地是一切生产和社会活动得以进行的前提条件。土地的有限致使房地产供给也是有限的，而陆地面积和可利用的土地面积也很难因人的努力而扩大。

就目前人类科学技术的发展来讲，土地是不可再生资源。同时土地的数量由地球陆地表面面积所决定，地表的陆地面积一般不会增加，再除去沙漠、戈壁、沟壑、山岭等，现有的土地便是供应的极限。许多国家都有填海造地的成功例子，但这种人工造地耗资巨大，并且只能在水很浅的海边进行，所得到的土地面积也极少，根本无法解决土地供应的有限性问题。

（四）效用上的多层次性

不同的房地产具有效用的层次性。居住房屋的效用具备了生存资料、享受资料、发展资料等不同层次的内容。居住房屋的数量和质量决定了生存、享受、发展等效用的程度，质量好的房屋还有美化环境的作用。生产和营业用房既可以是企业的固定资产或者固定资金，也可以是流动资产或流动资金，同时也能作为抵押物进行债务抵押。

土地除了可以作为农、林、牧、渔等产业的生产资料外，还可以作为城市、工厂、商业、交通、旅游、科技、教育、卫生、体育、公共绿化等用地。随着社会生产力的发展，土地的利用也是在不断发生变化的。

（五）资本上的价值性

在土地的开发和使用过程中，连续不断地合理投资能使土地的经济价值和价格不断增加，只要使用得当，一般不会使用一次就失去效力，而是可以连续使用。房地产的投资效益具有积累性，一般不会因为时间的推移而消失，价值通常会持续上扬，使房地产具有保值和增值性。城市土地和房屋的这种特征尤为明显。

（六）表现上的异质性

房地产不同于一般商品的特点在于它的异质性，即世界上没有两宗完全相同的房地产。土地由于受地理位置、区域环境的限制不可能相同，即使在同一城市，甚至同一社区内，也很难找到两块品质完全相同的地块。至于建筑物，其品质不仅在外形尺寸、年代、风格、建筑标准上各不相同，即使是上述因素都相同的建筑物，也会由于内部附属设施、街景区位、物业管理等因素的差异而有所区别，甚至在同一住宅区内的相同住宅，朝向和层次的差异也是非常明显的。

由于房地产的异质性，从理论上讲每一单位面积的房地产的价格是不一样的，而且这种区别最终将反映在两栋建筑物的租金水平和出租率等方面。因此房地产市场较其他商品市场具有更多的中介经纪服务行为。

（七）影响上的外部性

在现实经济生活中，生产者或消费者往往会在经济活动中给第三者带来附加的服务或损害，而这些服务是无偿的，损害也是得不到任何补偿的，福利经济学称之为"外部性"。房地产由于其具备较多的公共物品的特点，其生产和消费必然对他人产生各种外部的影响，这样就需要政府通过法规及相关的经济手段对房地产的投资、开发、经营及占有、使用、收益和处分加以调控。并且，任何房地产一旦建成，较长时期内就不随意改变。因此，与一般商品相比较，房地产的生产、消费与周围环境之间更容易相互影响。这些影响使得房地产因外部环境的改善而增值,因外部环境的恶化而形成价值损失,既容易对周围环境形成不同的影响,也容易受到周边环境的制约或促进,包括各种政策、法律、制度的影响。

(八) 利益上的保值增值性

土地的不可移动性使得土地具有聚集资本的能力,对同一块土地连续追加投资可以形成资本的积累,从而实现土地增值。一般而言,会因房地产需求的增加、土地资源的有限性、基础设施的改善等原因而使价格上涨、价值增加。当然,房地产升值不是直线式的,短期内房地产的价格是上下波动的,但从长期看,房地产的价格无疑是不断上升的。此外,一般商品随其使用价值的消耗,价值也逐渐随载体的消亡而消亡,而房地产的使用价值不仅不因时间的流逝而消亡,相反因其稀缺性可以保值甚至增值。同时政府不断增加在道路、公园、博物馆等公共设施方面的投资,能显著地提高附近房地产的价值,使得该处房地产从周边社区环境的改善中获得利益。

五、房地产的分类

根据划分依据不同,房地产可以分成若干类别。分类依据有用途、物质形态、开发程度、产生效益等。

(一) 按用途分类

房地产按其用途分类,主要有以下类型。

1. 农田

农业是国民经济的基础,粮食是人类生存最基本的生产资料,因此各国政府都制定有明确的法律和政策对农田进行严格的管理。由于土地是不可再生资源,而随着人口的增长和经济的发展,人类对农田的需求日益增加,因而土地价格和租金呈上升趋势。随着现代科学技术在农业生产上不断得到推广运用,农业生产率日益提高。但由于存在投资报酬递减现象,以及单位面积农产品产量的限制,与其他行业相比,农业投资的利润通常是比较低的。

从经营角度讲,现代农田投资者的投资目的并不是种植,而是要获得利润,农田地产交易的前提是允许买卖、转租。

2. 森林

森林的投资回收期很长,有时投资者需要投资 60 年以上方能有稳定的收入,因此,一片森林中必须有相当比重的成材树,而且各种年龄的树木应各占一定的比例。鉴于木材是重要的生产、生活资料,而森林投资回收期又很长,所以许多国家对森林投资采取了各种优惠的政策,如减税、免税、预付一部分利润等。

3. 住宅

住宅是人类赖以生存的基本条件之一。在现代城市中,住宅一般占到房屋总量的 50% 左右。住宅与人们的生活息息相关,因而住宅房地产是一种十分复杂而敏感的商品。住房的供应量,尤其是房租、房价的微小变化,都会引起整个社会的关注。世界各国政府都对住房政策采取十分谨慎的态度。大多数国家对住宅实施福利性政策,有的国家甚至通过立法禁止对住宅进行商业化的投资经营。一些观点甚至认为住宅是生活必需品,与水、电一样,不能以盈利为目的。

从实践上看,目前住宅房地产可以分为三类。

(1) 住宅本身不是商品,而仅仅是一种福利设施。这类住宅由政府投资兴建,主要依靠国家大量财政补贴得以维持,承租户只缴纳少量的租金,这部分房租甚至不足以弥补正常的房屋建筑物的维修、管理费用,当然更谈不上回收投资了。

(2) 住宅属于一种准商品。这类住宅的买卖、租赁,通常是国家通过一定的财政补贴政策给予其各种优惠,如控制最高租金水平、给予低息贷款等。之所以说这类住宅属于准商品,是因为它们的租金与价格跟建筑的成本、利润挂钩,并受房地产市场供求的一定影响,但它们的租金和价格又不与市场供求、竞争有直接联系。

(3) 住宅本身就是一种商品。这部分房地产与其他商品一样,其价格、租金以及供求关系完全由市场决定。

很长一段时期内,我国的住宅除了少量私房外基本上都属于第一种类型。随着各地住房制度改革方案的相继出台,逐渐停止实物化分房,我国的住宅逐步向第二种类型演变,并出现大量的商品房。

4. 商业房地产

商业房地产是房地产市场中主要的商品,它包括店铺、购物中心、商业大厦、写字楼、宾馆、酒吧、餐厅、各种文化娱乐设施以及服务业建筑等。

商业房地产具有以下显著特征。

(1) 商业房地产由于装修等原因,地上建筑价值占整个房地产价值的比重较大。

(2) 由于商业房地产单位营业面积盈利率高,因而商业房地产单位面积的售价和租金也相对比较高。

(3) 商业房地产对周围环境的反应特别敏感,在城市中的位置往往成为决定商业房地产价值的关键因素。同样的商业用地或店面分别处于城市商业中心区和城郊结合部,前者的售价和租金往往高于后者,可能会是后者的数十倍,甚至上百倍。

(4) 商业房地产具有较强的适应性,其主要表现为商业房地产的具体用途易于发生改变。如经营自行车的店铺稍加装修便可以经营家用电器,办公楼的楼面则可以出租给各种各样的行业。

5. 工业房地产

工业房地产包括工厂、仓库、成品和材料堆放场地、码头等。工业房地产是工业生产的重要生产资料,一般认为它们部分地参加产品的生产过程。工业房地产具有以下特点。

(1) 工业房地产一般不做外部装修,总建筑成本相对比较低。

(2) 工业房地产在结构设计方面技术性要求很高,因而一般适应性比较差。有时一幢厂房就是专门为某一条生产线而设计的。

(3) 工业房地产对周围环境也有一定要求,主要是交通运输便利、有较大的发展空间。

工业房地产中的专用厂房进入市场的可能性很小,如标准厂房、仓库、成品和材料堆放场地,大量地被用来开展租赁业务,也可买卖。

6. 开发基地

开发基地包括已购入或租入的预定用于开发的生地,已经完成"三通一平""五通一平"或"七通一平"的熟地,以及已拆除和将要拆除旧建筑用于重新开发的土地。开发基地是一种过渡形式的房地产,因为它还未完成它的最终形态,开发基地存在的时间可以很长。

(二)按物质形态分类

按照物质形态分类,房地产主要可分为土地、在建房地产、建成后的物业三种类型。

1. 土地

如前所述,土地的本质是自然资源,它是房地产的一种特殊形态。尽管单纯的土地并不能完全满足人们居住和生产的需要,但由于土地具有潜在的开发价值,通过对土地不断地投资,最终达到为人类提供入住空间和活动场所的目的。因此,土地属于房地产的范畴,并且是重要的组成部分之一。

2. 在建房地产

在建房地产是指已经开始施工建设但是尚未竣工投入使用的房地产。这类房地产是房地产开发建设的中间形态,不具备使用条件,并且受原有投资者的融资能力、管理能力、投资策略、市场营销策略以及市场环境因素变化的影响。房地产市场上总是存在着一定数量的在建工程的交易行为,如将在建工程转让、抵押等。

3. 建成后的物业

建成后的物业是指已通过竣工验收、可投入或已经投入正常使用的房屋建筑物、构筑物、附属设施及场地。以不同的分类原则,建成后的物业有以下两种分类方法:①按其当前的使用状况可以分为空置房和已入住或已使用(包括所有权人确定但尚未使用)的房地产两类;②按照建筑用途不同,建成后的物业又可以分为居住物业(即通常所称的住宅,包括普通住宅、公寓、别墅)、商业物业(包括商业大厦、商场、购物中心、写字楼、酒吧、餐厅、饭店、宾馆、各种文化娱乐设施以及服务业建筑等)、工业物业(包括标准厂房、车间、仓库、成品和材料堆放场地等)、特殊物业(包括赛马场、高尔夫球场、汽车加油站、飞机场、车站、码头、高速公路、桥梁、隧道、开发基地等,这类物业的经营内容通常要得到政府的特殊许可)。

(三)按开发程度分类

根据开发程度房地产又分为生地、毛地、熟地、在建工程和现房五种。

(1)生地指不具有城市基础设施的土地,如荒地、农地。

(2)毛地指具有一定城市基础设施,但地上有待征收房屋的土地。

(3)熟地指具有完善的城市基础设施,土地平整,能直接在其上进行房屋建设的土地。按照基础设施完备程度和场地平整程度,熟地又可分为"三通一平""五通一平""七通一平"等土地。

(4)在建工程指建筑物已开始建造但尚未竣工的房地产。该类房地产不一定正在开发建设之中,也可能停工了多年,因此在建工程包括停缓建工程。另外,有些在建工程从另一角度通常又称为"房地产开发项目"。在实际估价中,通常以是否完成工程竣工验收为标志,判定是否为在建工程,未完成工程竣工验收的,即为在建工程。已完成工程竣工验收的,应当有工程竣工验收报告。在建工程可以按照工程进度,如形象进度、投资进度(投资完成额)、工作量进度(完成工程量)、工期进度等进行分类。

(5)现房指已建造完成、可直接使用的建筑物及其占用范围内的土地。现房按照新旧程度,又可分为新的房地产(简称新房)和旧的房地产(简称旧房)。其中,新房按照装饰装修状况,又可分为毛坯房、粗装修房和精装修房。

(四)按产生效益分类

1. 收益性房地产

收益性房地产是指能直接租赁或产生其他经济收益的房地产,包括商店、商务办公楼、公寓、旅馆、餐馆、影剧院、加油站、厂房等。

2. 非收益性房地产

非收益性房地产是指不能直接产生经济效益的房地产,如私人宅邸、未开发的土地、政府办公楼、教堂、寺庙等。

第2节 房地产业

一、房地产业的定义

房地产业是以土地和建筑物为经营对象,从事房地产开发、建设、经营、管理,以及维修、装饰和服务,集多种经济活动为一体的综合性产业。房地产业主要包括土地开发,房屋的建设、维修、管理,土地使用权的有偿划拨、转让,房屋所有权的买卖、租赁,房地产的抵押贷款,以及由此形成的房地产市场。

一般从事房地产开发经营的企业和组织称为开发商,从事房屋建设和设备安装的企业称为建筑商(承包商)。房地产开发分为建设和买卖两部分,建设过程是物质生产过程,属于建筑业,买卖过程才属于房地产业。在项目开发建设活动中,开发商和建筑商往往形成密切的合作关系。

房地产业属于第三产业,是具有基础性、先导性、带动性和风险性的产业。其细分行业主要包括房地产投资开发、房地产中介服务、物业管理。其中,房地产中介服务又包括房地产咨询、房地产估价、房地产经纪等。

二、房地产业的行业构成

房地产业组织结构如图1-1所示。

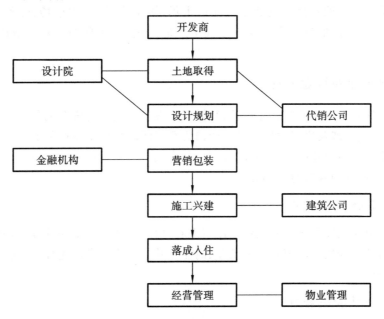

图1-1 房地产业组织结构图

（一）国有土地使用权的出让

国有土地使用权的出让是指国家将国有土地使用权在一定年限内出让给土地使用者，由土地使用者向国家支付土地使用权出让金的行为。

（二）房地产开发

广义上讲，房地产开发是以（城镇）土地资源为对象，按照预定目的改造加工，进行房屋设施的建筑安装活动，以及为此而进行的规划、设计、经营管理活动的全过程。狭义上讲，房地产开发是按照预定目的进行的改造土地和建造房屋设施的经营管理活动过程。具体内容包括征用土地、人员安置、委托规划设计、对旧城区进行开发与再开发。

（三）房地产经营

广义上讲，房地产经营是房地产企业围绕经营目标进行科学决策，并使确定的目标得到实现的全部管理活动的总和，包括房地产的投资、开发、出售、出租、维修、服务等综合管理活动。狭义上讲，房地产经营主要是指有关房地产产品供销的管理活动，其中尤其着重于销售活动。具体内容包括土地使用权的转让、出租、抵押，以及房屋的买卖、抵押等经济活动。

（四）房地产中介服务

房地产中介服务包括房地产咨询中介、房地产评估中介、房地产代理中介。

（五）物业管理

物业管理是对房屋公用设备实施养护维修，并为使用者提供安全、卫生、优美的环境。

（六）房地产调控与管理

房地产调控与管理是指通过建立房地产市场、资金市场、技术市场、劳务市场、信息市场，制订合理的房地产价格体系以及建立健全房地产法规，实现国家对房地产市场的宏观调控。

三、房地产业的行业特性

房地产业具有第三产业的产业特征，其投资开发活动主要是资源的整合、组织和管理等服务活动，并不直接涉及房屋建造。房地产销售经营活动从属于流通领域，而流通行业理应划归第三产业。房地产业中的一些分支行业，如房地产中介服务业、房地产金融业和物业管理业，更是第三产业的直接组成部分。

（一）先导性和基础性

从房地产业在国民经济中的地位和作用来看，房地产业是一个先导性、基础性和支柱性产业。由于房地产开发是城市开发和工业、商业及其他行业开发的先导，因而房地产业也就成为先导性产业。

（二）综合性和关联性

房地产业是具有高度综合性和关联性的行业，呈现出支柱产业的特征。房地产业的综合性主要体现在其横跨生产、流通和消费各个领域；房地产业的关联性体现在它与众多产业部门密切相关。

（三）资金密集性和高风险性

房地产业是资金密集型行业,具有价值量大、建设周期长、资金占用多的特点,且投资过程中高投资和高风险并存。它的经济活动是一个大量资金运作的过程,具有投资周期长、变现能力差等特点,导致其涉及的风险也相对较大,具体的风险有自然风险、市场风险、利率风险、经营风险、财务风险和政策法律风险等。

（四）级差收益性和区域性

房地产业具有区域差异巨大、级差收益明显、地区性强的特点。空间固定性使其受制于区域经济的发展水平,即使在同一地区,由于微观区位的不同,房地产价值也会出现巨大的分异,而房地产业的区域性还造成房地产市场具有地区性强的特点。

（五）权利主导性和制约性

从社会经济政治关系上看,房地产是一种权利主导型商品,房地产业是受政府政策影响较大且与法律制度紧密相关的行业。

四、房地产业的地位和作用

房地产是国民经济发展的一个基本的生产要素,任何行业的发展都离不开房地产业。反过来说,任何行业都拥有一定的房地产,都是房地产业经济活动的参与者。因此可以说,房地产业是发展国民经济和改善人民生活的基础产业之一。它的重要作用可以归纳为如下几点。

(1) 可以为国民经济的发展提供重要的物质条件。
(2) 可以改善人们的居住和生活条件。
(3) 可以改善投资环境,加快改革开放的步伐。
(4) 通过综合开发,避免分散建设的弊端,有利于城市规划的实施。
(5) 可以为城市建设开辟重要的资金积累渠道。
(6) 可以带动相关产业,如建筑、建材、化工、轻工业、电器等工业的发展。
(7) 有利于产业结构的合理调整。
(8) 有利于深化住房制度的改革,调整消费结构。
(9) 有利于吸引外资,加速经济建设。
(10) 可以扩大就业面。

五、房地产业的运行环境和主要影响因素

房地产业的运行环境和主要影响因素具体见表 1-1。

表 1-1 房地产业的运行环境和主要影响因素

房地产业的运行环境	主要影响因素
社会环境	人口数量和结构、家庭数量和结构及其变化、居民思想观念、社区和城市发展形态等
政治环境	政治体制、政局稳定性、政府能力、政策连续性、政府及公众对待外资的态度等

续表

房地产业的运行环境	主要影响因素
经济环境	城市或区域总体经济发展水平、就业状况、居民收入和支付能力、产业结构与布局、基础设施状况、利率和通货膨胀率等
金融环境	宏观金融政策、金融工具完善程度、资本市场发育程度
法律制度环境	与房地产业有关的正式规则,包括现行的法律与相关政策
技术环境	建筑材料、建筑施工技术和工艺、建筑设备的进步;更为重要的是信息技术的发展和应用,以及随之而来的房地产信息化的要求
资源环境	土地、能源等资源约束
国际环境	国际资本流动和经济全球化

思考与练习

一、名词解释
1. 房地产
2. 不动产
3. 地上定着物
4. 熟地
5. 房地产业

二、简答题
1. 简述房地产和不动产的相同点和不同点。
2. 房地产的基本构成有哪些?
3. 房地产按开发程度分类可分为哪几类?
4. 简述房地产的特性。
5. 房地产业的细分行业有哪些?
6. 简要分析房地产业的运行环境和主要影响因素。

第2章 房地产基本制度和政策

第1节 建设用地制度与政策

一、我国现行的土地制度

(一) 土地社会主义公有制

土地社会主义公有制分为全民所有制和劳动群众集体所有制两种。全民所有制的土地被称为国家所有土地,简称国有土地,其所有权由国家代表全体人民行使,具体又由国务院代表国家行使。我国宪法明确规定:城市的土地属于国家所有。土地的劳动群众集体所有制具体采取的是农民集体所有制的形式,该所有制的土地被称为农民集体所有土地,简称集体土地。我国宪法还规定:农村和城市郊区的土地,除由法律规定属于国家所有的以外,属于集体所有;宅基地和自留地、自留山,也属于集体所有。

《中华人民共和国土地管理法实施条例》第二条进一步明确了国有土地的范围:城市市区的土地;农村和城市郊区中已经依法没收、征收、征购为国有的土地;国家依法征收的土地;依法不属于集体所有的林地、草地、荒地、滩涂及其他土地;农村集体经济组织全部成员转为城镇居民的,原属于其成员集体所有的土地;因国家组织移民、自然灾害等原因,农民成建制地集体迁移后不再使用的原属于迁移农民集体所有的土地。

(二) 土地登记制度

县级以上人民政府对所管辖的土地进行登记造册。属于国有土地的,核发国有土地使用证;属于集体土地的,核发集体土地所有权证书。依法登记的土地所有权和使用权受法律保护,任何单位和个人不得侵犯。

(三) 土地有偿有限期使用制度

除了国家核准的划拨土地以外,凡新增土地和原使用的土地改变用途或使用条件、进行市场交易等,均实行有偿有限期使用制度。

(四) 土地用途管制制度

根据土地利用总体规划,将土地用途分为农用地、建设用地和未利用土地。土地用途管制的核心是不能随意改变农用地的用途。土地用途的变更须经有批准权的人民政府核准。控制建设用地总量,严格控制农用地转为建设用地。

(五) 耕地保护制度

耕地主要是指种植农作物的土地,国家对耕地实行特殊保护,严格控制耕地转为非农业用地。

在现阶段,按照国家有关规定,取得国有土地使用权的途径主要有下列四种:通过行政划拨方式(含征收集体土地)取得;通过国家出让方式取得;通过房地产转让方式取得(如买卖、赠与或者其他合法方式);通过土地或房地产租赁方式取得。

二、集体土地征收

(一)集体土地征收的定义

我国宪法规定:国家为了公共利益的需要,可以依照法律规定对土地实行征收或者征用并给予补偿。征收和征用既有区别又有联系,其区别在于征收主要是所有权的改变,征用只是使用权的改变;其联系就在于都是为了公共利益需要,都要经过法定程序,都要依法给予补偿,具体规定可参见《中华人民共和国土地管理法》。

(二)土地征收的特点

(1)土地征收具有一定的强制性。征地是国家的特有行为,被征地单位必须服从国家需要。

(2)要妥善安置被征地单位人员的生产和生活,由用地单位向被征地单位给予经济补偿。

(3)被征收的土地所有权发生转移,即集体所有的土地变为国家所有的土地。

三、国有土地使用权出让与划拨

(一)国有土地使用权出让

1. 出让条件

国有土地使用权出让必须符合土地利用总体规划、城市规划和年度建设用地计划。根据省、市政府下达的控制指标,拟订年度出让国有土地总面积方案,并且有计划、有步骤地进行。出让的每幅地块、面积、年限和其他条件,由市、县人民政府土地管理部门会同城市规划、建设、房产管理部门共同拟订,按照国务院的规定,报经有批准权的人民政府批准后,由市、县人民政府土地管理部门实施。

国有土地使用权出让可以采取拍卖、挂牌、招标或者双方协议的方式。商业、旅游、娱乐和商品住宅用地,必须采取拍卖、招标或者挂牌方式出让。

2. 出让年限

《中华人民共和国城镇国有土地使用权出让和转让暂行条例》规定了土地使用权出让最高年限:居住用地70年;教育、科技、文化、卫生、体育用地50年;商业、旅游、娱乐用地40年;综合或其他用地50年。

3. 土地使用权收回

土地使用权收回包括:土地使用权届满收回;在特殊情况下,国家根据社会公共利益的需要,可以依照法律程序提前收回;因土地使用者不履行土地使用权出让合同而收回土地使用权;司法机关决定收回土地使用权。

4. 土地使用权终止

土地使用权终止主要有因土地灭失而终止和因土地使用者的抛弃而终止。

5. 土地使用权续用

土地使用权出让合同约定的使用年限届满,土地使用者需要继续使用土地的,应当最迟于期满前1年向土地管理部门提出申请,经批准续期的,应当重新签订土地使用权出让合同,按规定支付地价款并更换土地权属证书。

(二) 国有土地使用权划拨

国有土地使用权划拨是指县级以上人民政府依法批准,在土地使用者缴纳补偿、安置等费用后将该幅土地交付其使用,或者将土地使用权无偿交付给土地使用者使用的行为。

1. 划拨土地使用权的含义

(1) 划拨土地使用权包括土地使用者缴纳征收安置、补偿费用(如城市的存量土地和征用集体土地)和无偿取得(如国有的荒山、沙漠、滩涂等)两种形式。不论是何种形式,土地使用者均无须缴纳土地使用权出让金。

(2) 除法律法规另有规定外,划拨土地没有使用期限的限制,但未经许可不得进行转让、出租、抵押等经营活动。

(3) 取得划拨土地使用权,必须经有批准权的部门核准并按法定的工作程序办理手续。

2. 划拨土地的范围

建设单位使用国有土地,应当以出让等有偿使用方式取得。但是,下列建设用地经县级以上人民政府依法批准,可以以划拨方式取得。

(1) 国家机关用地和军事用地。

国家机关用地是行使国家职能的各种机关用地的总称,包括国家权力机关、国家行政机关、国家审判机关、国家检察机关和国家军事机关等的用地。军事用地指军事设施用地,包括下列建筑、场地和设施用地:指挥机关、地面和地下的指挥工程、作战工程;军用机场、港口、码头;营区、训练场、试验场;军用仓库;军用通信、侦察、导航、观测台和测量、导航标志;军用公路、铁路专用线,军用通信、输电线路,军用输油、输水管道;国务院和中央军事委员会规定的其他军事设施。

(2) 城市基础设施用地和公益事业用地。

城市基础设施用地包括城市给水、排水、污水处理、供电、通信、煤气、热力、道路、桥涵、市内公共交通、园林绿化、环境卫生以及消防、路标、路灯等设施用地;公益事业用地则是指市内的各种学校、医院、体育场馆、图书馆、文化馆、幼儿园、托儿所、体育院、敬老院、防疫站、教育、卫生、体育事业等用地。

(3) 国家重点扶持的能源、交通、水利等基础设施用地。

国家重点扶持的能源、交通、水利等基础设施用地是指中央投资、中央和地方共同投资、中央和地方共同引进外资以及其他投资者投资、国家采取各种优惠政策重点扶持的能源项目(如煤炭、石油、天然气、电气等)用地,港口、铁路、交通项目用地,水利、排水和水力发电工程等项目用地。

(4) 法律、行政法规规定的其他用地。

3. 划拨土地使用权的收回

以下情况可以收回划拨土地使用权。

(1) 无偿取得划拨土地使用权的土地使用者,因迁移、解散、撤销、破产或者其他原因而停止使用土地的,市、县人民政府应当无偿收回其划拨土地使用权。

(2) 对划拨土地使用权,市、县人民政府根据城市建设发展需要和城市规划的要求,可以无偿收回。

(3) 无偿收回划拨土地使用权时,对其地上建筑物、其他附着物,市、县人民政府应当根据实际情况给予适当补偿。

4. 闲置土地

闲置土地是指超过国有建设用地使用权有偿使用合同或者划拨决定书约定、规定的动工开发日期满一年的未动工开发的国有建设用地。

(1) 闲置土地的范围。

①国有土地有偿使用合同或者建设用地批准书未规定动工开发日期,自国有土地有偿使用合同生效或者土地行政主管部门建设用地批准书颁发之日起满一年未动工开发建设的。

②已动工开发建设但开发建设的面积占应动工开发建设总面积不足三分之一或者已投资额不足25%且未经批准中止开发建设连续满一年的。

③法律、行政法规规定的其他情形。

(2) 闲置土地的处理。

①未动工开发满一年的,由市、县国土资源主管部门报经本级人民政府批准后,向国有建设用地使用权人下达征缴土地闲置费决定书,按照土地出让或者划拨价款的20%征缴土地闲置费。土地闲置费不得列入生产成本。

②未动工开发满两年的,由市、县国土资源主管部门按照《中华人民共和国土地管理法》第三十七条和《中华人民共和国城市房地产管理法》第二十六条的规定,报经有批准权的部门批准后,向国有建设用地使用权人下达收回国有建设用地使用权决定书,无偿收回国有建设用地使用权。闲置土地设有抵押权的,同时抄送相关土地抵押权人。

第2节 城市房屋的征收与补偿

一、房屋的征收与补偿概述

房屋的征收与补偿是指国家为了公共利益的需要,将国有土地上单位或个人的房屋所有权转移给国家,并对被征收房屋所有权人(即被征收人)给予公平补偿的行为。

房屋的"征收"二字起源于"拆迁"。2011年1月19日,国务院审议并通过了《国有土地上房屋征收与补偿条例(草案)》,删去了旧有条例《城市房屋拆迁管理条例》中令人敏感的"拆迁",代之以"征收"。同时规定,对被征收房屋价值的补偿,不得低于类似房地产的市场价格。在《国有土地上房屋征收与补偿条例》正式发布的同时,《城市房屋拆迁管理条例》废止。

二、房屋征收的补偿

做出房屋征收决定的市、县级人民政府对被征收人给予的补偿包括以下几点。

(一) 被征收房屋价值的补偿

对被征收房屋价值的补偿,不得低于房屋征收决定公告之日被征收房屋类似房地产的市场价格。被征收房屋的价值,由具有相应资质的房地产价格评估机构按照房屋征收评估办法评估确定。房地产价格评估机构由被征收人协商选定;协商不成的,通过多数决定、随机选定等方式确定,具体办法由省、自治区、直辖市制定。

被征收人可以选择货币补偿,也可以选择房屋产权调换。被征收人选择房屋产权调换的,市、县级人民政府应当提供用于产权调换的房屋,并与被征收人计算、结清被征收房屋价值与用于产权调换房屋价值的差价。

(二)因征收房屋造成的搬迁、临时安置的补偿

因征收房屋造成搬迁的,房屋征收部门应当向被征收人支付搬迁费;选择房屋产权调换的,产权调换房屋交付前,房屋征收部门应当向被征收人支付临时安置费或者提供周转用房。

(三)因征收房屋造成的停产停业损失的补偿

对因征收房屋造成停产停业损失的补偿,根据房屋被征收前的效益、停产停业期限等因素确定。具体办法由省、自治区、直辖市制定。

第3节 国有土地上房屋征收制度与政策

一、国有土地上房屋征收的管理体制

国务院住房和城乡建设主管部门以及省、自治区、直辖市人民政府住房和城乡建设主管部门,应当会同同级财政、国土资源、发展改革等有关部门,加强对房屋征收与补偿实施工作的指导。

市、县级人民政府确定的房屋征收部门组织实施本行政区域的房屋征收与补偿工作。市、县级人民政府有关部门应当依照法律规定和本级人民政府规定的职责分工,互相配合,保障房屋征收与补偿工作的顺利进行。房屋征收部门可以委托房屋征收实施单位,承担房屋征收与补偿的具体工作。房屋征收实施单位不得以营利为目的。房屋征收部门需对房屋征收实施单位在委托范围内实施的房屋征收与补偿行为进行监督,并对其行为后果承担法律责任。

二、征收对象和征收工作程序

(一)征收对象

为了保障国家安全、促进国民经济和社会发展等公共利益的需要,有下列情形之一,确需征收房屋的,由市、县级人民政府做出房屋征收决定。

(1)国防和外交的需要。

(2)由政府组织实施的能源、交通、水利等基础设施建设的需要。

(3)由政府组织实施的科技、教育、文化、卫生、体育、环境和资源保护、防灾减灾、文物保护、社会福利、市政公用等公共事业的需要。

(4)由政府组织实施的保障性安居工程建设的需要。

(5)由政府依照城乡规划法有关规定实施的对危房集中、基础设施落后等地段进行旧城区改建的需要。

(6)法律、行政法规规定的其他公共利益的需要。

（二）征收工作程序

征收房屋实行行政许可，主要工作程序包括：签订补偿协议；先补偿，后搬迁；补偿决定的司法强制执行；补偿情况公开；征收补偿的禁止性规定。

三、补偿对象、补偿标准和补偿方式

（一）补偿对象

房屋征收补偿关系到征收当事人的经济利益，根据我国宪法规定，国家、全民、集体所有的财产受法律保护，国家保护公民的合法收入、储蓄、房屋等合法财产的所有权。房屋被征收，给被征收房屋的所有权人造成了一定的财产损失。为保证被征收房屋所有权人的合法权益，征收人应当对被征收房屋所有权人给予补偿。应该明确的是，补偿的对象是被征收房屋的所有权人，而不是使用人，所有权人既包括公民，也包括法人。

（二）补偿标准

《国有土地上房屋征收与补偿条例》（以下简称《征收条例》）规定的征收补偿标准确定的基本原则是等价有偿，采取的办法是根据被征收房屋的区位、用途、建筑面积等因素，用房地产市场评估的办法确定。

《征收条例》规定通过评估确定被征收房屋的价值，利用市场手段确保被征收人的实际损失能够准确、合理地得到补偿。被征收居住房屋价值的补偿原则是不得低于房屋征收决定公告之日被征收房屋类似房地产的市场价格。

（三）补偿方式

房屋征收补偿有两种方式，即货币补偿和房屋产权调换。

1. 货币补偿

货币补偿是指征收人将被征收房屋的价值以货币结算方式补偿给被征收房屋的所有权人。货币补偿的金额，按照被征收房屋的区位、用途、建筑面积等因素，以房地产市场评估价格确定。

2. 房屋产权调换

房屋产权调换是指征收人用自己建造或购买的产权房屋与被征收房屋进行产权调换，并按征收房屋的评估价和调换房屋的市场价进行调换差价结算的行为。也就是说，以原地再建的房屋与被征收房屋进行产权交换，被征收人失去了被征收房屋的产权，在调换之后拥有了调换房屋的产权。征收非公益事业房屋的附属物，不做产权调换，由征收人给予货币补偿。

在征收租赁房屋的情况下，《征收条例》规定了解除租赁协议的处理方式。即由征收人对房屋所有权人进行补偿，由所有权人对承租人进行安置。征收补偿前已经解除了租赁协议或出租人对承租人进行了安置，实质上相当于非租赁房屋的补偿、安置，根据《征收条例》的规定，对所有权人进行补偿、安置；当出租人与承租人未达成协议时，为了保障承租人的权益不受损害，《征收条例》规定实行产权调换，被征收人与原房屋承租人就新调换房屋重新签订租赁协议。

四、房屋征收纠纷

(一)房屋征收纠纷的类型

(1) 征收人与被征收人或房屋承租人未达成征收补偿、安置协议而形成纠纷。

(2) 征收人与被征收人或房屋承租人达成征收补偿、安置协议后,被征收人或者房屋承租人在搬迁期限内拒绝搬迁而形成纠纷。

(二)房屋征收纠纷的处理方式

对征收居住房屋的争议,应当决定以房屋产权调换或房屋产权调换与货币补偿相结合的方式进行补偿。对征收非居住房屋的补偿争议,可以决定以房屋产权调换、货币补偿或者房屋产权调换与货币补偿相结合的方式进行补偿。

若被征收人对补偿决定不满意,可以依法申请行政复议,也可以依法提起行政诉讼。对未达成补偿协议的被征收人,在法定期限内不申请行政复议或者不提起行政诉讼,在补偿决定规定的期限内又不搬迁的,做出房屋征收决定的区、县级人民政府可依法申请人民法院强制执行。

第4节 房地产开发的经营管理制度与政策

房地产开发是房地产业链条中的重要一环。为了加强这一环节的管理,我国实行了房地产开发企业准入制度、年检制度和项目管理制度。

一、房地产开发企业管理

(一)房地产开发企业的设立条件

《城市房地产开发经营管理条例》对房地产企业的设立和管理做出了明确的规定。《城市房地产开发经营管理条例》的实施对规范房地产开发经营行为、加强对城市房地产开发经营活动的监督管理、促进和保障房地产业的健康发展,都起到了重要作用。

设立房地产开发企业应符合下列条件。
(1) 有符合公司法人登记的名称和组织机构。
(2) 有适应房地产开发经营需要的固定的办公用房。
(3) 注册资本100万元以上。
(4) 有四名以上持有资格证书的房地产专业、建筑工程专业的专职技术人员,两名以上持有资格证书的专职会计人员。
(5) 法律法规规定的其他条件。

新设立的房地产开发企业,应当向县级以上人民政府工商行政管理部门申请登记,并应当自领取营业执照之日起30日内,持下列文件到登记机关所在地的房地产开发主管部门备案。
(1) 营业执照复印件。
(2) 企业章程。
(3) 验资证明。

(4) 企业法定代表人的身份证明。

(5) 专业技术人员的资格证书和聘用合同。

(6) 房地产开发主管部门认为需要的其他文件。

房地产开发主管部门应当在收到备案申请后30日内向符合条件的企业核发暂定资质证书,《暂定资质证书》有效期为1年。房地产开发主管部门可以视企业经营情况,延长暂定资质证书的有效期,但延长期不得超过2年。自领取暂定资质证书之日起1年内无开发项目的,暂定资质证书有效期不得延长。

(二)房地产开发企业资质等级

为了加强房地产开发企业资质管理,规范房地产开发企业经营行为,2015年5月4日颁布实施的《房地产开发企业资质管理规定(修订版)》,把房地产开发企业分为一、二、三、四四个资质等级。开发企业的资质等级,由房地产开发主管部门根据房地产开发企业的资产、专业技术人员和开发经营业绩等进行核定。房地产开发企业应当按照核定的资质等级,承担相应的房地产开发项目。

1. 一级资质

(1) 从事房地产开发经营5年以上。

(2) 近3年房屋建筑面积累计竣工30万平方米以上,或者累计完成与此相当的房地产开发投资额。

(3) 连续5年建筑工程质量合格率达100%。

(4) 上一年房屋建筑施工面积15万平方米以上,或者完成与此相当的房地产开发投资额。

(5) 有职称的建筑、结构、财务、房地产及有关经济类的专业管理人员不少于40人,其中具有中级以上职称的管理人员不少于20人,持有资格证书的专职会计人员不少于4人。

(6) 工程技术、财务、统计等业务负责人具有相应专业中级以上职称。

(7) 具有完善的质量保证体系,商品住宅销售中实行了住宅质量保证书和住宅使用说明书制度。

(8) 未发生过重大工程质量事故。

2. 二级资质

(1) 从事房地产开发经营3年以上。

(2) 近3年房屋建筑面积累计竣工15万平方米以上,或者累计完成与此相当的房地产开发投资额。

(3) 连续3年建筑工程质量合格率达100%。

(4) 上一年房屋建筑施工面积10万平方米以上,或者完成与此相当的房地产开发投资额。

(5) 有职称的建筑、结构、财务、房地产及有关经济类的专业管理人员不少于20人,其中具有中级以上职称的管理人员不少于10人,持有资格证书的专职会计人员不少于3人。

(6) 工程技术、财务、统计等业务负责人具有相应专业中级以上职称。

(7) 具有完善的质量保证体系,商品住宅销售中实行了住宅质量保证书和住宅使用说明书制度。

(8) 未发生过重大工程质量事故。

3．三级资质

（1）从事房地产开发经营2年以上。

（2）房屋建筑面积累计竣工5万平方米以上,或者累计完成与此相当的房地产开发投资额。

（3）连续2年建筑工程质量合格率达100%。

（4）有职称的建筑、结构、财务、房地产及有关经济类的专业管理人员不少于10人,其中具有中级以上职称的管理人员不少于5人,持有资格证书的专职会计人员不少于2人。

（5）工程技术、财务等业务负责人具有相应专业中级以上职称,统计等其他业务负责人具有相应专业初级以上职称。

（6）具有完善的质量保证体系,商品住宅销售中实行了住宅质量保证书和住宅使用说明书制度。

（7）未发生过重大工程质量事故。

4．四级资质

（1）从事房地产开发经营1年以上。

（2）已竣工的建筑工程质量合格率达100%。

（3）有职称的建筑、结构、财务、房地产及有关经济类的专业管理人员不少于5人,持有资格证书的专职会计人员不少于2人。

（4）工程技术负责人具有相应专业中级以上职称,财务负责人具有相应专业初级以上职称,配有专业统计人员。

（5）商品住宅销售中实行了住宅质量保证书和住宅使用说明书制度。

（6）未发生过重大工程质量事故。

（三）房地产开发企业资质管理

1．管理机构

国务院建设行政主管部门负责全国房地产开发企业的资质管理工作；县级以上地方人民政府房地产开发主管部门负责行政区域内房地产开发企业的资质管理工作。

2．房地产开发企业资质登记实行分级审批

一级资质由省、自治区、直辖市建设行政主管部门初审,报国务院建设行政主管部门审批；二级及二级以下资质的审批办法由省、自治区、直辖市人民政府建设行政主管部门制定。

3．房地产开发企业资质实行年检制度

对于不符合原定资质条件或者有不良经营行为的企业,由原资质审批部门予以降级或注销资质证书。企业有下列行为之一的,由原资质审批部门公告资质证书作废,收回证书,并可处以1万元以上3万元以下的罚款。

（1）隐瞒真实情况,弄虚作假骗取资质证书的。

（2）无正当理由不参加资质年检的,视为年检不合格。

（3）工程质量低劣,发生重大工程质量事故的。

（4）超越资质等级从事房地产开发经营的。

（5）涂改、出租、出借、转让、出卖资质证书的。

二、房地产开发管理

（一）房地产开发项目的确定原则

（1）确定房地产开发项目，应当符合土地利用总体规划、年度建设用地计划和城市规划、房地产开发年度计划的要求；按照国家有关规定需要经计划主管部门批准的房地产开发项目，还应当报计划主管部门批准，并纳入年度固定资产投资计划。

（2）房地产开发项目应当坚持旧区改造和新区建设相结合的原则，注重开发基础设施薄弱、交通拥挤、环境污染严重以及危旧房集中的区域，保护和改善城市生态环境，保护历史文化遗产。

（3）房地产开发项目的开发建设应当统筹安排配套基础设施，并根据先地下、后地上的原则实施。

（二）房地产开发项目土地使用权的取得

1. 土地使用权的取得方式

《城市房地产开发经营管理条例》第十二条规定，房地产开发用地应当以出让的方式取得，但法律和国务院规定可以采用划拨方式的除外。可以采取行政划拨形式取得土地使用权有以下两种情形。

（1）《中华人民共和国城市房地产管理法》规定，国家机关用地和军事用地，城市基础设施用地和公益事业用地，国家重点扶持的能源、交通、水利等项目用地，法律、行政法规规定的其他用地确属必需的，可以由县级以上人民政府依法批准划拨。

（2）1998年7月3日以国发〔1998〕23号文件发布的《国务院关于进一步深化城镇住房制度改革加快住房建设的通知》规定："经济适用住房建设应符合土地利用总体规划和城市总体规划，坚持合理利用土地、节约用地的原则。经济适用住房建设用地应在建设用地年度计划中统筹安排，并采取行政划拨方式供应。"

此外，对于经济适用住房的开发，2004年5月13日由原建设部、国家发改委、国土资源部和人民银行联合颁布并实施的《经济适用住房管理办法》做出了进一步的严格规定，严禁以经济适用住房名义取得划拨土地后，改变土地用途，变相进行商品房开发。集资、合作建房必须纳入当地经济适用住房建设计划和用地计划管理。集资、合作建房标准、优惠政策、上市条件、供应对象的审核等必须按照经济适用住房的相关规定，严格执行。经济适用住房项目建设必须采取公开招标的方式确定开发企业，面积严格控制在中小套型，中套面积在80 m^2 左右，小套面积在60 m^2 左右。确定经济适用住房的价格应当以保本微利为原则，销售实行明码标价，不得在标价之外收取任何费用。

2. 建设条件书面意见的内容

《城市房地产开发经营管理条例》规定，土地使用权出让或划拨前，县级以上地方人民政府城市规划行政主管部门和房地产开发主管部门应当对下列事项提出书面意见，作为土地使用权出让或者划拨的依据之一。

（1）房地产开发项目的性质。

（2）城市规划设计的条件。

（3）基础设施和公共设施的建设要求。

（4）基础设施建成后的产权界定。

(5) 项目征收补偿、安置要求。

对于上述意见，房地产开发企业应当严格遵照执行。

(三) 房地产开发项目资本金制度

2015年9月14日国务院发布了《国务院关于调整和完善固定资产投资项目资本金制度的通知》，该通知规定从发布日开始，对各种经营性投资项目，包括国有单位的基本建设、技术改造、房地产开发项目和集体投资项目试行资本金制度，投资的项目必须首先落实资本金才能进行建设。

1. 项目资本金的概念

投资项目资本金是指在投资项目总投资中，由投资者认购的出资额，对投资项目来说是非债务性资金，项目法人不承担这部分资金的任何利息和债务；投资者可按其出资的比例依法享有所有制权益，也可依法转让，但不得以任何方式抽出。

2. 项目资本金的出资方式

项目投资资本金可以用货币出资，也可以用实物、工业产权、非专利技术、土地使用权，但必须经过有资格的资产评估机构依照法律法规评估作价，不得高估或低估，以工业产权、非专利技术作价出资的比例不得超过投资项目资本金总额的20%，国家对采用高新技术成果有特别规定的除外。

3. 房地产项目资本金

《城市房地产开发经营管理条例》规定：房地产开发项目应当建立资本金制度，资本金占项目总投资的比例不得低于20%。

房地产开发项目实行资本金制度，并规定房地产开发企业承揽项目必须有一定比例的资本金，可以有效地防止部分企业的不规范行为，减少楼盘"烂尾"等现象的发生。

4. 房地产开发项目不按期开发的处理原则

《城市房地产开发经营管理条例》规定，房地产开发企业应当按照土地的使用权出让合同约定的土地用途、动工开发期限进行项目开发建设。出让合同约定的动工开发日期满1年未动工开发的，可以征收相当于土地使用权出让金20%以下的土地闲置费，满2年未动工开发的，可以无偿收回土地使用权。

这里所指的满1年是从土地的使用权出让合同生效之日算起1年。动工开发日期是指开发建设单位进行实质性投入的日期。动工开发必须进行实质性投入，开工后必须不间断地进行基础设施、建房建设。在有拆迁的地段进行拆迁、三通一平，即视为启动。一经启动，无特殊原因则不应当停工，如稍做启动即无限期停工，不应算作开工。

但以下三种情况造成的违约和土地闲置，不征收土地闲置费。

(1) 因不可抗力造成开工延期，不可抗力是指依靠人的能力不能抗拒的因素，如地震、洪涝等自然灾害。

(2) 因政府或政府有关部门的行为而不能如期开工的或中断建设1年以上的。

(3) 因动工开发的前期工作出现不可预见的情况而延期动工开发的，如发现地下文物、拆迁中发现不是开发商努力就能解决的问题等。

5. 房地产开发项目质量责任制度

根据《城市房地产开发经营管理条例》规定，房地产开发企业开发建设的房地产开发项目，应当符合有关法律法规的规定，建筑工程质量、安全标准，建筑工程勘察、设计、施工的技术规范以及合同的约定。房地产开发企业应当对其开发建设的房地产开发项目的质量承担责任,勘察、设计、施工、监理等单位应当依照有关法律法规的规定或者合同的约定,承担相应的责任。要求房地产开发企业对其开发的房地产项目承担质量责任,是新形势下住宅质量责任的重大调整。房地产开发企业作为房地产项目建设和营销的主体,是整个活动的组织者。尽管在建设环节许多工作都由勘察、设计、施工等单位承担,出现质量责任可能是勘察、设计、施工或者材料供应商的责任,但开发企业是组织者,其他所有参与部门都是开发企业选择的,都和开发企业发生合同关系,出现问题也理应由开发企业与责任单位协调。此外,消费者是从开发企业手里购房,就如同在商店购物,出现问题应由商店对消费者承担质量责任一样,房屋的质量责任,也应由开发企业承担。

6. 房地产开发项目竣工验收制度

(1) 房地产开发项目经验收才能交付使用。

《城市房地产开发经营管理条例》规定,房地产开发项目竣工,经验收合格后方可交付使用;未经验收合格的,不得交付使用。

(2) 住宅小区等群体房地产开发项目竣工,还应当按照下列要求进行综合验收。

① 单项工程的工程质量验收合格。

② 已落实城市规划设计条件、征收安置方案和物业管理。

③ 已完成城市规划要求配套的基础设施和公共设施的建设。

7. 房地产开发项目手册制度

房地产开发项目实行项目手册制度是政府行业管理部门对房地产开发企业是否按照有关法律法规规定,是否按照合同的约定进行开发建设而建立的一项动态管理制度。房地产开发企业应当将房地产开发项目建设过程中的主要事项记录在房地产开发项目手册中,并定期送房地产开发主管部门备案。实行项目手册制度主要是为了在项目实施过程中对房地产开发企业的开发活动进行监控,保护消费者的合法权益。政府行业管理部门的监控主要包括是否按申请预售许可证时承诺的时间表进行开发建设、预售款项是否按期投入、征收安置是否按要求进行、工程项目是否发生变化等内容。

8. 房地产开发项目转让

房地产开发项目转让是指房地产开发项目在竣工验收之前的转让。《中华人民共和国城市房地产管理法》对房地产开发项目的转让做出了相应的规定。

(1) 转让条件。

以出让方式取得的土地使用权,转让房地产开发项目时应同时具备以下两个条件。

① 按照出让合同约定已经支付全部土地使用权出让金,并取得土地使用权证书,这是出让合同成立的必要条件,也只有出让合同成立,才允许转让。

② 要按照出让合同约定进行投资开发,完成一定开发规模后才允许转让,具体又分为两种情形:一是属于房屋建设类型的项目,开发单位除土地使用权出让金外,实际投入房屋建设工程的资金额应占全部开发投资总额的25%以上;二是属于成片开发土地类型的项目,应形成工业或其他建设的用地条件,方可转让。

以划拨方式取得土地使用权的房地产项目,必须经有批准权的人民政府部门审批方可转让。经审查除不允许转让外,对准予转让的有以下两种处理方式。

① 由受让方先补办土地使用权出让手续,并依照国家有关规定缴纳土地使用权出让金后,才能进行转让。

②不办理土地使用权出让手续而转让房地产,但转让方应将转让房地产所获收益中的土地收益上缴国家或做其他处理。

以划拨方式取得土地使用权的房地产开发项目在转让时,属于下列情形之一的,经有批准权的政府部门批准,可以不办理土地使用权出让手续。

①经城市规划行政主管部门批准,转让的土地用于国家机关用地和军事用地,城市基础设施用地和公益事业用地,国家重点扶持的能源、交通、水利等项目用地以及法律、行政法规规定的其他用地。经济适用住房项目转让后仍用于经济适用住房的,经有批准权的政府部门批准,也可以不办出让手续。

②私有住宅转让后仍用于居住的。

③按照国务院住房制度改革有关规定出售公有住宅的。

④同一宗土地上部分房屋转让而土地使用权不可分割转让的。

⑤转让的房地产暂时难以确定土地使用权出让用途、年限和其他条件的。

⑥根据城市规划土地使用权不宜出让的。

⑦县级以上人民政府规定暂时无法或不需要采取土地使用权出让方式的其他情形。

(2) 转让的程序。

《城市房地产开发经营管理条例》第二十一条规定,转让房地产开发项目,转让人和受让人应当自土地使用权变更登记手续办理完毕之日起 30 日内,持房地产开发项目转让合同到房地产开发主管部门备案。

在办理备案手续时,房地产开发主管部门要审核项目转让是否满足以下条件。

①符合有关法律法规的规定。

②房地产开发项目转让人已经签订的征收、设计、施工、监理、材料采购等合同是否做了变更,相关的权利、义务是否已经转移。

③新的项目开发建设单位是否具备开发受让项目的条件。

④房地产开发企业转让房地产开发项目时,尚未完成征收安置补偿的,原征收安置补偿合同中有关的权利、义务随之转移给受让人,项目转让人应当书面通知被征收人。

⑤已变更开发建设单位的名称。

上述各项均满足规定条件,转让行为有效。如有违反规定或不符合条件的,房地产开发主管部门有权责令补办有关手续或者认定该转让行为无效,并可对违规的房地产开发企业进行处罚。

9. 房地产开发项目广告管理

房地产广告指房地产开发企业、房地产权利人或房地产中介服务机构发布的有关房地产项目预售、预租、出售、出租、项目转让以及其他房地产项目介绍的广告。为了加强房地产广告管理,规范房地产广告制作单位、发布单位的行为以及房地产广告用语等,《房地产广告发布规定》对房地产广告做出了相应的规定。

(1) 发布房地产广告应当遵守相应的原则及要求。

发布房地产广告,应当遵守《中华人民共和国广告法》《中华人民共和国城市房地产管理法》《中华人民共和国土地管理法》及国家有关广告监督管理和房地产管理的规定。房地产广告必须真实、合法、科学、准确,符合社会主义精神文明建设要求,不得欺骗和误导公众。房地产广告不得含有风水、占卜等封建迷信内容,对项目情况进行的说明、渲染,不得有悖社会良好风尚。

(2) 以下几种情形禁止发布房地产广告：
①在未依法取得所有土地使用权的土地上开发建设的。
②在未经国家征用的集体所有的土地上建设的。
③司法机关和行政机关依法规定、决定查封或者以其他形式限制房地产权利的。
④预售房地产，但未取得该项目预售许可证的。
⑤权属有争议的。
⑥违反国家有关规定建设的。
⑦不符合工程质量标准，经验收不合格的。
⑧法律、行政法规规定禁止的其他情形。
(3) 发布房地产广告应当提供相应的文件。
发布房地产广告，应当具有或者提供下列相应真实、合法、有效的证明文件，主要包括以下几点。
①房地产开发企业、房地产权利人、房地产中介服务机构的营业执照或者其他主体资格证明。
②建设主管部门颁发的房地产开发企业资质证书。
③土地主管部门颁发的项目土地使用权证明。
④工程竣工验收合格证明。
⑤发布房地产项目预售、出售广告，应当具有地方政府建设主管部门颁发的预售、销售许可证证明。出租、项目转让广告，应当具有相应的产权证明。
⑥中介机构发布所代理的房地产项目广告，应当提供业主委托证明。
⑦工商行政管理机关规定的其他证明。
(4) 发布房地产广告的主要要求。
房地产预售、销售广告，除介绍房地产项目名称之外，必须载明开发企业名称和预售或者销售许可证号。若是中介服务机构代理销售的，应载明该机构名称。
①房地产广告中涉及所有权或者使用权的，所有或者使用的基本单位应当是有实际意义的完整的生产、生活空间。
②房地产广告中对价格有表示的，应当清楚地表示为实际的销售价格并明示价格的有效期限。
③房地产广告中表现项目位置，应以从该项目到达某一具体参照物的现有交通干道的实际距离表示，不得以所需时间来表示距离。房地产广告中的项目位置示意图，应当准确、清楚，比例恰当。
④房地产广告中涉及的交通、商业、文化教育设施及其他市政条件等，如在规划或者建设中，应当在广告中注明。
⑤房地产广告中涉及面积的，应当表明是建筑面积还是使用面积。
⑥房地产广告涉及内部结构、装修装饰的，应当真实、准确。预售、预租商品房的广告不得涉及装修装饰内容。
⑦房地产广告中不得利用其他项目的形象、环境作为本项目的效果。
⑧房地产广告中使用建筑设计效果图或者模型照片的，应当在广告中注明。
⑨房地产广告中不得出现融资或者变相融资的内容，不得含有升值或者投资回报的承诺。

⑩房地产广告中涉及贷款服务的,应当载明提供贷款的银行名称及贷款额度、年期。
⑪房地产广告中不得含有广告主能够为入住者办理户口、就业、升学等事项的承诺。
⑫房地产广告中涉及物业管理内容的,应当符合国家有关规定,涉及尚未实现的物业管理内容,应当在广告中注明。
⑬房地产广告中涉及资产评估的,应当表明评估单位、估价师和评估时间;使用其他数据、统计资料、文摘、引用语的,应当真实、准确,表明出处。

第5节 房地产交易管理制度与政策

房地产交易是房地产交易主体之间以房地产这种特殊商品作为交易对象所从事的市场交易活动。《中华人民共和国城市房地产管理法》第二条对此做了明确规定:本法所称房地产交易,包括房地产转让、房地产抵押和房屋租赁。

一、房地产交易的分类

(一) 按交易形式分类

房地产交易可分为房地产转让、房地产抵押、房屋租赁。

(二) 按交易客体中土地权利分类

房地产交易可分为国有土地使用权及其地上房产的交易与集体土地使用权及其地上房产的交易。现行做法大多禁止或限制后者的交易,在我国,一般而言,房地产交易仅指前者。前者还可进一步按土地使用权的出让或划拨性质的不同进行分类。

(三) 按交易客体所受限制的程度分类

房地产交易可分为受限交易(如划拨土地使用权及其地上房产的交易,带有福利性的住房及其占用土地使用权的交易等)和非受限交易(如商品房交易等)。

(四) 按交易客体存在状况分类

房地产交易可分为单纯的土地使用权交易、房地产期权交易和房地产现权交易。

二、房地产转让制度

房地产转让是指合法拥有土地使用权及土地上建筑物、附着物所有权的自然人、法人和其他组织,通过买卖、交换、赠与等,将房地产转移给他人的法律行为。房地产转让人必须是房地产权利人,而且该权利人对房地产必须拥有处分权,如所有权人、抵押权人等。转让的对象是特定的房地产权利,包括国有土地使用权和建在国有土地上的房屋的所有权。转让时,房屋的所有权必须与土地使用权一起转让。即地产转让时,该土地上的房屋必须同时转让;房产转让时,房屋的所有权及其土地使用权一并转让。房地产转让的方式包括买卖、赠与、互易、继承、遗赠等合法方式。

(一) 不得转让的房地产

《中华人民共和国城市房地产管理法》第三十八条规定,下列房地产不得转让。
(1) 以出让方式取得土地使用权的,不符合本法第三十九条规定的条件的。

(2) 司法机关和行政机关依法裁定、决定查封或者以其他形式限制房地产权利的。
(3) 依法收回土地使用权的。
(4) 共有房地产,未经其他共有人书面同意的。
(5) 权属有争议的。
(6) 未依法登记领取权属证书的。
(7) 法律、行政法规规定禁止转让的其他情形。

(二) 房地产转让的程序

(1) 签订房地产转让合同。
(2) 房地产转让合同签订后 90 日内,持房地产权属证书、当事人的合法证明、转让合同等有关文件,向房地产所在地的房地产管理部门提出申请,并申报成交价格。
(3) 房地产管理部门对提供的有关文件进行审查,并在 7 日内做出是否受理申请的书面答复。
(4) 房地产管理部门核实申报的成交价格,并根据需要对转让的房地产进行查勘和评估。
(5) 房地产转让当事人按照规定缴纳有关税费。
(6) 房地产管理部门核发过户单,房地产转让当事人凭过户单办理产权过户手续,领取房地产权属证书。

(三) 商品房预售条件

(1) 已交付全部土地使用权出让金,取得土地使用权证书。
(2) 持有建设工程规划许可证。
(3) 按提供预售的商品房计算,投入开发建设的资金达到工程建设总投资的 25% 以上,并已经确定施工进度和竣工交付日期。
(4) 向县级以上人民政府房地产管理部门办理预售登记,取得商品房预售许可证明。

商品房预售人应当按照国家有关规定将预售合同报县级以上人民政府房地产管理部门和土地管理部门登记备案。商品房预售所得款项,必须用于有关的工程建设。

三、房地产抵押制度

(一) 房地产抵押的概念

房地产抵押是指抵押人以其合法的房地产以不转移占有的方式向抵押权人提供债务履行担保的行为。债务人不履行到期债务或者发生当事人约定的实现抵押权的情形时,抵押权人有权依法对以抵押的房地产拍卖所得的价款优先受偿。

在建工程抵押是指抵押人为取得在建工程继续建造资金的贷款,以其合法方式取得的土地使用权连同在建工程的投入资产,以不转移占有的方式抵押给贷款银行作为偿还贷款履行担保的行为。

预售商品房贷款抵押是指购房人在支付首期规定的房价款后,由贷款金融机构代其支付其余的购房款,将所购商品房抵押给贷款机构作为偿还贷款履行担保的行为。

(二) 作为抵押物的条件

房地产抵押依土地使用权的取得方式不同,对抵押物要求也不同。《中华人民共和国城市房地产管理法》规定,依法取得的房屋所有权连同该房屋占用范围内的土地使用权,可以设定抵押权。以出让方式取得的土地使用权,可以设定抵押。从上述规定可以看出,房地产抵押中作为抵押物的条件包括下列两点。

一是依法取得的房屋所有权连同该房屋占用范围内的土地使用权同时设定抵押权。对于这类抵押,无论土地使用权来源于出让还是划拨,只要房地产权属合法,可将房地产作为统一的抵押物同时设定抵押权。

二是以单纯的土地使用权抵押的,也就是在地面上尚未建成建筑物或其他地上定着物时,以取得的土地使用权设定抵押权。对于这类抵押,设定抵押的前提条件是土地必须是以出让方式取得的。

下列房地产不得设定抵押权:权属有争议的房地产;用于教育、医疗、市政等公共福利事业的房地产;列入文物保护的建筑物和有重要纪念意义的其他建筑物;已依法公告列入征收范围的房地产;被依法查封、扣押、监管或者以其他形式限制的房地产;依法不得抵押的其他房地产。

四、房屋租赁制度

(一)房屋租赁的概念

房屋租赁是房地产市场中一种重要的交易形式。《中华人民共和国城市房地产管理法》规定:房屋租赁是指房屋所有权人作为出租人将其房屋出租给承租人使用,由承租人向出租人支付租金的行为。

(二)房屋租赁的条件

公民、法人或其他组织对自有所有权的房屋和国家授权管理和经营的房屋可以依法出租。但有下列情形之一的房屋不得出租。

(1)未依法取得房屋所有权证的。
(2)司法机关和行政机关依法裁定、决定查封或者以其他形式限制房地产权利的。
(3)共有房屋未取得共有人同意的。
(4)权属有争议的。
(5)属于违章建筑的。
(6)不符合安全标准的。
(7)抵押未经抵押权人同意的。
(8)不符合公安、环保、卫生等主管部门有关规定的。

(三)房屋租赁合同

租赁合同是出租人与承租人签订的,用于明确租赁双方权利、义务关系的协议。租赁是一种民事法律关系,在租赁关系中,出租人与承租人之间所发生的民事关系主要是通过租赁合同确定的。因此,在租赁过程中,出租人与承租人应当对双方的权利与义务做出明确的规定,并且以文字形式形成书面记录,作为出租人与承租人基于租赁问题双方共同遵守的准则。《中华人民共和国城市房地产管理法》规定:房屋租赁,出租人和承租人应当签订书面租赁合同,约定租赁期限、租赁用途、租赁价格、修缮责任等条款,以及双方的其他权利和义务,并向房产管理部门登记备案。

（四）房屋租赁登记备案

房屋租赁合同登记备案是《中华人民共和国城市房地产管理法》规定的合同登记备案，一方面可以较好地约束非法出租房屋，有效防止国家税费流失，另一方面也可减少纠纷。

第6节 房地产税收制度与政策

税收是国家参与社会剩余产品分配的一种规范形式，其本质是国家凭借政治权力，按照法律规定程序和标准，无偿地取得财政收入的一种手段。税收的本质决定了它具有强制性、无偿性和固定性的特征。近年来，房地产税收成为我国重要的税种，为国家和地方财政做出了重要贡献。

我国现行房地产业主要税种有房产税、城镇土地使用税、土地增值税、契税，其他相关税种有营业税、城市维护建设税、个人所得税、教育费附加、企业所得税、印花税。

一、房产税

房产税是以房产为征税对象，以房产的计税余值或租金收入为计税依据，向产权所有人征收的一种财产税。

（一）纳税人

凡是中国境内拥有房屋产权的单位和个人都是房产税的纳税人。产权属于全民所有的，以经营管理的单位和个人为纳税人；产权出典的，以承典人为纳税人；产权所有人、承典人均不在房产所在地的，或者产权未确定及租典纠纷未解决的，以房产代管人或者使用人为纳税人。

（二）课税对象

房产税的课税对象是房产。根据《中华人民共和国房产税暂行条例》规定，房产税在城市、县城、建制镇和工矿区征收。

（三）计税依据

对于非出租的房产，以房产原值一次减除10%～30%后的余值为计税依据。具体减除幅度由省、自治区、直辖市人民政府确定。

对于出租的房产，以房产租金收入为计税依据。租金收入是房屋所有权人出租房产使用权所得的报酬，包括货币收入和实物收入。对以劳务或其他形式为报酬抵付房租收入的，应根据当地房产的租金水平确定一个标准租金额按租计征。

（四）税率

房产税采用比例税率，按房产余值计征的税率为1.2%，按房产租金收入计征为12%，按月征收。

（五）纳税地点和纳税期限

(1) 纳税地点。房产税在房产所在地缴纳。房产不在同一地方的纳税人向所在地的税务机关纳税。

(2)纳税期限。房产税按年计征,由人民政府规定。

(六)免税

免征房产税的房产主要有以下几种。
(1)国家机关、人民团体、军队自用的房产。
(2)由国家财政部门拨付事业经费的单位自用的房产。
(3)宗教寺庙、公园、名胜古迹自用的房产。
(4)个人所有非营业用的房产。
(5)经财政部批准免税的其他房产。
①损坏不堪使用的房屋和危险房屋,经有关部门鉴定后,可免征房产税。
②对企业因停产、撤销而闲置不用的房产,经省、自治区、直辖市税务机关批准可暂不征收房产税。
③房产大修停用半年以上的,经纳税人申请、税务机关审核,在大修期间可免征房产税。
④在基建工地为基建工地服务的各种工棚、材料棚、休息棚和办公室、食堂、茶炉房、汽车房等临时性房屋,在施工期间一律免征房产税。
⑤企业办的各类学校、医院、托儿所、幼儿园等自用的房产。
⑥中、小学校及高等学校用于教学及科研等本身业务的房产。

二、城镇土地使用税

城镇土地使用税是以城镇土地为课税对象,向拥有土地使用权的单位和个人征收的一种税。

(一)纳税人

城镇土地使用税的纳税人是拥有土地使用权的单位和个人。拥有土地使用权的纳税人不在土地所在地的,由代管人或实际使用人缴纳;土地使用权未确定或权属纠纷未解决的,由实际使用人纳税;土地使用权共有的,由共有各方划分使用比例分别纳税。

(二)计税依据

土地使用税的计税依据是纳税人实际占用的土地面积。纳税人实际占用的土地面积,指由省、自治区、直辖市人民政府确定的单位组织测定的土地面积。

(三)适用税额

城镇土地使用税采用分类分级的幅度定额税率,根据《城镇土地使用税暂行条例》的规定,每平方米年幅度税额按照城市规模分为大城市1.5~30元,中等城市1.2~24元,小城市0.9~18元和县城、建制镇、工矿区0.6~12元四个档次。

(四)纳税期限

土地使用税按年计算,或按半年等不同的期限缴纳。

三、土地增值税

土地增值税是对有偿转让国有土地征收的一种税,向有偿转让国有建设用地使用权及地上建筑物和其他附着物的单位和个人征收。

(一)纳税人

根据《中华人民共和国土地增值税暂行条例》规定,转让国有建设用地使用权、地上建筑物及其他附着物并取得收入的单位和个人,为土地增值税的纳税人。

(二)征税范围

土地增值税的征税范围包括国有土地、地上建筑物及其他附着物。

转让国有土地使用权、地上建筑物和其他附着物产权的行为,不包括通过继承、赠与等方式无偿转让房地产的行为。

(三)课税对象和计税依据

土地增值税的课税对象是有偿转让房地产所取得的土地增值额。土地增值税以纳税人转让房地产所取得的土地增值额为计税依据,土地增值额为纳税人转让房地产所取得的收入减去规定扣除项目金额后的余额。纳税人转让房地产所取得的收入,包括转让房地产的全部价款及相关的经济利益,具体包括货币收入、实物收入和其他收入。

(四)税率和应纳税额的计算

土地增值税实行四级超额累进税率,且每级"增值额未超过扣除项目金额"的比例均包括本比例数。为简化计算,应纳税额可按增值额乘以适用税率减去扣除项目金额乘以速算扣除系数的简便方法。速算公式如下:

(1) 土地增值额未超过扣除项目金额50%的,税率为30%,应纳税额=土地增值额×30%。

(2) 土地增值额超过扣除项目金额50%但未超过100%的,税率为40%,应纳税额=土地增值额×40%-扣除项目金额×5%。

(3) 土地增值额超过扣除项目金额100%但未超过200%的,税率为50%,应纳税额=土地增值额×50%-扣除项目金额×15%。

(4) 土地增值额超过扣除项目金额200%的,税率为60%,应纳税额=土地增值额×60%-扣除项目金额×35%。

(五)扣除项目

土地增值税的扣除项目主要有以下几个方面。

(1) 取得土地使用权时所支付的金额。
(2) 土地开发成本、费用。
(3) 建房及配套设施的成本、费用。
(4) 与转让房地产有关的税金。
(5) 财政部规定的其他扣除项目,或旧房及建筑物的评估价格。

(六)减免税

免征土地增值税主要有以下两种情况。

(1) 纳税人建造普通标准住宅出售,其土地增值额未超过扣除项目金额20%的。
(2) 因国家建设需要而被政府征用的房地产。

四、契税

契税是在土地、房屋权属发生转移时,对产权承受人征收的一种税。

(一)纳税人

《中华人民共和国契税暂行条例》规定,在中华人民共和国境内转移土地、房屋权属,承受的单位和个人为契税的纳税人。其中转移土地、房屋权属包括国有土地使用权出让、土地使用权转让(有出售、赠与和交换)、房屋买卖、房屋赠与、房屋交换等。

(二)课税对象

契税的课税对象是发生产权转移变动的土地、房屋。下列方式视同转移土地、房屋权属,予以征税。

(1)以土地、房屋权属作价投资、入股。
(2)以土地、房屋权属抵债。
(3)以获奖方式承受土地、房屋权属。
(4)以预购方式或者预付集资建房款方式承受土地、房屋权属。

对于《中华人民共和国继承法》规定的法定继承人(包括配偶、子女、父母、兄弟姐妹、祖父母、外祖父母)继承土地、房屋权属,不征收契税。非法定继承人根据遗嘱承受死者生前的土地、房屋权属,属于赠与行为,应征收契税。

(三)税率

契税的税率为3%~5%,各地适用税率由省、自治区、直辖市人民政府按照本地区的实际情况在规定的幅度内确定,并报财政部和国家税务总局备案。

(四)计税依据

契税的计税依据是房屋产权转移时双方当事人签订的契约价格。征收契税一般以契约载明的买价、现值价格作为计税依据,不同条件下的契税计税依据见表2-1。

表2-1 不同条件下的契税计税依据

具体情况	计税依据
国有土地使用权出让、土地使用权出售、房屋买卖	以成交价为计税依据
土地使用权赠与、房屋赠与	以税务部门核定的市场价格作为计税依据
土地使用权交换、房屋交换	以价格差额作为计税依据
税收机关认为有必要时	以评估价格作为计税依据

五、其他相关税种

(一)营业税

营业税是对提供应税劳务、转让无形资产和销售不动产的单位和个人开征的税。销售不动产的营业税税率为5%。纳税人销售不动产的价格明显偏低并无正当理由的,由税务机关核定其营业额。

（二）印花税

印花税是对因商事活动、产权转移、权利许可证照授受等行为而书立、领受的应税凭证征收的税。在中国境内书立、领受税法规定应税凭证的单位和个人，都是印花税的纳税人。

（三）城市维护建设税

城市维护建设税是我国为了加强城市的维护建设，扩大和稳定城市维护建设资金的来源，随增值税、消费税和营业税附征并专门用于城市维护建设的一个税种。

（四）教育费附加

教育费附加是为加快地方教育事业发展、扩大地方教育经费的资金而征收的一项专用基金。

（五）企业所得税

企业所得税是指以企业的生产经营所得和其他所得为征收对象所征收的一种税。中国境内从事房地产开发经营业务的企业都是企业所得税的纳税人。

（六）个人所得税

个人所得税是指以个人（自然人）取得的各项应税所得为征收对象所征收的一种税。个人转让住房，以其转让收入额减掉财产原值和合理费用后的余额为应纳税所得额。财产租赁所得、财产转让所得，适用比例税率，税率为 20%。

 思考与练习

一、名词解释
1. 集体土地征收
2. 国有土地使用权
3. 房屋的征收与补偿
4. 房地产转让
5. 房地产抵押
6. 个人所得税

二、简答题
1. 我国有哪些现行的土地制度？
2. 国有土地使用权出让的年限有哪几种？
3. 划拨国有土地使用权的适用范围有哪些？
4. 简述国有土地上房屋征收与补偿的对象、补偿标准和补偿方式。
5. 房地产开发项目的确定原则有哪些？
6. 房地产交易的分类有哪些？
7. 商品房预售的条件有哪些？
8. 土地增值税的征税对象和计税依据是什么？

第 3 章　房地产项目策划

第 1 节　房地产项目策划概述

一、房地产项目策划的概念

房地产项目策划是指根据房地产开发项目的具体目标，以客观的市场调研为基础，优选最佳的项目市场定位，综合运用各种策划手段，按一定的程序对房地产开发项目进行创造性的构思，并以具有可操作性的策划文本作为结果的活动。

二、房地产项目策划的特征

（一）地域性

房地产项目策划的地域性特征主要表现在以下几个方面。第一，要考虑房地产开发项目的区域经济情况。我国各区域的地理位置、自然环境、经济条件、市场状况等差异较大，要进行房地产项目策划就要对这些情况进行具体分析。第二，要考虑房地产开发项目周围的市场情况。从房地产市场来讲，房地产项目策划要重点把握市场的供求情况、市场的发育情况以及市场的消费倾向等。第三，要考虑房地产项目的区位情况，如房地产项目所在地的自然区位、经济区位。

（二）系统性

房地产项目策划是一个庞大的系统工程，项目开发从开始到完成要经过市场调研、投资研究、规划设计、建筑施工、营销推广、物业服务等几个阶段，每个阶段构成策划的子系统，各个子系统又由更小的子系统组成。各个子系统各有一定的功能，而整个系统的功能并非是各个子系统功能的简单相加。各个子系统的结构与功能之间具有十分密切的联系。

（三）前瞻性

房地产项目策划的理念、创意和手段应具有一定的前瞻性。房地产项目完成的周期少则两三年，多则三五年，甚至更长，未来市场的发展变化是不可阻挡的，因此要求策划人员具有敏锐的市场洞察能力、前瞻性的策划理念，以应对未来市场的发展变化。

（四）市场性

房地产项目策划要符合市场的要求，以市场为导向，同时根据市场的变化而变化，房地产市场情况发生变化，策划的思路、项目定位也应及时调整。策划的市场性也体现在引领市场、创造市场、引领房地产开发潮流等方面。

（五）创新性

房地产项目策划要具有创新性，目前房地产市场的"同质化"现象严重，而策划就应当解决"雷同"的问题。房地产项目策划的创新性,应当体现在概念新、主题新、方法新、手段新等方面,通过不断地策划实践,达到体现项目个性的目的。

(六)可操作性

房地产项目策划应当具有较强的可操作性,策划思路与方案不能是"空中楼阁",不能完全脱离项目自身或市场的客观条件,或超出开发商的实际开发能力,应当可以落到实处。

(七)多样性

房地产项目策划存在多方案比选的过程。在实际项目开发中,一般存在多个开发方案可供选择,项目策划应当对多种方案进行优选,并结合开发商的经济实力、开发经验及规划限制条件、社会人文、市场前景等因素,选择最合理并具有可操作性的那个方案。

同时,项目策划方案应当注意保持"动态的稳定性",根据房地产市场环境的变化,不断对策划方案进行改进和调整,以保证策划方案与现实情况的最佳适应状态。

三、房地产项目策划的流程

(一)房地产项目策划组织与工作流程

房地产项目策划组织形式主要有两种:开发商内部组建或外聘专业房地产策划机构。随着房地产业内社会化分工越来越精细,越来越多的开发商开始与专业化的房地产策划机构合作,以便充分发挥专业策划机构熟悉市场、精于策划的优势。

但是,无论哪种形式,房地产项目策划一般都要经历一定的工作流程,才能形成一个较为深入的项目策划方案。房地产项目策划的基本工作流程如图 3-1 所示。

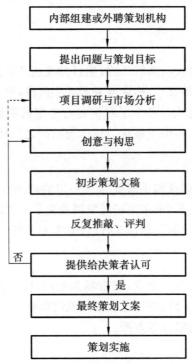

图 3-1 房地产项目策划的基本工作流程图

（二）房地产项目策划的阶段划分

房地产项目全程策划一般要经历3个阶段：前期策划阶段、营销执行阶段及策划总结阶段，在不同的策划阶段都有不同的侧重点。

前期策划阶段侧重于项目区位分析、项目定位以及规划设计与物业发展建议、资金运作与经济分析等；营销执行阶段侧重于项目筹备期、项目入市期及持续热销期的主要工作安排；策划总结阶段是对项目全部售完后进行的工作总结，包括项目整个过程的描述，全过程的销售走势及策略分析，并进行效果评估，以及此项目值得借鉴之处。

四、房地产项目策划报告的编制

（一）房地产项目策划报告的基本结构

房地产项目策划报告由于项目用途、开发阶段及要求不同，且形式多样，内容重点差异较大，但从各种策划报告的结构来看，仍有共性的部分，其基本结构是相同的。下面以房地产项目全程策划为背景介绍策划报告的基本结构。

不同项目策划报告的格式各不相同，但一般都包含以下几方面基本内容：市场调研；项目定位分析（SWOT分析、客户定位、产品定位、形象定位等）；产品策划；项目投融资策划；形象策划；市场推广策划（推广主题、价格策略、推广活动与广告策划等）。

1. 市场调研

房地产市场的区域性特征明显，各地社会、经济、文化发展情况不同，所形成的房地产市场存在较大的差异。因此，任何项目策划都是从项目所在区域的房地产市场调查入手。

（1）宏观环境调查与分析。宏观环境调查与分析是从宏观层面上把握城市或项目所在区域的社会经济发展现状及未来发展趋势，主要从城市或区域的社会、经济、政策、人口、自然、交通、建筑技术、对外开放程度等角度进行全面了解和调研。

其中，城市或区域的经济环境调研，主要针对经济总量与经济结构、金融环境、产业结构特征等关键问题进行；而人口环境调研同时涉及社会和经济因素等方面，上述调研往往既需要借助统计资料和公开市场资料，同时也需要调研者深入感知市场。

（2）区域环境调查与分析。区域环境调查与分析主要调查房地产项目所在城市或区域的经济发展水平、城市规划、房地产市场供需状况、社会文化环境、竞争性房地产企业情况、专业机构与中介商情况、城市区域的交通条件、影响区域发展的其他因素和条件等。

（3）微观环境调查——项目开发条件分析。项目微观环境市场又称项目开发条件分析，其主要围绕项目地块分析项目自身的开发条件及发展状况，对项目自身价值提升的可能性与途径进行分析，同时为以后的市场定位做准备。

2. 项目定位分析

（1）项目SWOT分析。SWOT分析是为项目定位做准备，对项目从宏观到微观进行全面综合的考虑，对项目进行优势分析、劣势分析、项目机会分析与威胁分析，梳理出项目的基本定位。

（2）客户定位。客户定位就是开发商为自己的项目确定潜在客户的过程，确定房地产项目的目标消费群体及其特征。

（3）产品定位。产品定位就是在市场细分、客户需求分析、客户群确定的基础上，确定房地产项目的主要技术参数、模式等，对产品效用、产品形式、产品功能进行设计与创新，最终目的是反映产品独特的市场形象。

（4）形象定位。形象定位主要是找到该房地产项目所特有的、不同于竞争对手、能进行概念化描述、能通过广告表达并能为目标客户所接受而产生共鸣的特征。形象定位需要研究房地产项目的市场表现方式，确定房地产项目从产品到商品的过程中的最佳表达方式。

3. 产品策划

（1）规划布局。规划布局主要是根据项目所处的周边自然环境状态、地块状态、区域社会经济形态、人文形态以及客户需求等因素来确定项目发展方向，提出规划布局的总体思路，进行项目概念性规划。

（2）建筑与公共设施策划。建筑与公共设施策划是结合市场调研结果，主要从建筑类型、建筑风格、空间动线、户型结构、绿地与景观、道路交通系统、公共设施配套系统（公共服务设施、市政公用设施、停车设施、安全设施、户外场地设施、服务管理设施）、物业管理等方面提出可操作性建议，以指导下一步的规划设计。

4. 项目投融资分析

在前期市场调研的基础上，根据当地房地产市场走势作出基本判断，对市场的供求关系、竞争楼盘、价格走势、地块区位条件、周边市场特征、本项目定位等进行深入分析和把握，在此基础上，针对项目进行投融资分析。

项目开发价值研判，主要是在对土地价值、规划指标、建筑形式、客户定位、产品定价、形象定价、营销策划和物业管理等多方面分析的基础上，从多途径对项目可提升价值进行研究和评判。估测项目的总体开发价值，前提是需要对项目销售（出租）价格进行估价，可以把项目定价作为单独一个策划章节安排，也可以放在市场研究或营销策划环节。

5. 形象策划

（1）项目 CIS 系统设计。CIS 包括理念识别系统（mind identity）、行为识别系统（behavior identity）和视觉识别系统（visual identity）三个方面。CIS 是企业理念、企业行为和视觉标志三者的有机统一体，三个系统之间相互联系、层层递进，形成了一个完整的形象识别系统。在项目视觉识别系统中，主要包括项目视觉形象的核心要素设计（标志、标准字体、标准色彩、使用规范），以及项目视觉形象的应用要素设计（办公系统、环境要素系统、广告系统、服饰系统等）。

（2）项目品牌名称设计。对市场中的楼盘名称进行调研和评析，并结合区域环境、当地语言习惯与习俗、项目用地条件和项目特征，对项目品牌名称进行设计。

（3）工地与销售现场形象策划。工地现场形象策划的主要对象包括工地围墙、工地主入口、工地主标识等。销售现场形象策划主要是对售楼部的形象风格、室外环境、功能分区以及形象墙、看板、灯箱、旗帜等提出具体建议。

除此之外，样板房的策划也是一个重要环节，在主要结合市场调研结果的同时，针对样板房户型以及装修、装饰、家具风格等提出具体策划建议。

项目导示系统设计的主要对象包括项目内部导示系统、公共设施导示及各类标识等。

6. 市场推广策划

在房地产项目开发前期，开发商要对整个项目进行市场推广策划。市场推广策划的主要内容有如下几个方面：市场推广渠道安排；营销分期安排及不同阶段的推广主题确定；广告时机选择和节奏控制；广告商的选择；广告创意分析、卖点及产品诉求点；广告费用预算；不同销售期的项目定价及调整策略；市场推广过程控制与管理；活动推广以及客户关系管理的策划等。

在广告策划中,要结合项目周边环境、市场细分的客户特征以及项目自身特点等进行广告创意以及广告文案策划,并制订广告核心主题,提炼广告主打语。对于广告色彩基调、表现形式、广告意境要提出策划建议,同时依据项目营销特色和目标客户群的媒体偏好与习性,选择传播媒体以及提出广告商的选择方向等。

(二)房地产项目策划报告编写的注意事项

(1) 结合项目实际,紧扣项目主题。
(2) 简明扼要,突出重点。
(3) 定性分析与定量分析相结合。
(4) 准确分析,明确结论。
(5) 不偏不倚,客观公正。
(6) 理性表达,逻辑严密。
(7) 策划方案可执行性。

第2节 房地产项目选址策划

一、项目选址

项目的选址作为房地产开发的前期工作之一,有着举足轻重的作用。不同类型的投资项目对区位、环境、交通、消费群体等有不同的要求。本章节将分别以常见的居住项目、商业项目和工业项目等为例介绍项目选址时应注意的因素。

(一)居住项目选址

居住项目是指供人们生活居住的房地产,包括普通住宅、高档公寓、别墅等。这类物业的购买者大都是以满足自用为目的,也有少量作为投资,出租给租客使用。居住项目主要为人们提供一个安静舒适的生活休息空间,此类项目的投资区位选择主要应考虑以下因素。

(1) 市场状况。
(2) 地块背景及区域规划方向。
(3) 自然环境。
(4) 交通条件。
(5) 生活配套设施。
(6) 市政基础设施。
(7) 房地产相关政策。
(8) 用地成本。

(二)商业项目选址

商业房地产项目也称经营性房地产或收益性房地产,主要包括商业用房(店铺、超市、商场、购物中心等)、写字楼、酒店、酒店式公寓等类型。

1. 零售商业项目选址

零售商业项目包括购物中心、超级市场、店铺等类型。传统的零售商业区域主要集中在城市的中心商业区,但随着城市道路交通设施、交通工具的发展和郊区人口的快速增长,位于城市郊区和城郊结合部的大型零售商业设施(如大型超市等)不断涌现,使传统中心商业区的客流得以分散。

零售商业项目除了考虑市政配套设施、交通条件、房地产相关政策及用地成本等因素外,还应着重考虑以下影响因素。

(1) 消费市场。
(2) 商业环境。
(3) 商业辐射范围。
(4) 潜在商业价值。
(5) 规划设计条件。

2. 写字楼项目选址

依照写字楼所处的位置、自然或地理状况和收益能力,专业人员通常将写字楼分为甲、乙、丙三个等级。在写字楼项目选址时,除了考虑城市规划的影响、市政基础设施条件、房地产相关政策及用地成本等因素外,还应着重考虑以下影响因素。

(1) 周边环境状况。
(2) 交通便捷程度。

(三) 工业项目选址

工业项目是指为人类生产活动提供空间的房地产,常见的包括非标准工业厂房、标准工业厂房、仓储用房、研究与发展用房(又称工业写字楼)、工业园区等。

工业项目选址除了考虑房地产相关政策、用地成本以及市政配套设施等因素外,还应着重考虑以下因素。

(1) 城市规划。
(2) 区域位置。
(3) 交通条件。

二、获取土地使用权

(一) 土地使用权出让

土地使用权出让是指国家将国有土地使用权在一定年限内出让给土地使用者,由土地使用者向国家支付土地使用权出让金的行为,又称"批租",属于房地产一级市场。

土地使用权出让的最高年限为:住宅建设用地 70 年,工业用地 50 年,教育、科技、文化、体育、卫生用地 50 年,商业、旅游、娱乐用地 40 年,综合其他用地 50 年。期满可申请续期使用,转让或抵押年限不得超过出让合同确定的有效年限。自 2007 年 10 月 1 日起施行的《中华人民共和国物权法》做出规定:"住宅建设用地使用权期间届满的,自动续期。"但是目前我国法律并没有对续期的土地使用费支付标准和办法做出明确规定。

土地使用权出让的方式主要有招标、拍卖、挂牌、协议出让方式。2007 年 11 月 1 日开始施行的《招标拍卖挂牌出让国有建设用地使用权规定》规定:工业、商业、旅游、娱乐和商品住宅等经营性用地以及同一宗地有两个以上意向用地者的,应当以招标、拍卖或者挂牌方式出让。

1. 招标出让

招标出让国有建设用地使用权是指市、县人民政府国土资源行政主管部门发布招标公告,邀请特定或者不特定的自然人、法人和其他组织参加国有建设用地使用权投标活动,根据投标结果确定国有建设用地使用权人的行为。

招标出让的基本流程及要求如下。

(1) 投标人在投标截止时间前将标书投入标箱。招标公告允许邮寄标书的,投标人可以邮寄,但出让人在投标截止时间前收到的方为有效。标书投入标箱后,不可撤回。投标人应当对标书和有关书面承诺承担责任。

(2) 出让人按照招标公告规定的时间、地点开标,并邀请所有投标人参加。由投标人或者其推选的代表检查标箱的密封情况,当众开启标箱,点算标书。投标人少于三人的,出让人应当终止招标活动。投标人不少于三人的,应当逐一宣布投标人名称、投标价格和投标文件的主要内容。

(3) 评标小组进行评标。评标小组由出让人代表和有关专家组成,成员人数为五以上的单数。评标小组可以要求投标人对投标文件做出必要的澄清或者说明,但是澄清或者说明不得超出投标文件的范围或者改变投标文件的实质性内容,评标小组应当按照招标文件确定的评标标准和方法,对投标文件进行评审。

(4) 招标人根据评标结果,确定中标人。按照价高者得的原则确定中标人的,可以不成立评标小组,由招标主持人根据开标结果,确定中标人。对能够最大限度地满足招标文件中规定的各项综合评价标准,或者能够满足招标文件的实质性要求且价格最高的投标人,应当确定为中标人。

2. 拍卖出让

拍卖出让国有建设用地使用权是指市、县人民政府国土资源行政主管部门发布拍卖公告,由竞买人在指定时间、地点进行公开竞价,根据出价结果确定国有建设用地使用权人的行为。

拍卖出让的基本流程及要求如下。

(1) 主持人点算竞买人。

(2) 主持人介绍拍卖宗地的面积、界址、现状、用途、使用年期、规划指标要求、开工和竣工时间以及其他有关事项。

(3) 主持人宣布起叫价和增价规则及增价幅度。

(4) 主持人报出起叫价。

(5) 竞买人举牌应价或者报价。

(6) 主持人确认该应价或者报价后继续竞价。

(7) 主持人连续三次宣布同一应价或者报价而没有再应价或者报价的人,落槌表示拍卖成交。

(8) 主持人宣布最高应价或者报价者为竞得人。

竞买人的最高顺价或者报价未达到底价时,主持人应当终止拍卖。拍卖主持人在拍卖中可以根据竞买人竞价情况调整拍卖增价幅度。

3. 挂牌出让

挂牌出让国有建设用地使用权是指市、县人民政府国土资源行政主管部门发布挂牌公告,按公告规定的期限将拟出让宗地的交易条件在指定的土地交易场所挂牌公布,接受竞买人的报价申请并更新挂牌价格,根据挂牌期限截止时的出价结果或者现场竞价结果确定国有建设用地使用权人的行为。

挂牌出让的基本流程及要求如下。

(1) 在挂牌公告规定的挂牌起始日,出让人将挂牌宗地的面积、界址、空间范围、现状、用途、使用年期、规划指标要求、开工时间和竣工时间、起始价、增价规则及增价幅度等,在挂牌公告规定的土地交易场所挂牌公布。

(2) 符合条件的竞买人填写报价单报价。

(3) 挂牌主持人确认该报价后,更新显示挂牌价格。

(4) 挂牌主持人在挂牌公告规定的挂牌截止时间确定竞得人。

挂牌时间不得少于10日。挂牌期间可根据竞买人的竞价情况调整增价幅度。挂牌期限届满,挂牌主持人现场宣布最高报价及其报价者,并询问竞买人是否愿意继续竞价。有竞买人表示愿意继续竞价的,挂牌出让转入现场竞价,通过现场竞价确定竞得人。

挂牌主持人连续三次报出最高挂牌价格,没有竞买人表示愿意继续竞价的,按照下列规定确定是否成交:在挂牌期限内只有一个竞买人报价,且报价不低于底价,并符合其他条件的,挂牌成交;在挂牌期限内有两个或者两个以上的竞买人报价的,出价最高者为竞得人;报价相同的,先提交报价单者为竞得人,但报价低于底价者除外;在挂牌期限内无应价者,或者竞买人的报价均低于底价,或者均不符合其他条件的,挂牌不成交。

4. 协议出让

协议出让国有土地使用权是指国家以协议方式将国有土地使用权在一定年限内出让给土地使用者,由土地使用者向国家支付土地使用权出让金的行为。

出让国有土地使用权,仅当依照法律法规和规章的规定不适合采用招标、拍卖或者挂牌方式出让时,方可采取协议方式。在公布的地段上,同一地块只有一个意向用地者的,方可采取协议方式出让;但工业、商业、旅游、娱乐和商品住宅等经营性用地除外。同一地块有两个或者两个以上意向用地者的,应当按照《招标拍卖挂牌出让国有建设用地使用权规定》,采取招标、拍卖或者挂牌方式出让。

协议出让的主要程序包括如下几个方面:申请土地受让方持有效证明文件向政府土地管理部门提出申请,出让方将出让地块的有关资料和文件提供给预期受让方,受让方在规定时间提供土地开发建设方案、出让金额以及付款方式等文件;出让方在规定时间给予答复,双方协商达成协议,签订合同并由土地受让方支付定金,受让方在支付全部出让金后,向土地管理机关办理土地使用权登记,并领取国有土地使用权。

(二) 土地使用权转让

土地使用权转让是获得国有土地使用权的受让人,在投资开发经营的基础上对出让土地的再转移而形成的横向土地经营行为。

以出让方式取得的土地使用权转让,必须按照合同的约定已经全部支付土地使用权出让金,并取得土地使用权证书,按照合同约定进行投资开发,属于房屋建设的,完成投资总额的25%(不包括土地出让金),属于成片开发的,形成工业用地或者其他建设用地条件。

以划拨方式取得的土地使用权转让,需向政府报批,在获得准予转让的基础上,土地的受让方办理土地使用权出让手续,并缴纳土地出让金,转让方将土地收益上缴国家。这种方式多见于因企业改制和兼并收购行为而导致的土地使用权变更的情况。

土地使用权划拨是指县级以上人民政府依法批准，在土地使用者缴纳补偿、安置等费用之后将该幅土地交付其使用，或者将土地的使用权无偿交付土地使用者使用的行为。

取得划拨土地使用权实际上分为两种情况：一种是土地使用者先缴纳对原土地所有人或使用人的补偿、安置等费用后，国家将土地交付其使用；另一种情况是国家将国有土地使用权无偿交付给土地使用人。

三、土地投标策划

（一）土地投标前的准备工作

1. 密切关注土地招标信息

开发商应通过各种途径，尽可能在招标公告发出前获取土地信息，越早获取土地信息就越能做好充分的竞标准备，为市场调研和土地估价留出充足的时间。因此，开拓良好的社会关系资源是开发商应当注重的重要工作。

2. 组建土地竞标小组

开发商在获取土地招标信息后，应尽快组建土地竞标小组，小组可由下列成员组成：经营人员、市场分析人员、房地产估价师、财务人员、工程技术人员（含设计人员）、法律人士等。

3. 进行现场踏勘和项目分析

开发商应组织竞标小组及相关人员进行现场踏勘，对周边市场状况和用地条件等进行调查。对区域的项目开发建设情况、竞争项目分布与特点、市场潜力、潜在客户等进行调查分析，初步完成市场分析、市场预测以及开发项目定位；同时对地块建设条件和周边范围内的道路交通、市政基础设施以及公建配套设施等进行调查，初步确定规划设计方案的技术指标。

4. 收集竞争者信息

开发商在进行以上工作的同时，还应对信息进行全面的收集整理，包括对区域内近期出让地块的规模、规划类型、成交价等信息的整理。同时，开发商还应注重竞标单位信息的收集整理，包括竞争者的经济实力、战略发展目标、开发业绩、技术能力、管理水平、信誉等资料。

5. 测算土地成本，制订心理价位

在市场调研的基础上，对竞标地价进行初步定价。一般来说，开发商要进行投标地块的总投资、总开发价值估算，结合开发商预期盈利目标，测定能够承受的最高地价，竞标土地的估价多采用假设开发法进行。

6. 编制投标文件及各种资料，准备参加竞标

（二）竞标土地的估价

在我国目前的情况下，政府开展土地使用权有偿转让的地块，主要是房地产开发用地，以熟地居多。土地价格测算有市场法、成本法、收益法、假设开发法和长期趋势法等多种方法，这里仅对招标、拍卖、挂牌方式下的土地价格测算中常用的假设开发法进行介绍。

假设开发法，也称剩余法、预期开发法、开发法，是预测估价对象开发完成后的价值和后续开发建设的必要支出及应得利润，将开发完成后的价值减去后续开发建设的必要支出和应得利润来求取估价对象价值的方法。

运用假设开发法估价一般分为以下六个步骤进行：①调查、了解待开发房地产的状况；

②选择最佳的开发利用方式,确定开发完成后的房地产状况;③计算后续开发经营期;④预测开发完成后的房地产价值;⑤预测后续开发建设的必要支出和应得利润;⑥进行具体计算,求出待开发房地产的价值。

第3节 房地产项目主题策划

一、主题策划的内涵

房地产开发项目的主题策划是指开发商(或策划者)对拟建项目提出的一种开发概念与意图,是一种可以为人们切实感知到的生活方式和居住理念,体现了项目开发的总体指导思想。

二、主题策划的作用

(1)主题策划是项目开发运作的总体指导思想。房地产项目的主题策划是整个项目开发运作的指导思想,无论是规划设计、建筑材料、营销策划还是物业管理等均应从各个不同角度对其进行表达、与之相呼应,并诠释这一主题。围绕项目主题这一核心,能够大大丰富房地产项目的精神内涵。

(2)主题策划能体现出项目产品的价值。项目主题是一种资源,是一种可以为人们切实感知到的生活方式和居住理念。新颖、独特的主题概念的引入能显著提升房地产产品的附加价值。

(3)主题策划能使项目具有独特的个性。项目的主题具有区别于其他项目的独特个性,无论在内容、气质上,还是在形式、手段上都独具一格,其他项目难以模仿。这种独特性的存在,就形成了项目的竞争优势。

三、主题策划的原则

(一)创新性原则

主题策划要取得较好的效果,离不开创新的策划思想的指导。房地产项目开发理念日新月异,各种新思想、新观念、新理念层出不穷,策划者要深刻领会这些理念的精髓,把握它们的实质,灵活地运用到策划实践中去。运用这些新理念的同时,还要注重创新,引导主题策划理念的新发展,同时注意将项目特色以及自身对建筑和居住文化的理解融入项目策划中,形成风格独特、个性鲜明的"明星楼盘"。

(二)领先性原则

项目主题策划应当站在市场的最前沿,努力引导市场,引领消费者的需求。在引领消费者需求的同时,项目主题策划还要注重体现项目独特的功能要求,增加量身定做的空间和相应的设施,在开发理念和设计细节等各方面更深层次地体现"以人为本"的思想。

(三)整合性原则

有了独特、富于个性的策划主题后,就应当在整个开发过程中对其加以整合和贯彻。主题概念就是一个中心,在项目开发的各个环节均围绕这一中心完成,如项目定位、规划设计、材料选用、广告宣传、推广计划、整体形象包装等工作都应当配合项目主题，从不同的角度诠释其内涵。

四、主题策划的方法

房地产项目主题策划的方法并不固定，主要是结合市场与项目特色，从实践中不断总结并加以运用，而各种方法之间也会相互渗透。房地产项目的主题策划基本遵循四个导向，即文化科技导向、自身优势导向、客户需求导向、创造概念导向，分别体现在以下方法的运用中。

（1）结合文化内涵挖掘项目主题。
（2）结合科技进步挖掘项目主题。
（3）结合自然环境优势挖掘项目主题。
（4）结合顾客需求挖掘项目主题。
（5）通过营造新观念挖掘项目主题。
（6）结合建筑设计创新理念挖掘项目主题。

第4节 房地产项目产品策划

一、房地产项目产品定位

（一）房地产项目产品定位的内涵

房地产项目的产品定位是在市场细分、客户需求分析、客户群确定的基础上，对房地产项目的主要技术参数、模式等的确定，对产品效用、产品形式、产品功能的设计与创新，最终目的是反映产品独特的市场形象。房地产项目产品定位是建立在客户需求的基础之上，以客户为先导，以"需求为导向"的定位，是开发商针对一个或几个目标市场的需求并结合企业差异化优势，在目标客户群体的心目中占有特定位置的过程。

房地产项目产品定位是一项科学的策划过程，通过这种策划确定土地的用途和产品规划的方向。以往的开发商往往凭直觉或主观判断来进行产品定位，这种方式风险较大，无法获得科学的产品定位带来的益处。

（二）房地产项目产品定位的原则

（1）市场化原则。任何房地产项目产品，要期望获得市场、消费者的认同，就应该是符合市场需求的，因此，市场化的原则是定位基础。开发商一方面应着重分析目前市场上存在的产品、对手，以及即将出现在市场上的潜在的竞争项目。另一方面，需要分析购房者的特点，购房者的购买力和购买欲望是决定产品营销效果的关键。

开发商所做的产品定位，是在高度竞争的市场中找准自身的位置，去挖掘并满足客户尚存的或还没有释放的购买力和购买欲望。因此，就要求房地产开发不能脱离市场、不能脱离客户需求，这就是所谓的"以客户为圆心"。

（2）差异化原则。当商品都一样的时候，客户很难去决定他的选择。现在房地产产品的同质化现象很严重，这就要求开发商在充分分析市场的基础上，选择自己的产品定价，在产品主题、概念、规划设计等方面有所不同，在环境、配套、外立面、色彩、户型结构等方向有其特色。

（3）前瞻性原则。房地产项目定位，实质上是在当下去把握以后某一年度的特定时间和特定地点的市场，是对未来生活的预测，这就考验了开发商对未来市场的推理和预测能力，需要其用前瞻性的思维方式进行项目定位。

事实上，每一位开发商都想开发出世界上独一无二的、最先进的产品，但是在实际的项目开发中，必须考虑项目的市场接受能力，考虑客户的经济承受能力。因此，产品的前瞻性不可能是全方位的，应该是有重点地突出。

（4）产品之间的不可替代性。产品之间的不可替代性是指房地产项目内部的各类产品（如户型、楼型）的不可替代性。如果产品的可替代性强，那么客户可能会因为选择某一户型或楼型而使其他户型或楼型滞销。

（三）房地产项目产品定位的限制条件

房地产项目产品定位的限制条件是指对产品的性质、档次、价格等起到决定作用的客观和主观条件。产品定位中通常要求开发商在各种限制条件（地形地貌、户型配比、容积率、绿地率、限高、朝向、楼间距、日照间距、单套面积等）下寻求最佳方案，还要求考虑产品是否满足市场和客户需求，因此房地产项目的产品定位存在很多的限制因素，主要包括以下几个方面。

1. 土地

土地方面主要考虑以下四个方面：①土地的自然条件，如地块的面积以及周边的自然景观等，通常面积越大、形状越方正完整，产品定位的空间越大；②土地的使用条件，如土地的规划要求、地理位置和其他限制条件；③土地周围的使用现状和发展趋势；④土地开发的条件是自主开发还是合建等。

2. 城市规划

城市规划方面主要考虑相关城市规划的限制，例如容积率、覆盖率、建筑物高度、用途及环境等。城市中心地块的规划要求一般比较严格，用地范围、容积率、建筑物高度甚至是建筑物的外观、外墙颜色和装饰材料等方面的限制条件较为苛刻，使得房地产项目产品的定位受到较大限制。

3. 顾客需求

顾客需求方面主要考虑客户需求的地理价值、价格区间和产品种类，例如别墅一般考虑建在离城市较远的地方，定位于开敞的空间，优美和恬静的田园环境，满足高收入、自己配备汽车的家庭的需求。

4. 资金供应

资金供应方面主要考虑是自有资金还是借贷资金，采用何种融资方式，即采用独资、招商、集资还是贷款等手段，不同资金来源会影响到房地产项目产品的成本以及产品定位的方向。

5. 市场条件

市场条件方面主要考虑房地产市场的发展阶段、发展水平和发展趋势。例如，市场是供方市场还是需方市场，市场是否是一个良性市场，不同的市场条件会影响房地产项目产品的定位。

6. 开发商思维

房地产项目产品定位很容易受到开发商思维的限制，开发商对市场的把握、创新性或对项目的理解深度的不同会在很大程度上影响到房地产项目的产品定位,特别是在项目的创新性等方面。目前在户型创新等方面,很多开发商都进行了一些有益的尝试并取得了成功,但是个别地区的项目在规划和户型设计上还过于陈旧,没有体现出时代感和创新性。

(四)房地产项目产品定位的方法

1. 房地产市场分析方法

(1)房地产市场分析方法的概念。

房地产市场分析方法是指运用市场调查方法对房地产项目市场环境进行数据收集、归纳和整理,形成项目可能的产品定位方向,然后对数据进行分析,利用排除、类比、补缺等方法形成项目的产品定位的方法。市场分析法中的市场调查方法包括实地调查法、问卷访问法、座谈会等。

(2)房地产市场分析方法的流程如图3-2所示。

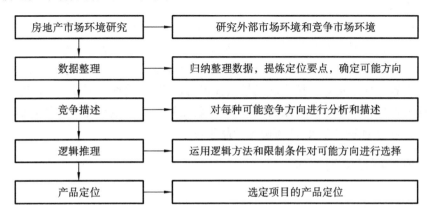

图3-2 房地产市场分析方法流程图

(3)房地产项目市场环境研究的内容。

①外部市场环境。外部市场环境是指经济环境、政策环境等。在经济环境中,目标人群的收入对产品定位有直接的影响,银行个人住房抵押贷款制度的变革对住宅房地产项目产品定位和开发也有重要影响。在政策环境中,有关政策的出台和变化也是房地产项目产品定位的重要依据,例如政府的土地政策、城市规划的调整等。

②竞争市场环境。竞争市场环境主要指同类项目的开发结构、市场供应量、潜在需求量、开发规模、城市及区域价格分布规律、产品级别指数、客户来源和客户资源情况。竞争市场环境分析是在外部市场环境的基础上进行的市场状况研究,它的主要目的是明确项目的直接竞争市场,确定产品定位的策略。

2. SWOT分析方法

SWOT分析方法是对项目面临的内、外部各方面条件进行概括和总结,分析项目自身具备的优势和劣势因素、面临的外部发展机会和存在的威胁等,将调查得出的各种因素根据轻重缓急或影响程度等用排序方式构造SWOT矩阵,以此为基础,从而提出项目解决方案。

3. 建筑策划方法

房地产项目产品定位核心集中体现在建筑环节,同时也是产品差异化竞争优势的产生方式。房地产项目产品定位中的建筑策划不等同于建筑设计本身,它是在建筑设计之前、在市场调研的基础上提出的建筑设计内容,是房地产项目产品构思、概念和形象的组成部分,是产品定位的重要构成部分。

4. 目标客户需求定位法

目标客户需求定位法是指房地产开发商在物业产品定位时,根据所选定的目标市场的实际需求,开发建设出能满足他们个性化需求的产品,步骤如下。

(1) 确定目标市场。市场细分后,开发商要对选择进入哪些目标市场或为多少个目标市场服务做出决策。

(2) 目标客户特征分析。根据目标市场,分析目标群体所处的目标角色状态和追求的核心价值,确定主要目标客户的特征,包含目标客户的购买动机、欲望、需求等,从而提出相应的产品定位。

(3) 产品定位。在充分掌握目标顾客的需求特征之后,需要对产品效用、产品形式、产品功能等进行定位与创新,来反映产品独特的市场形象。

5. 头脑风暴法

在房地产项目产品定位中,头脑风暴法是实践中经常采用的一种方法。头脑风暴法又可以分为直接头脑风暴法(通常简称为头脑风暴法)和质疑头脑风暴法(也称反头脑风暴法)。直接头脑风暴法是指房地产专家群体决策尽可能激发创造性,产生尽可能多的设想的方法。质疑头脑风暴法是对直接头脑风暴法提出的设想、方案逐一质疑,分析其实现可能性的方法。房地产项目产品定位使用头脑风暴法,就是针对产品定位这一主题,发动集体集中注意力与思想进行创造性沟通,从而确定产品定位。

二、房地产项目策划方法

(一) 规划布局

1. 规划布局遵循的原则

规划设计包含着很多内容,例如建筑的布局、间距、朝向、绿化和道路的布置等。这些内容直接关系着居民的生活环境质量乃至人身、财产安全。在规划设计中,建筑的规划布局要考虑到室内外噪声、有无污染及交通方面的因素,创造便利、安全、舒适的居民生活环境。建筑的间距应满足防火间距和日照采光的要求。如果建筑间距留得不够,就不能为火灾的防范、扑救创造条件。同时建筑的朝间也是一个非常重要的因素,特别是在北方地区,应考虑到人们的居住习惯,例如在北方住宅多为南北朝向。在规划设计中,绿化、道路交通、户外工程的设计同样重要且不可或缺,这些都影响着小区的档次和居住品质等。

2. 常见的规划布局形式

在居住区的规划设计过程中,应当充分考虑采光、通风以及项目所在地的地形、位置等多种因素,合理规划建筑群体布局。常见的规划布局形式有行列式、周边式、混合式、自由式等。

(二) 建筑类型

在房地产开发中,有大量的建筑是住宅,住宅的规划设计不仅关系到楼盘开发的品质,而且在体现城市面貌方面起着重要的作用。因此,住宅建筑选型是规划的重要内容之一,它直接影响到土地的经济利用、住宅需求、建筑造价、景观效果以及施工的难易程度。住宅建筑类型有多种分类方式,常见的分类方式有以下几种。

1. 按建筑层数划分

(1) 低层住宅。低层住宅是指层数在 1～3 层的住宅。

(2) 多层住宅。多层住宅一般指层数在 4～6 层的不设电梯的住宅。采用若干户作水平组合,形成标准层,层与层之间用公共楼梯作垂直组合。多层住宅造价较低,价格适中,易于被普通消费者所接受,是我国住宅建设中主要的住宅类型之一。

(3) 高层住宅。国家标准《住宅设计规范》(GB 50096—2011)中规定 7～9 层的为中高层住宅;10 层及 10 层以上住宅为高层建筑;总高度超过 100 m 的为超高层住宅。《住宅设计规范》(GB 50096—2011)规定住宅层数 7 层以上应设电梯,12 层及以上的单元式和通廊式住宅应设消防电梯。

随着我国住宅产业的迅速发展以及城市可利用土地的减少,高层住宅的开发建设越来越普及,在一些地区的商品住宅开发建设中,也有开发商将 7～16 层的住宅称为"小高层",而将 16 层以上的住宅称为高层住宅。

2. 按平面特点划分

(1) 点式住宅。宽度和长度比较接近的住宅称点式住宅,又称塔式住宅。点式住宅能适应不同尺寸和平面形状的用地,其本身所形成的阴影区小,受邻近建筑物日照时间的影响小,在群体中对周围建筑物的通风、视野遮挡也少,再加上其挺拔的体型,往往成为住宅群中富于个性的建筑类型。一梯可以安排 4～5 户,充分发挥电梯和楼梯的服务效率,且整体抗震性能好。

(2) 条式住宅。由两个或两个以上的居住单元按直线邻接的住宅称条式住宅,又称板式住宅。条式住宅具有朝向好、通风向阳、造价相对点式住宅低以及施工方便等优点,其不足之处是布置不够灵活,立面造型不如点式住宅生动,体型大,容易对周围建筑物的日照、通风、视野造成影响,抗震性能较点式住宅差等。

3. 按结构类型划分

(1) 砖混结构。砖混结构是指主要由砖、石和钢筋、混凝土等作为承重材料的建筑物。砖混结构是采用砖墙、砖柱为竖向构件来承受竖向荷载,用钢筋混凝土做楼板、大梁、过梁、屋架等横向构件,搁置在墙、柱上,承受并传递上部传下来的荷载。这种结构的房屋造价较低,是我国目前建造量较大的房屋建筑。但是,这种房屋的抗震性能较差,开间和进深的尺寸都受到一定的限制,其层高也受到限制,多层住宅多采用这种结构。

(2) 框架结构。框架结构是由钢筋混凝土梁、柱组成的承受竖向荷载和水平荷载的结构体系。墙体只起维护和隔断作用。框架结构具有使用平面灵活、室内空间大等优点,但施工周期较长。由于梁、柱截面有限,侧向刚度小,在水平荷载作用下侧移大,故框架结构一般又称为柔性结构。

(3) 框架-剪力墙结构。框架-剪力墙结构也称框剪结构,此种结构为在框架结构的适当部位设置一定数量的钢筋混凝土墙体所组成的结构体系。剪力墙主要承受水平地震作用或风荷载所产生的剪力,框架主要承受竖向荷载和少部分剪力。这种结构的抗侧移能力提高很多,建筑结构更加稳固,一般称为半刚性结构体系,适合层数较多的居住建筑。

4. 按户内空间布局划分

(1) 平层式住宅。平层式住宅是指一套住宅的厅、卧、卫、厨、阳台等不同功能空间都处于同一层面的住宅。平层式住宅布局紧凑、功能合理、交通路线简捷,但空间层次感不强。平层式住宅是目前最为普遍的住宅户型。

(2) 错层式住宅。错层式住宅主要指的是一套住宅的各功能区不处于同一平面,即房内的厅、卧、卫、厨、阳台处于几个高度不同的平面上。错层式住宅在居住功能上更为合理,不同的功能区域完全是一个独立的空间,能够动静分区、干湿分离,私密性大大加强,又使室内空间具有层次感、富有流动感,活跃了室内环境。

(3) 复式住宅。复式住宅并不具备完整的两层空间,但层高(如层高 4.5 m)较普通住宅(通常层高 2.8 m)高,可在局部掏出夹层,安排卧室或书房等,用室内楼梯联系上下空间,其目的是在有限空间里增加使用面积,提高住宅的空间利用率。复式住宅平面利用率高,可使住宅使用面积提高 50%～70%。

(4) 跃层式住宅。跃层式住宅是在住宅的竖向交通联系上进行变化的住宅类型,多见于多层或高层建筑。所谓跃层式住宅,是同楼层的一套住宅单位在内部的结构设计上表现为相对独立的两层居住空间。

(三) 住宅户型

1. 住宅功能分区的原则

住宅的面积和空间是有限的,而住宅的使用功能相互间会有很多的关联,经济能力、设备配置等客观因素对功能分区也会产生一定的制约。因此,住宅设计时必须抓住主要矛盾,住宅设计应强调空间组合的层次清晰、布局合理。功能分区原则有内外分区原则、动静分区原则、洁污分区原则等。

2. 住宅的功能分区

居住水平的提高,反映在居住功能上就是功能空间专用程度的提高。功能空间的专用程度越高,功能的使用质量亦越高。功能空间的逐步分离过程,也就是功能质量不断提高的过程。

根据居住行为模式,把家庭生活行为空间分为私人行为空间、公共行为空间、家务行为空间、卫生行为空间、交通空间、室内外过渡空间等。按功能分区原则进行生活行为单元组合设计。功能分区越明确,居住质量就越高。

3. 住宅功能分区的技术要点

功能分区设计要为住户提供最佳的功能空间,要以我国城市住宅建设基本原则为指导,并与一定的技术经济条件相适应。

(1) 每套住宅具有良好的通风、采光、日照、隔热、保温、隔声等性能,根据功能和使用要求,要综合考虑各个房间的大小、日照、采光、通风等。

(2) 套内功能空间应具有一定的适应性、可变性,以适应不同家庭居住和生活模式变化的需求,且功能空间还应满足适用、安全、卫生、舒适、经济、美观、长效的要求。

(3) 卧室设计应该避开来自户内其他房间或周围邻居的视线干扰,以保证卧室的私密性。

(4) 必须设置户内的室外空间——阳台。合理设置阳台,把自然环境引入室内,可促进室内外环境交融,发挥多功能作用。

(四) 绿地与景观

1. 绿地规划

居住区绿地率是指居住区用地范围内各类绿化用地总面积占居住区用地总面积的比率,是衡量居住区生态质量、环境质量的重要指标。各类绿化用地包括公共绿地、宅旁绿地、配套公建所属绿地、道路绿地,但不包括不能满足植树绿化覆土 3 m 深度要求的屋顶、晒台中的人工绿地以及距建筑外墙 1.5 m 和道路边线 1 m 以内的用地。

目前,根据我国《城市居住区规划设计规范》(GB 50180—1993)(2002 年版)的相关规定,新建居住区绿地率不小于 30%、旧城改建区绿地率不小于 25%。

2. 景观规划

(1) 步行环境。步行环境的规划与设计应该同时考虑功能与景观问题,就功能而言,应提供不易磨损的路面和场地系统,使人能安全、有效、舒适地从起点到达目的地或开展活动;就景观而言,要求能吸引人,并提供使人产生丰富感受的景观环境。

(2) 铺地环境。铺地设计主要从满足使用要求(感觉与触觉)和景观要求(视觉)两方面出发,考虑舒适、自然、协调的需求。

(3) 水体环境。《城市居住区规划设计规范》(GB 50180—1993)(2002 年版)中将水体面积并入绿地面积来计算绿化率,可见水体对于环境影响的重要性。

(4) 户外设施环境。在住宅小区规划中,营造良好的户外设施环境是必不可少的工作。

(五) 小区道路

1. 交通组织方式

居住区交通组织的方式有人车分流、人车混行结合局部分行两种主要方式。

2. 路网规划原则

居住区道路系统是居住的骨架,有分割地块及联系不同功能用地的作用,对整个居住区的合理布局起决定性作用。居住区交通组织考虑的因素包括合理处理人与车、机动车与非机动车、快车与慢车、内部交通与外部交通、静态交通与动态交通之间的关系,满足居民日常出行安全、便捷,日常生活安静、舒适的要求。

3. 道路交通规划要求

按照居住区规划设计的理论,结合相应的人口规模和用地规模,将居住区道路进行分级(主要针对车行道路)是必要的。居住区道路的宽度则是按照其等级来确定的。

居住区的道路通常可分为四级,即居住区级、居住小区级、居住组团级和宅间小路。各级居住区道路宽度的要求如下。

(1) 居住区级道路。居住区级道路为居住区内外联系的主要道路,道路红线宽度一般为 20~30 m,山地居住区不小于 15 m。车行道一般宽 9 m,如考虑通行公交车辆时应增加至 10~14 m,人行道宽度一般在 2~4 m。

(2) 居住小区级道路。居住小区级道路是居住小区内外联系的主要道路,道路红线宽度一般为 10~14 m,车行道宽度一般为 5~8 m。在道路红线宽于 12 m 时可以考虑设人行道,其宽度在 1.5~2 m。

(3) 居住组团级道路。居住组团级道路为居住小区内部的主要道路,它起着联系居住小区范围内各个住宅群落的作用,有时也伸入住宅院落中。其道路红线宽度一般在 8~10 m,车行道宽度为 5~7 m,大部分情况下居住组团级道路不需要设专门的人行道。

(4) 宅间小路。宅间小路是指直接通到住宅单元入口或住户的通路,它起着连接住宅单元与单元、单元与居住组团级道路或其他等级道路的作用。其路幅宽度不宜小于 2.5 m,连接高层住宅时其宽度不宜小于 3.5 m。

(六) 配套设施

1. 公共服务设施规划

一般而言,住宅区的公共服务设施可分为公益性设施和盈利性设施两大类。按服务的内容,住宅区的公共服务设施又可分为商业设施、教育设施、文化运动设施、医疗设施、社区管理设施五类。公共服务设施的具体分类如表 3-1 所示。

表 3-1 公共服务设施的具体分类

类 型	主 要 设 施
商业设施	小型超市、菜市场、综合百货商场、旅店、饭馆、银行、邮电局、储蓄所
教育设施	托儿所、幼儿园、小学、中学
文化运动设施	文化活动中心、居民运动场所
医疗设施	门诊所、卫生站、小型医院
社区管理设施	社区活动(服务)中心、物业管理公司、街道办事处

2. 市政公用设施规划

住宅区的公用设施包括为住宅区服务的各类水、电、气、冷热、通信以及地下工程设施。住宅区市政公用设施的规划应遵循有利于整体协调、管理维护和可持续发展的原则,节地、节能、节水、减污,改善居住地域的生态环境,满足现代生活的需求。

3. 停车设施

住宅区机动车和非机动车的停车设施均有停车场和停车库(房)两种,同时还设有机动车停车位和非机动车停车点两种复合用途的场地。

住宅区的集中停车一般采用建设单层或多层停车库(包括地下)的方式,往往设在住宅区和若干住宅群落的主要车行出入口或服务中心周围,以方便购物、限制外来车辆进入住宅区,并有利于减少住宅区内汽车通行量、减少空气和噪声污染、保证住宅区内或住宅群落内的安静和安全。

4. 安全设施

住宅区的安全设施根据所采用的安全系统一般较为常用的有对讲系统(包括可视对讲系统)设施和视频监视系统设施。对讲系统是指住户与来访者之间通过对讲机(包括可视对讲机)进行门锁开启的安全系统;视频监视系统是指在住宅区内(可包括住宅内的公共部位)和外围设置能够监视住宅区全部通道的摄像装置并由住宅区监控室负责监控和处理。这两种保安系统均由住宅区的专用线或数据通信线传送信息,需要设置住宅区的中央保安监控设施。

5. 户外场地设施

住宅区的户外场地设施包括户外活动场地、住宅院落以及其中的各类活动设施和配套设施。在住宅区中,户外活动场地有幼儿游戏场地、儿童游戏场地、青少年活动与运动场地、老年人健身与休闲场地和包括老年人健身与休闲场地在内的社会性活动场地。各类活动设施包括幼儿和儿童的游戏器具、青少年运动的运动器械和老年人健身与休闲设施。配套设施包括各类场地中必要的桌凳、亭廊、构架、废物箱、照明灯、矮墙和景观性小品(如雕塑、喷泉等)。

6. 服务管理设施

住宅区的管理设施包括社区管理机构和物业管理机构。社区管理机构是一种由行政管理与居民业主委员会管理共同构成的综合性管理机构(如居委会等),主要对关系到住宅区的各项建设与发展和住户利益的事务的居民意愿、意见进行征求以及讨论决策。物业管理部门则受居民业主委员会委托负责住宅区内部所有建筑物、市政工程设施、绿地绿化、户外场地的维护、养护和维修,负责住宅区内环境清洁、保安以及其他服务,如日常收费等。规划设计中,可以将社区管理机构和物业管理部门办公场所合并考虑。

物业管理机构与居民日常生活关系紧密,许多物业管理公司已经发展了许多为业主(住户)服务的新项目,如家政家教、购物订票、物业租售代理、家庭装潢等,部分代替了社区的一些服务设施的功能。因此,这些新项目在布局上宜与社区(活动)中心结合,便于联系与运作,一般服务半径不宜超过 500 m。

第 5 节 房地产项目形象策划

一、房地产项目形象策划的概念及内容

(一)房地产项目形象策划的概念

房地产项目形象策划是对楼盘的形象定位、开发理念、企业行为、视觉标志等各要素的规范与整合的过程。开发理念、企业行为、视觉标志等工作通过项目识别系统——CIS(corporate identity system)来完成。

CIS 是企业理念、企业行为和视觉标志三者的有机统一体。CIS 的出现解决了企业形象或项目形象的传达难题,它通过对构成形象的各要素进行系统化、统一化处理,使复杂抽象的形象具体化、符号化,再借助全方位的信息传达将其清晰、准确地展示出来,从而形成符合 CIS 设计的、具有企业或项目个性的形象。CIS 可以帮助树立企业形象、楼盘形象,提升项目在公众中的知名度,提高消费者对项目的认知程度,实质是帮助项目实施个性化、差异化发展战略。

(二)房地产项目形象策划的内容

1. 房地产项目形象定位

房地产项目形象定位是在产品定位和客户定位的基础上,通过研究房地产项目的市场表现方式,以确定房地产项目在市场上的表达形式。房地产项目形象定位形成后一般要通过广告、活动等方式进行宣传表现。

2. 房地产项目形象识别

楼盘形象设计一般通过企业形象识别系统来完成,主要包括理念识别系统、行为识别系统和视觉识别系统三个有机统一的组成部分构成。

3. 房地产项目形象包装

形象包装主要包括案名设计,工地现场、售楼部以及样板房的形象包装等,其主要是为了提升项目形象、促进市场销售。

二、房地产项目形象定位

(一)房地产项目形象定位的概念

形象定位需要研究房地产项目的市场表现方式,确定房地产项目从产品到商品的过程中的最佳表达方式。该部分研究要回答的问题有:如何让消费者理解产品的内涵?如何对产品的特点进行描述?如何让消费者对项目产生认同感而发生购买行为?形象定位一般通过统一的广告、包装、模型与样板房等形式来表达。

(二)房地产形象定位的原则

(1)项目形象易于展示和传播。
(2)项目形象定位应与项目产品特征符合。
(3)项目形象定位与项目周边的资源条件相符合。
(4)项目形象与目标客户群的需求特征符合。
(5)项目形象定位应充分考虑市场竞争的因素。

(三)房地产形象定位的策划要点

(1)项目形象定位要结合项目优势与客户需求进行分析。
(2)项目形象定位要与项目内在品质相符合。
(3)项目形象定位要具有高度的创意性和审美意境。
(4)项目形象定位要尊重历史、传承文化。

三、房地产项目形象策划的实践

(一)房地产项目案名设计

一个优秀的案名是项目推广成功的开始,案名效应是吸引目标客户群体、刺激其购买欲望的重要途径之一,同时案名设计也是体现开发理念的一种途径。案名设计的要点包括以下几点。

(1)名符其实,个性突出。
(2)巧借历史,渗透文化。
(3)朗朗上口,易于记忆。

(二)工地现场形象包装

工地现场形象包装可以美化施工现场环境,同时也可以提升项目品牌知名度,起到广告宣传作用,主要包括工地围墙、楼体、交通指示标志、道旗、景观绿化、现场办公室、工棚等方面的包装。

道旗的设计与布置也是值得开发商注重的,在楼盘旁边的主要道路两旁、通往售楼部的道路旁设置道旗,内容主要为楼盘名称及楼盘标识,道旗的设计应体现CIS思想。

工地气氛的营造中,可以利用彩旗、气球等宣传物品,吸引人们的注意力,营造整洁、有序的施工现场。

(三)售楼部形象包装

售楼部是向客户介绍楼盘和展示楼盘形象的重要场所,客户对其包装设计的直观感受将直接影响其对项目的评价和购房行为,因此,售楼处的包装尤为重要。售楼部总体要求宽敞、明亮、典雅气派、个性突出。

(四)样板房现场包装

样板房可以给予购房者直观的感性认识,现在人们已习惯于买楼时参观样板房。样板房装修原则如下。

(1) 装修应充分展示户型空间的优势。
(2) 有统一的标识系统(如门前户型说明、家用电器的标识)。
(3) 针对空间的使用要对客户进行引导。
(4) 装修风格和档次要符合项目定位和目标客户定位。
(5) 色彩明快温馨,能吸引眼球。
(6) 家具的整体风格要统一,不可零乱。
(7) 做工要精细,光线要充足。
(8) 对于周边有安全网的样板房,其窗、阳台与围板间保留约 30 cm 的间隔,用以绿化。
(9) 样板房门前要设置鞋架或发放鞋套,最好可以让客户直接进入。
(10) 在样板房上两层阳台等入门处设挡板,以防施工掉物,给客户造成安全性不强的印象。

第6节　房地产项目投融资策划

一、房地产开发项目投资估算

根据房地产开发项目开发地点、项目类型、经营方式的不同等,其费用构成存在一定的差异,主要包括以下几个方面。

1. 土地费用

房地产项目土地费用是指为取得房地产项目用地而发生的费用,项目取得土地的方式不同,所发生的费用也各不相同。

(1) 划拨用地的土地费用。通过划拨形式取得的土地费用,不包含土地使用权出让金,但是土地使用者需缴纳土地征用、征收安置补偿等费用以及视开发程度而定的土地开发成本(城市基础设施建设费)等。划拨用地又分为"生地"划拨和"熟地"划拨两种主要形式。

(2) 出让用地的土地费用。出让用地的土地费用主要包括向政府缴付的土地使用权出让金和根据土地原有开发状况需要交付的征收安置补偿费、城市基础设施建设费或征地费等。以出让方式获得城市土地使用权时,土地出让地价款由土地使用权出让金和城市基础设施建设费构成,且开发商需要进行后续的房屋征收安置补偿工作,并支付相关费用。

(3) 转让用地的土地费用。土地转让费是指土地受让方向土地转让方支付土地使用权的转让费,主要采用市场价格,实践中常常采用市场比较法、假设开发法、收益法等方法进行土地估价。目前,通过土地转让来获得房地产开发用地的方式较为常见。

(4) 合作用地的土地费用。通过土地合作开发,可以有效地解决资金不足等问题,降低投资风险。这种方式主要通过土地作价入股来合作开发,其土地费用估算也主要参考市场价格,需要对土地价格进行评估。

2. 前期工程费与城建费用

前期工程费主要包括项目策划、可行性研究、规划设计、水文地质勘查以及"三通一平"或"七通一平"等土地开发工程费用。

房地产开发项目均需要向当地城市缴纳城建费用,主要包括城市基础设施建设配套费、人防工程易地建设费、工程定额测定费、工程质量监督费、劳保统筹基金、新型墙体材料专项费用、散装水泥专项资金、工程勘察设计资格审查发证费等内容。

其中,城市基础设施建设配套费是城市政府对市区各类基础设施进行配套建设的财政性资金,用于城市规划区、小区以及单体建设项目规划红线以外的城市道路、桥涵、供水、排水(排污、排洪)、公共交通、道路照明、环卫绿化、垃圾处理、消防设施及天然气、集中供热等市政公用设施建设。各地的城建费用项目名目和收费标准有一定的差异,费用缴纳参照项目所在地的有关标准执行。

3. 基础设施建设费

基础设施建设费也称室外工程费,是指建筑物 2 m 以外和项目用地规划红线以内的工程管线建设费用、市政设施的接口费用以及其他室外工程费用等。基础设施建设费主要包括供水、中水、排污、燃气、热力等基础设施管线的工程建设费用,上述设施与市政管网的接口费用,道路、绿化、供电(如变压器、高压柜、低压柜、发电机、电缆等)、路灯、围墙、环卫、安防等设施的工程建设费用以及开闭所、换热站等可能需要的投资等。

4. 建筑安装工程费

建筑安装工程费是指建造房屋建筑物所发生的建筑工程费用、设备购置费用和安装工程(给排水、电气照明及设备安装、空调通风、弱电设备及安装、电梯及安装、其他设备及安装等)费用。在可行性研究阶段,建筑安装工程费用估算可以采用单元估算法、单位指标估算法、概算指标估算法、概预算定额法,也可以根据类似工程经验进行估算。具体估算方法的选择应视基础资料的可取性和费用支出的情况而定。

5. 公共配套设施建设费(附属工程费)

公共配套设施建设费是指居住小区内为居民服务配套建设的各种非营利性的公共配套设施(又称公建设施,主要包括居委会、派出所、托儿所、幼儿园、公共厕所、停车场等)的建设费用,可根据估算工程量参照有关计价指标进行估算,或按规划指标根据类似工程经验进行估算。

6. 开发间接费用

开发间接费用是指房地产开发企业所属独立核算单位在开发现场组织管理所发生的各项费用,主要包括工资、福利费、折旧费、修理费、办公费、水电费、劳动保护费、周转房摊销和其他费用等。开发间接费用可按估算工作量或按开发企业管理费的一定百分比进行估算。

当开发企业不设立现场机构,由开发企业定期或不定期派人到开发现场组织开发建设活动时,所发生的费用可直接计入开发企业的管理费用。

7. 管理费用

管理费用是指房地产开发企业的管理部门为组织和管理房地产项目的开发经营活动而发生的各项费用。管理费用主要包括人员工资、员工福利费、办公费、差旅费、折旧费、修理费、开办费摊销、业务招待费、工会经费、职工教育经费、劳动保险费、待业保险费、董事会费、法律咨询费、审计费、诉讼费、排污费、绿化费、房地产税、车船使用税、土地使用税、技术转让费、技术开发费以及无形资产摊销等。

8. 销售费用

销售费用是指房地产开发企业在销售房地产产品过程中发生的各项费用,以及专设销售机构或委托销售代理的各项费用,包括销售人员工资、福利费、广告宣传费、销售现场以及样板房装修费、销售人员培训费用、差旅费、销售机构的折旧费、修理费、物料消耗费以及销售许可证申领费等。

9. 不可预见费

不可预见费即预备费中的基本预备费,根据房地产项目的复杂程度和前述各项费用估算的准确程度而有所不同。一般类型房地产项目的建筑设计与施工技术都比较成熟,根据近期工程实践统计数据,不可预见费可按上述各项费用之和的 2%~5% 进行估算。

10. 税费

房地产项目投资估算应考虑开发过程中所必须负担的各种税金以及向其他部门缴纳的费用。

11. 其他费用

其他费用主要包括施工图设计审查费、工程交易服务费、各项检测费用、施工噪声及排污费、工程监理费、工程保险费、施工执照申领费等。个别项目由于施工场地不够,还会发生临时用地费和临时建设费等。

12. 建设期利息

建设期利息是指筹措债务资金时在建设期内发生并计入项目总投资的利息,包括银行借款和其他债务资金的利息以及其他融资费用。

二、房地产开发项目租售方案的制订

市场分析与预测的目的除了明确项目的市场前景外,还有一个重要的目的就是研究项目的租售方案、租金价格水平和租售收入计划,这些都是关系到项目财务计划可行性的重要基础数据。租售方案的制订中,一般应包括以下几个方面的内容。

1. 确定租售方式

开发商首先需要对出租、出售还是租售并举做出选择,包括出售面积、出租面积数量及其在建筑物中的具体位置。对于住宅项目,开发商大多选择出售方式;对商用房地产项目,开发商可选择出租或租售并举。

2. 确定可租售面积及可分摊建筑面积

租售方式确定下来后,就要计算可出售面积数量、占总建筑面积比例,或可出租面积数量、占总建筑面积的比例,确定分摊面积数量及其占总建筑面积的比例。

3. 安排租售进度

租售进度包括安排出售(出租)的时间进度,确定各时间段内出售(出租)面积的数量与比例。

租售进度的安排要与工程建设进度、资金投入进度、市场报价策略以及预测的市场吸纳速度等因素相协调。为此,开发商应当制订租售计划表,以利于租售工作按预定的计划进行。租售进度计划,应该根据市场租售实际状况,进行定期调整。

4. 确定售价(租金)水平

房地产价格的影响因素很多,并且价格是市场营销组合中十分敏感而又难以控制的因素。对开发商而言,价格直接关系到市场对房地产产品的接受程度,影响着市场需求和利润水平,涉及开发商、购买者及代理商等各方面的利益。

房地产项目价格的制订,可以采用市场比较法、成本法、收益法等方法进行估价。实践中多采用市场比较法进行,根据竞争楼盘的价格特征,结合所开发项目的特点对相关因素进行修正。

5. 编制租售计划表

租售计划表的主要内容包括销售(出租)面积实现计划与销售(出租)收入实现计划。租售计划表的编制没有一个固定的格式,可以根据实际情况进行调整。其中经营费用一般考虑人员费用、物业共用设施日常运行和维护费用、绿化养护费用、清洁卫生费用、秩序维护费用、物业共用设施及公众责任的保险费用、办公费用以及房产税和法律费用等。

三、房地产项目融资渠道

(一)房地产项目融资的分类

房地产项目融资的分类方式很多,从融资主体看,分为房地产企业融资和房地产项目融资;从融资渠道上看,分为直接筹资和间接筹资;从资金偿还特性上看,分为权益筹资和债务筹资。

除上述分类方式外,还有其他融资分类方式,例如从融资来源国的不同可以划分为国内融资和国际融资;从融资币种不同,可以划分为本币融资和外汇融资;从期限长短可以划分为长期融资、中期融资以及短期融资;从融资来源是否具有政策性,可以划分为政策性融资和商业性融资等。

(二)房地产开发项目融资方式

由于房地产开发资金需求量特别大,房地产开发商的自有资金一般不可能完全满足需要,通过合理的渠道落实资金就成为房地产开发商必须解决的一个重要问题。随着我国房地产市场的逐步完善,房地产金融业的逐步发展,房地产开发资金的筹集渠道也越来越多。目前,房地产开发商的资金筹集渠道主要有自有资金、预收房款以及银行贷款等方式。

1. 自有资金筹集

(1)资本金筹集。资本金作为项目投资中由投资者提供的资金,是获得债务资金的基础。

(2)股票筹资。股票是指股份公司发给股东作为已投资入股的证书和索取股息的凭证,可作为买卖对象或抵押品的有价证券。发行股票是房地产公司有效筹资的重要渠道之一。其发行主体限于房地产股份有限公司,包括已经成立的房地产股份有限公司和经批准拟成立的房地产股份有限公司。

2. 商品房预售

商品房预售就是指在商品房未建成前就将其预售出去,用获得的预售资金建设该房地产。通过预售商品房,可以获得后续开发建设所需要的资金,是开发商筹集资金的重要途径。

3. 债务资金筹集

(1)债券筹资。债券筹资包括企业债券和公司债券。

(2)信贷资金筹集。信贷资金筹集包括房地产抵押贷款和房地产信用贷款。

4. 房地产金融创新

随着房地产开发投资的不断扩大,房地产企业对于资金的需求也越来越多,目前国内房地产开发业的资金来源主要还是以银行贷款为主,较少涉及金融产品的创新。而在西方发达国家,住房抵押贷款证券化、投资信托基金等方式早已直接或间接成为房地产开发资金的重要来源,很好地化解了金融风险。我国房地产开发过度依赖银行贷款,急需通过住房抵押贷款证券化、房地产投资信托等金融创新工具拓宽房地产融资渠道。

5. 其他方式

在房地产开发活动中,也出现一些其他的融资方式,例如承包商垫资或入股、内部认购行为等,这些方式在一定程度上解决了开发建设中的资金短缺问题。

四、房地产项目资金成本分析

资金成本是指公司为筹措并使用资金而支付的费用,是企业财务管理中的重要概念。对于企业融资来讲,资金成本是选择资金来源、确定融资方案的重要依据,企业要选择资金成本最低的融资方式。对于企业投资来讲,资金成本是评价投资项目、决定投资取舍的重要标准,投资项目只有在其投资收益高于资金成本时才是可接受的。资金成本还可作为衡量企业经营成果的尺度,即经营利润应高于资金成本,否则表明其经营不利,业绩欠佳。

通常资金成本由于筹资方式的不同而不同,进行资金成本研究的目的是选择合适的融资方案进行融资决策。下面将对资金成本的影响因素、资金成本的度量与决策方法加以分析。

1. 影响资金成本的因素分析

影响资金成本的因素主要包括:①使用资金所支付的费用,即资本占用费;②融资过程中资金与人力等耗费,即融资费用;③特定条件下的机会成本,指房地产投资者从企业内部融资所形成的机会成本。

资本占用费与融资额度、融资期限有直接关系,它属于融资成本中的变动费用;融资费用则一般与融资额度、融资期限无直接关联,因而可以看做是融资成本中的固定费用。

在计算中,对于较小的固定费用可以忽略不计,对于较大的固定费用可以按固定费用占资本总额的比例计算。所以,一般以讨论变动费用即资本占用费为主。影响融资成本的因素主要有融资的资本结构、资金的时间价值、出资者所考虑的风险报酬和资金的供求关系等。

2. 资金成本的度量

融资成本既可以用绝对数表示,也可以用相对数表示。绝对数表示方法是指为筹集和使用资本而发生的费用。相对数表示方法则是通过资本成本率指标来表示的。通常情况下人们更习惯于采用后一种表示方法。资本成本率简称资本成本,在不考虑时间价值的情况下,它指资金的使用费用占筹资净额的比率。在考虑时间价值的情况下,资本成本是指公司取得资金的净额的现值与各期支付的使用费用现值相等时的折现率。

(1) 由于融资方式的不同,往往造成同一资金的融资成本有很大的不同,为了便于比较,融资成本往往采用相对数,用资金成本率来表示。

(2) 加权资本成本率。在实际操作中,房地产企业的融资渠道并不是单一的,开发商无法做到从某种筹资成本率较低的渠道筹措全部资金。相反,从多种渠道筹集资金的可能性较大,而且有时多渠道组合筹资对房地产开发企业更为有利。为了综合地评价筹资方案,优化公司的资本结构,就需要计算全部资金来源的综合资金成本,由于这种资金成本率指标是通过加权平均法计算出来的,因此又称其为加权资本成本率。

(3)边际资金成本率。企业在追加融资的时候,新筹集资金的成本就是边际资金成本,常用边际资金成本率衡量。由于随着时间的推移和融资条件的变化,个别资金成本会随之变化,加权资本成本也会发生变动。因此,企业在未来追加融资时,不仅要考虑目前使用的资金成本,还要考虑边际资金成本。

此外,企业追加融资时,融资数额大,往往不能只采取一种融资方式,或在资本结构既定的情况下,都需要通过多种融资方式的组合来达到目标,这时边际资金成本需要按加权平均法来计算。

五、房地产项目融资决策的步骤

在房地产企业项目融资的时候,各种渠道融资资金的增加是不可能按比例,也不可能完全按照原有资本结构各种资金所占的比例进行同比例融资。企业的融资成本因时因地而不同,所以在不同的融资环境下,企业的融资决策也应适时改变。在实际操作中,房地产开发企业需要从多种融资方案中选择,资金筹措决策大致按以下几个步骤进行。

(1)根据项目的实际情况,编制项目开发投资的资金使用计划表。

(2)根据投资的资金使用计划表,并结合公司的现有资金情况,选择若干可能的筹资方案。一般情况下,开发项目的资金使用会按照如下次序进行。

①先使用资本金,如在购买土地时一般都是使用项目资本金。

②考虑使用预售收入的再投入,如资本金使用完后,可以通过预售收入的再投入来安排工程建设。

③如果预售收入的再投入安排之后仍然有资金缺口时,可安排使用借贷资金。

可以看出,如果预售收入实现的时间比较迟的话,就会给开发商带来较大的资金压力,而银行也往往通过预售收入实现的时间来判断项目所面临的风险。

(3)编制资金筹措计划表。房地产项目应根据可能的建设进度和将会发生的实际付款时间与金额编制资金使用计划表。在房地产项目策划阶段,计算期可取年、半年、季度为单位。

(4)计算各种筹资方案的资金结构、资金成本率。

(5)选择平均资金成本率比较低的筹资方案,作为待选方案。

(6)计算不同资金结构下各方案的收益率。

(7)计算各方案的财务相关指标,判断各个方案的资本结构的风险。

(8)综合比较收益率和财务指标,并对待选方案进行可行性分析,选择一个资金成本率低又通过财务风险可行性研究的筹资方案。

第7节 房地产项目价格策划

一、房地产项目定价方法

定价方法是指企业为了在目标市场上实现定价目标,而给产品制订一个基本价格或价格浮动范围的方法。虽然影响房地产产品价格的因素很多,但是企业在制订价格时主要考虑产品的成本、市场需求和竞争情况。产品成本规定了价格的最低基数,而竞争者价格和替代品价格则提供了企业在制订其价格时必须考虑的参照系。在实际定价过程中,企业往往侧重通过估量对价格产生重要影响的一个或几个因素来选定定价方法。房地产企业的定价方法通常有成本导向定价法、购买者导向定价法和竞争者导向定价法。

(一)成本导向定价法

成本导向定价法是以成本为中心,按卖方意图定价的方法。其基本思路是在定价时,首先考虑收回企业在生产经营中投入的全部成本,然后加上一定的利润。成本导向定价法主要由成本加成定价法、目标利率定价法和售价加成定价法三种方法构成。

(二)购买者导向定价法

1. 价值定价法

价值定价法要求价格对于消费者来说代表着"较低的价格,相同的质量"或"相同的价格,更高的质量",即"物美价廉"。价值定价法不仅使制订的产品价格比竞争对手低,而且是对公司整体经营的重新设计,打造公司接近大众、关怀民生的良好形象,同时也能使公司成为真正的低成本开发商,做到"薄利多销"或"中利多销"。

2. 认知价值定价法

认知价值定价法是房地产开发商根据购买者对物业的认知价值来制订价格的一种方法,用这种方法定价的房地产开发商认为定价的关键是顾客对物业价值的认知,而不是生产者或销售者的成本。认知价值定价法的关键在于准确地评价顾客对公司物业价值的认识。在使用认知价值定价法时,要通过广告及其他舆论工具做好物业的市场推广工作或是公司形象宣传,提高公司及其物业在消费者心中的地位,从而制订较高的价格。

3. 需求差异定价法

需求差异定价法是根据顾客对产品需求程度的不同而制订不同的价格。使用需求差异定价法可以根据时间、地点、对象的不同,采取相应的定价策略。

(三)竞争者导向定价法

房地产市场由于其异质性,与其他行业相比,房地产开发商有较大的自由度决定其价格。房地产商品的差异化也使得购买者对价格差异不是十分敏感。在激烈的市场竞争中,公司要确定自己在行业中的适当位置,或充当市场领导者、或充当市场挑战者、或充当市场补缺者。相应的公司在定价方面也要尽量与其整体市场营销策略相适应,或充当高价角色、或充当中价角色、或充当低价角色,以应付竞争者的价格竞争。

二、房地产项目定价策略

(一)心理定价策略

心理定价策略,是根据用户购房心理,微调销售价格,以加速销售或取得更大效益的定价策略,常用的有整数定价、尾数定价、吉祥数字定价、声望定价、招徕定价等方式。

(二)折扣定价策略

折扣定价策略是在原定价基础上减收一定比例货款的定价策略。常用的有现金折扣、数量折扣、季节折扣和推广折扣等方式。

（三）新产品定价策略

新产品定价策略包括撇脂定价策略和渗透定价策略两种方式。

（四）过程定价策略

在实际销售中，市场销售环境可能相当复杂多变，房地产企业往往需要在确定总体定价策略后，根据实际情况确定其销售过程定价策略。过程定价策略一般有低开高走定价策略、高开低走定价策略和稳定价格策略三种。

价格对于营销至关重要，所以，不管决定选择哪种策略，重要的是对市场有清醒的认识，对楼盘有客观的分析，对策略执行有细致周详的计划，对价格与其他营销措施的配合有充足的准备，而且在市场营销中应不断进行对价格曲线的维护，这样才能达到整合营销的效果。

三、房地产项目的价格调整

（一）房地产项目基价的调整

基价调整就是对一栋楼的计算价格进行上调或下降。因为基价是制订所有单元的价格的计算基础，基价的调整意味着所有单元的价格都一起参与调整，所以基价的调整应当慎重。

（二）房地产项目差价的调整

项目定价时每套单元因为产品的差异而制订不同的差价，差价主要包括楼位差、层差和朝向差。

（三）房地产项目的调价时机

一般来说，销售期两个月左右即有调价的必要。同时调价的时机还要结合销售率来确定。当销售率达到30%时即可调价。比如当销售期仅三四周时间即达到30%的销售率时，就有调价的必要。若30%的销售率经过了很长的时间才达到，此时调价危险性较高。应分析消费者的接受程度，如果销售缓慢的原因在于价格，则维持价格是较优选择。除非希望制造热销的假象，引发消费者的逆反心理。

此外，工程进度也是确定调价时机的一个标准，随着工程的不断推进，成本不断发生，价格的调整就显得很有必要。从销售策略上讲，楼房销售期的安排一般以工程进度为标准，因此，工程进度与销售期可以联动考虑。

第8节 房地产项目市场推广策划

一、房地产项目市场推广的主要渠道

（一）开发商自行销售

房地产开发商自行销售的特点是可与消费者直接接触，有利于收集消费者对产品的意见，改进企业的工作，建立企业的良好形象，从而提高企业的市场竞争力。一般在下述情况下，开发企业愿意自行销售。

(1) 大型房地产开发公司。大型房地产开发公司内部一般设有专门的销售部门或销售公司,往往有自己成熟的销售网络和较高的业务水平,提供的服务有时比代理中间商更为有效,此时开发商愿意自行销售。这种方式要求房地产开发商拥有一个既懂房地产营销又懂相关专业知识的高素质营销队伍。

(2) 处于卖方市场。当市场为卖方市场时,楼盘供不应求,开发商往往不需要聘请代理机构就可以获得丰厚的利润,特别是对于那些品质优良、市场反应良好的项目。

(3) 定向开发。有些项目在投资决策或前期工作阶段就已经确定了销售对象,定向为某些业主开发,这种情况下一般无须委托代理。

(4) 节约成本。委托租售代理要支付相当于售价1‰~3‰的佣金,从节约成本的角度考虑,有时开发商更愿意自行销售。

(二) 委托代理

房地产开发的市场推广活动中,很多开发商借助于租售代理机构的帮助,利用代理机构所拥有的优势,这也是未来的发展趋势,是社会分工更加精细化的结果。这是因为优秀的房地产代理机构往往熟悉市场情况、具备丰富的租售知识和经验的专业人员,对其所擅长的市场领域有充分的认识,对市场当前和未来的供求关系非常熟悉,或就某类房地产的销售有专门的知识和经验。

对于那些专业的房地产代理公司,并不是简单的销售介入,而是早早介入,帮助房地产开发商进行项目策划和市场定位等,因为房地产代理公司和房地产经纪人的丰富经验是开发商所需要的。物业代理的营销形式是通过代理合同确定的。

二、房地产项目卖点挖掘

卖点是产品所具有的、不易被竞争对手抄袭的,同时又是可以展示和能够得到目标客户认同的特点。一个房地产项目要成功地推向市场,就应充分将其美好的、独特的、吸引人的卖点表现出来。

需要强调的是,卖点的建立并非静止不变。例如由于项目定位与项目销售之间有一定的时间间隔,在这段时间里,市场情况往往会发生某些变化,在定位阶段确定的个性化特点有时到了销售阶段已无法发挥,必须重新挖掘。再如一些项目到了销售后期,前期建立的卖点已经无法发挥原有的效应,那么销售后期应当重新挖掘卖点。因此,卖点的挖掘应当坚持动态的观点。

三、房地产项目市场推广的主题

在项目卖点挖掘完成之后,企业还应围绕"是什么样的物业""卖给什么人""能达到什么效果或有什么好处"三个问题将其提炼为一两句话,形成项目的推广主题,以便在随后进行的广告推广中加以运用。具体可以从产品定位、客户定位和形象定位三个方面来寻找。

(一) 提炼物业主题

从产品定位中寻找物业主题,首先要让消费者熟悉物业的基本构成(如交通状况、绿化、建筑设计特点、装修标准等),明确该项目是什么物业。

1. 产品定位的意义

产品定位的意义有以下几点:以房地产开发商或土地使用者的立场为出发点,满足其利益为目的；以目标市场潜在的客户需要为导向，满足其产品期望；以土地特性及环境条件为基础，创造产品附加值；以同时满足规划、市场、财务三者的可行性为原则，设计供求有效的产品。

2. 产品定位的内容

产品定位包含小区规划、建筑风格、小区环境、户型设计、功能定位、物业名称、物业管理等内容。将这些内容提炼为具体的主题，即形成物业主题。

（二）提炼市场主题

市场主题即从客户定位中找出符合其需要及能力的要素，并对这些要素加以描述，突出"卖给什么人、供什么人享用"。从客户定位中寻找市场主题，准确的项目定位可以锁定项目的目标市场和目标消费者，在项目有了明确的市场定位之后，该项目所面向的消费者一般来说就很明确了。一般从消费群体的职业、收入、年龄、性别、文化层次、喜好、未来需要以及由此而引起的消费倾向等方面来进行客户定位。

（三）提炼广告主题

从形象定位中寻找广告主题，将广告所要表达的重点和中心思想形成一两句精炼的广告语，提高消费者对该项目的期望值，使其产生许多美好的联想。

应当注意的是，广告主题是广告传达的信息的焦点，在一个广告中不能有太多的诉求主题，而应根据不同的情况进行筛选。

（四）各阶段的推广主题

市场推广过程是阶段性的，是与销售过程相呼应的。在不同的销售阶段，市场推广的目标、任务和具体活动都有所不同。根据销售过程中的主要分期——预热期、强销期、持销期、尾盘期的阶段性划分，项目市场推广过程也可以相应地分为四个阶段，针对各阶段销售任务的不同制订不同的推广计划。

四、房地产项目市场推广费用

"凡事预则立，不预则废"。必须先制订一个系统合理的市场推广计划，随后的各项工作才能有条不紊地进行。根据不同的侧重点，可以针对推广费用、组织模式、阶段划分三方面分别制订相应的计划。

（一）营销成本构成

企业年度财务计划控制要求在保证公司实现销售目标的同时，尽量减少支出。这就要求在推广实施之前对推广费用进行合理计划，使其能得到有效的控制。房地产项目营销涉及从策划、组织到推广实施等一系列环节，成本主要由以下几方面组成。

（1）资料、模型费。资料、模型费是指房地产项目在销售前应做的一些准备工作所需的费用，这些准备工作主要包括设计制作售楼书（或称宣传册）；设计制作录像带或光盘；设计制作展示板，通常有户型平面、小区规划、地理位置、环境及生活配套、立体效果、项目简介、装修标准等；设计制作模型，主要有小区总体规划布局模型、建筑物单体模型、分户平面模型等；设计制作手提资料袋、宣传品、礼品等。

（2）样板房费用。样板房费用包括样板房的设计、建造及装修装饰费用等。这里的建造费用是指在房地产项目施工现场外(如售楼部内)模拟产品实景搭建样板房时所发生的费用,若将产品施工现场内的毛坯房用于样板房时,仅计算设计和装修装饰费用等。

(3)广告费。广告费是指市场推广时用于产品形象宣传所需的设计、制作与发布费用。产品形象宣传广告的类型主要包括新闻媒体(报刊、广播、电视)广告、户外广告、路牌广告、地盘围墙广告、公交车体广告,展销会参展,通过邮寄方式发布的广告,公众信息网络广告等。

(4)销售管理费。销售管理费包括销售人员工资及福利费、地盘专车费用、租用场地租金、工作人员差旅费、业务应酬费用等。

(5)中介服务费。中介服务费即委托中介服务机构进行市场调研、价格评估、营销策划、销售代理等所支付的费用。

(二)推广预算安排

推广费用预算在制订过程中有很大的难度,但是"少花钱多办事"是每个企业的追求。企业应如何制订推广预算、推广费用安排多少才能为企业带来预期收益及社会影响力,这是每个开发商都应认真考虑的问题。推广预算的确定要求市场营销部门与财务部门等一起确定预算总投资,进而进行具体项目的预算分配,常见的市场推广预算安排方法有量力而行法、销售百分比法、竞争对等法和目标任务法。

五、房地产项目市场推广方式

(一)广告推广

在现代信息传播条件下,广告被认为是一种信息传播的有效途径。从目前的实际操作情况来看,房地产项目推广以广告宣传为主,广告效果的好坏直接影响到整个推广过程的成败。目前,房地产广告宣传的主要媒体有报纸、杂志、广播、电视和互联网等。

(二)人员推广

1. 人员推广的含义

人员推广又称人员推销,是较为传统的促销方式,人员推广是房地产销售人员通过主动与消费者进行接触和洽谈,向消费者宣传介绍该房地产商品,达到促进房地产销售的目的。

2. 推广人员策划

推广人员策划包括销售团队设计、人员招聘、人员培训、业绩评价和人员激励五个方面。

(三)活动推广与公共关系

1. 活动推广与公共关系的概念

活动推广是指企业整合本身的资源(企业及楼盘的优势等),通过具有创意性的活动或事件,使之成为大众关心的话题,吸引媒体报道与消费者参与,进而达到提升企业及楼盘形象,以及促进销售的目的。在活动推广中,往往需要引入公共关系管理。公共关系管理是通过组织一系列的活动,运用传播手段使企业与公众之间形成双向交流,促进公众对企业或项目的认识、好感及支持,达到树立良好的企业或项目形象,促进产品销售的目的。公共关系对于构建企业与公众的和谐关系、树立企业或项目形象的重要性已逐渐得到大多数开发商的认同。

2. 活动推广与公共关系时机策划

在活动推广与公共关系处理中,与新闻媒介的合作尤其重要。推广策划人员常将项目的有关理念和重大信息及时通报有关新闻单位,以新闻报道的方式介绍并对项目状况做出评价,相比单纯的商业广告宣传更具吸引力和可信度。这种推广方式对树立房地产企业形象、提高企业知名度、增加房地产租售量具有明显的作用,甚至效果更好。

3. 活动推广与公共关系策划的类型

房地产的活动推广与公共关系策划有以下几种方式:策划媒体事件、举办社会活动、企业文化宣传、对外联络协调、产品服务咨询等。

(四)客户关系管理

1. 房地产客户关系管理的概念

房地产客户关系管理是指借助信息技术和新型的管理模式,以客户为导向,建立收集、挖掘、跟踪、分析客户信息的系统,对开发企业的市场营销、销售服务等业务流程进行全面管理,从而实现对市场的有效把握,发掘客户群,优化开发企业资源配置,提高企业竞争力。

2. 房地产客户关系管理的作用

当产品品质以及市场发展日趋成熟时,房地产企业开始重视客户关系管理与服务工作,将其与产品开发、销售、物业管理摆到同等重要的位置。房地产品牌建设与营销推广不再局限于物业本身,客户关系管理与服务同等重要。

(1)房地产关系营销关注的是如何吸引客户,追求利润最大化。客户关系管理则为其提供客户资源信息。

(2)房地产关系营销高度重视顾客服务,以及发展与顾客的长期、稳定关系,客户关系管理藉由服务手段所培养的客户满意度与忠诚度为其提供支持。

(3)房地产关系营销强调充分的客户承诺,客户关系管理为其提供保证。

(4)房地产关系营销认为所有部门都应关心质量问题,客户关系管理全程沟通化解客户抱怨。

3. 房地产客户关系管理的实践

房地产市场中单纯的产品买卖时代已经面临终结,未来房地产品牌竞争的趋势,正逐渐过渡到客户信息库、客户满意度、客户服务手段的竞争层面,以客户为本的客户服务观念将贯彻房地产开发、策划、销售、服务的全过程,因此对房地产企业在客户关系管理上的要求越来越高。

第9节 房地产项目广告策划

一、房地产项目广告的常见类型

房地产企业会根据企业的战略需要投放不同类型的房地产广告,这些广告除了常见的新盘促销广告外,还包括加强企业品牌形象广告、公关广告以及看似无关却又能有效传递企业品牌和产品价值的观念广告。

(1)促销广告。大多数的房地产广告属于促销类型,主要目的是传达所销售楼盘的有关信息,吸引客户前来购买。

（2）形象广告。形象广告以树立开发商、楼盘的品牌形象并期望给人留下整体、长久印象为广告目的。

（3）观念广告。观念广告以倡导全新生活方式和居住时尚为广告目的。

（4）公关广告。公关广告通常以软性广告的形式出现，如在大众媒介上发布的开发理念专访、入伙、联谊通知，各类祝辞、答谢辞等。

具体采用什么样的广告模式，制订什么样的广告策略，需要企业根据战略需要制订一个缜密的广告投放和制作计划，以保证促销的持续性、稳定性和互补性。

二、房地产项目广告基本要素构成

房地产项目广告中有很多的信息可以表达出来，视开发商、项目及市场的需要而定，一则广告应注意基本要素的构建，明确传递项目的基本信息，回答客户想了解的基本问题。但是在广告实践中，这些信息有时候不一定要在同一条广告中体现出来，要根据广告目标而定。房地产项目广告的基本要素包括以下几点。

1. 楼盘名称

一般来说，房地产项目广告应在醒目位置标明项目名称及标识，一个设计新颖的项目名称和标识能够迅速吸引人们的注意，并且能留下较为深刻的印象，引导人们继续关注项目的其他信息。

2. 广告标题

广告标题也称主打广告语，可帮助消费者了解广告的中心思想，起到揭示产品主题策划思想的作用，又起到吸引消费者的关注、美化视觉效果的作用。好的广告标题能积累企业或楼盘的无形资产。

3. 地理位置

项目位置是房地产广告应具备的重要内容，是消费者关注的一个重要信息点。

4. 项目卖点

项目卖点即项目所特有的，或最具特色、最能吸引客户的地方，如区位优势、交通便捷、文化内涵、规划布局、建筑风格、户型设计、绿化景观、价格优惠、新技术或新材料、装饰装修、配套设施、物业服务等，应挑选出最突出的项目特征表达给客户。

5. 价格

广告中的价格，有的体现是均价，而有的体现是起价。起价往往都是选择楼盘中位置、户型、朝向最差的一个单元的价格来进行渲染，这样的广告多见于中低档楼盘，以起价来吸引那些关注价格的消费者，并且加上"首付只需××万元"的语句，以此表达项目合理的性价比，但是起价往往不具备实际购买意义，也容易让消费者去销售现场后产生不愉快心理。而高档楼盘客户对于价格的敏感性不强，因而其广告中均价的运用更多一些。

6. 开发商、代理商、规划设计、建筑施工、物业服务机构名称及售楼电话

这些信息都属于广告文案的附文，但是对加强买家信心、提升项目市场知名度和美誉度具有不可估量的作用。往往开发实力强、品牌知名度和美誉度高的开发商、代理商、规划设计、建筑施工、物业服务企业会成为吸引购房者的重要因素。

房地产项目广告的主要任务是使消费者看过广告后产生购买兴趣，进而致电售楼部或到售楼部现场进一步咨询。如果广告不能将消费者所希望获得的信息全部包含，那么客户可能就不会打电话咨询，而是关注另一个房地产项目。所以，房地产项目广告所包含的内容应突出重点、简洁明了。

三、房地产项目广告策划的原则

开发商可根据营销战略的需要,将几种广告类型结合起来考虑,组合运用。在进行广告策划时,应遵循以下原则。

(1) 时代性。时代性是指房地产广告策划的观念应具有超前意识,符合当今及一定时期内社会变革和人们居住需求变化的需要。

(2) 创新性。创新性是指房地产广告策划应富有创意,不拘一格,不落俗套,能够塑造楼盘的独特风格,体现"把握特色,创造特色,发挥特色"的策划技巧。

(3) 实用性。房地产广告策划应符合营销战略的总体要求,符合房地产市场和开发商的实际情况,具有成本低、见效快和可操作的特点。

(4) 阶段性。房地产广告策划要围绕房地产营销的全过程有计划、有步骤地展开,并保持广告的相对稳定性、连续性和一贯性。

(5) 全局性。房地产广告、人员推销、活动推广和关系推广是开发商促销组合的四种手段,广告策划需兼顾全局,考虑四种方法的综合效果。

四、房地产项目广告策划的主要工作

在进行深入的市场分析后,才有可能形成一套完整的广告策划书。完整的广告策划书主要包括广告目标确定、媒体发布计划、广告创意(广告诉求、广告表现等)与广告文案、广告费用预算、广告效果测评等内容。在形成书面的广告策划书时要注意提案的技巧、文字的风格和格式的赏心悦目。

(一) 市场分析

房地产广告策划的市场分析主要包括营销环境分析、客户分析、个案分析和竞争对手分析等。若开发商在营销策划时已将宏观和微观营销环境分析得透彻、准确,则可将重点放在下面几项上。

1. 客户分析——主要分析客户的来源、需求特征和购买动机

分析客户成交的因素:开发商品牌、产品保值增值、楼盘设计合理、地段较好、价格合适等。同时也要分析客户可能拒绝的原因,如附近有更合适的楼盘、交通不便、购房投资信心不足等。

2. 个案分析——主要分析开发商及产品情况

分析开发商的实力、业绩、品牌知名度、市场声誉,楼盘规划设计特色,主要设备和装修情况,配套设施情况以及楼盘面积、户型、朝向、价位等方面的情况。

3. 竞争对手分析——主要关注竞争对手的各种动向

进行竞争对手分析时,除了要分析竞争对手实力和竞争楼盘的情况,还要分析竞争对手的广告活动,包括广告发布的时机、投放量、特色等,以吸取有益和可借鉴之处,扬长避短。

(二) 广告目标确定

根据企业的营销策略和目标消费者的情况,房地产广告目标主要分为通知、说服、提醒三类。

(1) 通知性广告是通过广告活动向目标消费者提供种种信息,主要用于楼盘的市场开

拓阶段,触发初级需求。比如为了让消费者购买即将推出的楼盘,企业首先要向目标消费者介绍新楼盘的有关信息,比如楼盘何时开盘、有哪些特点、开盘优惠价是多少等。房地产领域通知性广告在新楼盘推出时或在楼盘状况(如建设进度)、营销方式等方面发生变化时经常使用。

(2)说服性广告在竞争阶段十分重要,主要是为了加深消费者对物业的认知深度,提高本企业房地产项目的竞争力,诱导说服消费者购买本企业房地产商品,所以又叫诱导性广告。这种广告的目的是使目标消费者的偏好从竞争对手的楼盘转到本企业的楼盘或者增加潜在消费者对本企业楼盘的偏好性。企业为了达到说服消费者的目的,需要在广告中将本企业产品的优势予以突出,增强消费者的认知深度。

(3)提醒性广告较常用于房地产销售的中后期,或用于新旧楼盘开发的间隙期,以提醒消费者对该楼盘的记忆,加深消费者的印象。

(三)媒体发布计划

1. 广告媒体选择

房地产广告的推广渠道分为传统媒体和网络两种形式。传统媒体包括报纸、电台、电视台、杂志等。对于房地产广告来说,根据楼盘不同的特征,在运用广告媒体上各有侧重。

2. 媒体发布时间

一般来说,在项目销售的尾盘期,开发商做大幅度广告投资的动力很小,因此,房地产广告发布主要集中在预热期(市场引导或培育期)、内部认购期、开盘期、强销期、持续销售期等阶段,不同阶段发布的广告目标也是有差别的。

(四)广告预算安排

房地产广告预算,是指房地产开发企业在一定时期内为了实现广告目标而投入的广告费用计划。它规定了广告活动期间广告所需费用总额以及使用范围。

(五)广告效果测评

广告效果通常是在广告发布后测定的,然而对于房地产项目来说,仅仅进行事后的广告测定存在很大的风险,一旦广告效果不佳则开发商会陷入两难的境地。

因此,较为明智的做法是在广告发布前就进行预测和评价,先邀请目标客户群中的一些代表对广告的内容和媒介的选择发表见解,通过分析反馈意见再结合专业人士的建议,反复调整,以期达到良好的市场效果。

广告发布之后,通过电话接线量、上门客户量以及签约量等具体指标进行事后广告效果测定,对下一阶段的广告安排进行修正和调整,这样可使广告计划日趋完善,以期达到销售目标。

 思考与练习

一、名词解释

1. 房地产项目策划
2. 主题策划
3. 头脑风暴法
4. 房地产项目形象策划

5. 开发间接费用
6. 成本导向定价法

二、简答题

1. 房地产的项目特征有哪些？
2. 房地产项目策划报告编写的注意事项有哪些？
3. 房地产项目产品定位的原则有哪些？
4. 如何制订房地产开发项目租售方案？
5. 房地产开发项目融资方式有哪些？
6. 房地产项目定价策略有哪些？
7. 请列举三种以上房地产项目市场推广方式。

第4章　房地产开发

第1节　房地产开发概述

一、房地产开发的概念与主要程序

房地产开发是指依法取得房地产开发资质的企业通过合法取得土地使用权,并在规定或约定的期限内在该土地上进行开发投资、从事基础设施建设、建造建筑物并可达到该建筑物独立发挥效用的一种全过程的综合性行为。

(一)房地产开发的概念

房地产开发是通过多种资源的组合使用而为人类提供入住空间,并改变人类生存的物质环境的一种活动。这里的资源包括土地、建筑材料、基础设施、公共配套设施、资金、劳动力和专业人员经验等诸方面。随着社会经济的发展,房地产开发活动变得越来越复杂。它不仅需要开发商的战略眼光和操作技巧,而且还要求开发商具有市场分析与市场推广、项目策划与投资决策、法律法规和政策、经济合同、财政金融、城市规划、建筑设计、建筑技术、风险控制与管理、项目管理以及资产管理等方面的知识。

(二)房地产开发的主要程序

开发商自有投资意向开始至项目建设完毕出售或出租并实施全寿命周期的物业管理,大多遵循一个合乎逻辑和开发规律的程序。一般来说,这个程序包括投资机会的寻找、投资机会筛选、可行性研究、获取土地、规划设计与方案报批、签署有关协议、施工建设与竣工验收、市场营销等步骤。这些步骤可划分为四个阶段,即投资机会选择与决策分析、前期工作、建设阶段和租售阶段。当然,房地产开发的阶段划分并不是一成不变的,某些情况下各阶段的工作可能要交替进行。

二、房地产开发的特性

第一,房地产开发包括是以基础设施建设为主的土地开发和以民用住宅、商业用房、工业通用厂房为主的房屋建设。

第二,房地产开发的目的是实现一定的效益,包括开发主体的经济效益、满足社会需要而产生的社会效益和改变环境而带来的环境效益。

第三,房地产开发的前提是在合法的条件下取得国有土地使用权。

第四,房地产开发分为土地开发与房产开发两个过程。土地开发是指对土地进行地面平整、建筑物拆除和基础设施建设等,以便土地满足房产开发的条件。房产开发是指开发建设各类房屋,包括房屋建设的分析策划、规划设计、施工建设和交付使用的全过程。

总之,房地产开发是一项涉及面广、比较复杂的经济活动,但是从操作实务上来讲,它具备很强的时序性,从土地获取到房屋租售等各环节都按照一定的程序有条不紊地进行。

三、房地产开发的类型

(一) 按房地产产品类别分类

根据目前的情况,一般将房地产开发产品类别分为居住类地产、办公类地产、商业类地产、产业类地产、旅游类地产等。

(1) 居住类地产。建筑物主要供居民居住使用。居住类地产一般分为普通住宅、高档公寓、别墅、酒店式公寓等。

(2) 办公类地产。建筑物内办公人员经常办公的房间称为办公室,以此为单位集合成一定数量的建筑物称为办公建筑。办公类地产一般分为公寓式办公楼、酒店式办公楼、综合楼、商务写字楼等。

(3) 商业类地产。商业类地产也叫商业物业地产,是指用于各种零售、餐饮、娱乐、健身服务、休闲设施等经营用途的房地产形式,从经营模式、功能和用途上区别于普通住宅、公寓、别墅等房地产形式。

(4) 产业类地产。产业类地产是指在新经济形势和新型工业化背景下,以产业为依托、地产为载体,以工业楼宇、高新技术产业研究与发展用房、生态写字楼为主要开发对象,综合开发、集约化经营的多功能综合性产业商服地产。

(5) 旅游类地产。旅游类地产是指以旅游、休闲、度假为主题,以旅游、休闲、度假人群为最终消费者的物业形式。

(二) 按开发项目性质分类

开发项目性质是指开发项目本身属于全新开发建设,还是旧区改造建设。

1. 全新开发建设

全新开发建设又称新区开发,是通过对新建城市和城市郊区土地进行改造,使之成为满足城市发展和经济发展需要的建设用地,在此基础上进行房屋、道路、公用设施等项目的建设。

2. 旧区改造建设

旧区改造建设也称为再开发,主要是对早已建成的成群路段内的建筑群和单体建筑物进行征收、改造和重新建设,其目的是满足城市总体规划、经济社会发展及居民生活需要。

(三) 按开发对象分类

房地产开发按开发对象分为土地开发、房屋开发和综合开发三种形式。

1. 土地开发

土地开发是指只办理土地征收和劳动力安置,搞好"三通一平"或"五通一平"或"七通一平",按照竖向规划进行土方工程施工,将自然状态的土地变成可供建设各类房屋和各类设施的建筑用地,即把生地变成熟地的开发活动。它与综合开发有所不同。土地开发不包括房屋建设的过程,一般是土地开发以后,按照当时的市场价格,通过拍卖、招标的方式,把已开发的土地转让给有关单位进行房屋建设,并按规定收取土地开发费。

2. 房屋开发

房屋开发是指在土地开发的基础上,获得土地使用权后,按照城市规划的要求,组织房屋设计、施工建设、竣工验收、出售、租赁等经营的全过程。

3. 综合开发

综合开发是指从规划设计、土地征收、土地开发、房屋建设、竣工验收,直到建成商品房进行销售、交付使用的整个过程。

(四) 按开发承担方式分类

从经营角度出发进行房地产开发分类,一般有独立开发、委托开发和分包开发三种形式。

1. 独立开发

独立开发是指房地产开发企业独立承担从立项到建筑产品销售完成的全部准备、协作、投资、建筑施工和营销工作。

2. 委托开发

委托开发是指房地产开发企业接受用户和投资者委托,在已获使用权的土地上,按照委托要求进行从规划设计到建筑产品完成的开发建设工作。

3. 分包开发

分包开发是指委托开发的房地产企业根据自身实力和工程项目的性质,将开发项目的部分或全部承包给有关专业工程公司施工。建筑物内部的装饰,装修,水、煤、电、气的供应等工程一般都采取分包方式解决。分包开发的经营风险最终由开发企业完全承担。

(五) 按开发投资期限分类

房地产开发投资按时间可分为中长期(5~10年或者更长)投资和中短期(2~4年)投资。中长期房地产开发项目需要企业具有良好的资金规模和融资能力,因而并非所有房地产开发企业都能进行。

四、房地产开发的条件

(一) 具有合法的开发主体

进行房地产开发的单位和个人,首先应取得房地产开发的资格。如果是房地产开发企业,则应依照《中华人民共和国城市房地产管理法》规定的条件设立,向工商行政管理部门申请登记,并取得营业执照。

(二) 具有用地的使用权

房地产开发主体必须通过《中华人民共和国城市房地产管理法》规定的合法途径(出让和划拨),取得房地产开发用地使用权。用于房地产开发的土地,必须权属清晰,房地产开发主体拥有国有土地使用证。《中华人民共和国城市房地产管理法》第二十八条规定:"依法取得的土地使用权,可以依照本法和有关法律、行政法规的规定,作价入股,合资、合作开发经营房地产。"

(三) 在规定的期限内动工

以出让方式取得土地使用权进行房地产开发的,必须按照土地使用权出让合同约定的土地用途、动工开发期限开发土地。超过出让合同约定的动工开发日期满1年未动工开发的,可以征收相当于土地使用权出让金20%以下的土地闲置费;满2年未动工开发的,可以无偿收回土地使用权。但是,因不可抗力因素或者政府有关部门的行为,或者动工开发必需的前期工作造成动工开发迟延的除外。

五、房地产开发的基本原则

房地产开发的基本原则,是指在城市规划区国有土地范围内从事房地产开发并实施房地产开发管理应依法遵守的基本原则。依据我国法律的规定,我国房地产开发的基本原则如下。

(一) 依法原则

在我国,通过出让或划拨方式依法取得国有土地使用权是房地产开发的前提条件,房地产开发必须是在国有土地上进行。我国另一类型的土地即农村集体所有土地不能直接用于房地产开发,集体土地必须经依法征用转为国有土地后,才能成为房地产开发用地。

(二) 符合城市规划原则

城市规划是城市人民政府对建设进行宏观调控和微观管理的重要措施,是城市发展的纲领,也是对城市房地产开发进行合理控制,实现土地资源合理配置的有效手段。科学制订和执行城市规划,是合理利用城市土地、合理安排各项建设、指导城市有序协调发展的保证。

(三) 经济效益、社会效益和环境效益相统一的原则

经济效益是开发企业赖以生存和发展的必要条件。社会效益指房地产开发给社会带来的效果和利益。环境效益是指房地产开发对城市自然环境和人文环境所产生的积极影响。以上三方面是矛盾与统一的辩证关系,需要政府站在国家和社会整体利益的高度上,进行整合和综合管理。

(四) 全面规划、合理布局、综合开发、配套建设的原则

这项原则即综合开发原则。综合开发较之以前的分散建设,具有不可比拟的优越性。综合开发有利于实现城市总体规划,加快改变城市的面貌;有利于城市各项建设的协调发展,促进生产,方便生活;有利于缩短建设周期,提高经济效益和社会效益。

(五) 符合国家产业政策、国民经济与社会发展计划的原则

国家产业政策、国民经济与社会发展计划是指导国民经济相关产业发展的基本原则和总战略方针。房地产业作为第三产业,应受国家产业政策、国民经济与社会发展计划的制约。

第 2 节　房地产开发的程序

一般来说,房地产开发程序包括 8 个步骤,即寻找与筛选投资机会、细化投资方案、可行性研究、合同谈判、正式签署有关合作协议、工程建设、竣工投入使用和房地产资产管理。这 8 个步骤又可划分为 4 个阶段,即投资机会选择与决策分析阶段、前期准备工作阶段、建设阶段和营销阶段。

一、投资机会选择与决策分析阶段

投资机会的选择与决策分析阶段是整个开发过程中极为重要的一个环节。投资者主要

通过对开发项目的投资效益进行分析,选定投资开发的地块、投资的时机、投资的房地产种类等。投资机会选择主要包括投资机会寻找和筛选两个步骤。

首先,在投资机会选择过程中,开发商将其投资设想落实到一个具体的地块,进一步分析其客观条件是否具备,通过与土地当前的拥有者、潜在的租客及买家、自己的合作伙伴以及专业人士接触,提出一个初步的方案,如认为可行,就可以草签购买土地使用权或者合作意向书。

其次,投资决策分析主要包括市场分析和项目财务评估两部分工作。前者主要分析市场的供求关系、竞争环境、目标市场及其可支付的价格水平;后者则根据市场分析的结果,就项目的经营收入与费用进行比较分析。这项工作要在尚未签署任何协议之前进行。这样,开发商可以有充分的时间来考虑有关问题。

二、前期准备工作阶段

通过投资决策确定了具体的开发地点及办理好申请用地手续之后,房地产开发就进入前期准备工作阶段。为确保房地产开发的工程质量、降低工程造价及开发成本、提高开发的投资效益、确保工程进度,使房地产开发建设有一个良好的开端,房地产开发企业必须做好房地产开发的前期准备工作。前期准备工作阶段主要是指投资决策后到正式施工之前的一段时间,要完成的主要工作是获取土地使用权、落实资金和项目的规划设计。前期准备工作主要包括以下具体内容。

(1) 分析拟开发项目用地的范围、周边环境与特性、规划允许用途及获益能力的大小。
(2) 获取土地使用权。
(3) 征地、拆迁、安置、补偿。
(4) 规划设计及建设方案的制订。
(5) 与城市规划管理部门协商,获得规划部门许可。
(6) 施工现场的水、电、路通和场地平整。
(7) 市政设施建设衔接工作的谈判与协议。
(8) 安排短期和长期信贷。
(9) 对拟建项目寻找预租(售)的客户。
(10) 对市场状况进行进一步的分析,初步确定目标市场、租金或售价水平。
(11) 对开发成本和可能的工程量进行更详细的估算。
(12) 对承包商的选择提出建议,也可与部分承包商进行初步洽商。
(13) 开发项目的保险事宜洽谈。

需要注意的是,获得土地使用权后的最后准备工作就是详细设计和编制工作量清单,与承包商谈判并签订建设工程的施工承包合同。但进行这些工作往往要花费很多时间,在进行项目可行性分析时必须把这段时间考虑进去。同时,在工程开工前,为确保开发项目的工期、成本、质量和利润目标的实现,还必须进行以下工作。

(1) 建立健全各个组织部门,主要包括工程部、预审部、采购部等的建立及人员组成,理顺工作程序,做好分工合作。
(2) 考察并聘请监理公司。
(3) 制订有关召开现场办公会、项目协调会的计划。
(4) 编制项目总进度计划并预估现金流。

(5) 对所有施工图进行检查,确定是否完备。

三、建设阶段

建设阶段是开发项目建筑工程的施工过程,即把开发过程中所涉及的人力、材料、机械设备、资金等资源聚集在一个空间和时间点上的过程。这个阶段的主要工作内容包括落实承包商、施工组织、建设监理、市政和公建配套、竣工验收。项目建设阶段开始,就意味着在选定的开发地点,以在特定时间段上分布的特定成本,来开发建设一栋或一组特定的建筑物。在这一阶段,开发商的主要任务是使建筑成本支出不突破预算,同时还要出面解决施工中出现的争议,支付工程进度款,确保工程按预定进度完成。

由于一个开发项目涉及多个工程,包括主体建筑、配套工程、基础设施等,为确保各个工程建设相互协调,就需要对总体建设工程进行统一组织管理。为了使工程按计划、保质保量完成,开发商往往要通过招标的方法择优选取若干个不同性质的承包商,以签订正式承包合同的形式来确保工程施工。

项目监理是一个非常关键的内容,在施工过程中,进度的快慢、质量的稳定性、投资成本的增减等仍然存在着较大的可变性,开发商需要聘用专业的监理人员对施工过程中的进度、质量、成本进行严格的控制,并随时了解工程进展情况,及时解决出现的问题。

项目施工完成后,要抓紧做好与项目相关的市政、公建设施的配套,通常称之为"后配套"。竣工验收工作是全面考核建设成果的最终环节,是开发商及设计部门、建设单位、使用者、质量监督部门和其他相关的管理部门,按照被批准的设计文件所规定的内容和国家规定的验收标准来进行综合检查。经验收合格的工程即可办理交付使用手续。

四、营销阶段

房地产项目的营销几乎贯穿整个开发过程。只有通过营销,将房地产商品租售出去,才能使其价值得以真正实现,才能使投资尽快收回,获得开发利润。因此,开发商应采取有效的营销手段,进行市场推广活动。在开发建设初期,尽可能地预售或预租房屋,尽早回笼资金用于开发建设;在竣工验收后,最主要的工作是房地产营销,尽量在较短的时间内将剩余房屋租售出去,避免大量积压空置,确保开发收益。商品房租售策略应根据开发商的经营理念和市场需求情况而定。

第3节 房地产开发用地

一、房地产开发用地的取得方式

(一) 国有土地使用权出让

1. 国有土地使用权出让的概念

国有土地使用权出让是指国家以土地所有者身份将国有土地使用权在一定年限内出让给土地使用者,并由土地使用者向国家支付土地使用权出让金(土地使用权出让金指土地使用权受让人为获得土地使用权而支付给政府的货币金额)的行为。国有土地使用权出让不涉及地下资源、埋藏物和市政公共设施。城市规划区内的集体所有的土地,经依法征收转为国有土地后,该幅国有土地的使用权方可有偿出让。国有土地使用权出让应当签订出让合同。土地使用者应当在签订土地使用权出让合同后60日内,支付全部土地使用权出让金。逾期未支付的,出让方有权解除合同,并可请求违约赔偿。

国有土地使用权的出让方式有协议出让、招标出让、拍卖出让和挂牌出让四种。

2. 国有土地使用权出让的特征

(1) 土地所有权与使用权分离。

(2) 受让主体的多样性。

(3) 有偿、有限期性。

(4) 计划性。

3. 国有土地使用权出让的基本原则

(1) 国家主权神圣不可侵犯。

(2) 平等、自愿、有偿。

(3) 所有权与使用权分离。

(4) 合理利用土地。

4. 国有土地使用权出让年限

出让国有土地使用权的最高年限应当执行相关规定,但最高年限并不是唯一年限,具体出让项目的实际年限由国家根据产业特点和用地项目情况确定或与土地使用者协商确定。土地使用权出让的实际年限不得突破国家规定的最高年限。

5. 国有土地使用权出让合同

国有土地使用权出让合同的主要内容,实质是指合同当事人用以确定土地使用权出让中双方权利、义务的各项条款。

6. 出让国有土地使用权终止

出让国有土地使用权因土地使用权出让合同规定的使用年限届满、提前收回、违反合同及土地灭失等原因而终止。

(二) 国有土地使用权转让

1. 国有土地使用权转让的概念

国有土地使用权转让是指经出让方式获得土地使用权的土地使用者,通过出售、交换或赠与等方式将土地使用权转移给他人的行为。土地使用权的转让是在土地使用权出让的基础上,土地使用权在土地使用者之间的横向流动。

2. 国有土地使用权转让的特征

(1) 以土地使用权出让为基础。

(2) 转让时需要具备一定的条件。

(3) 平等民事主体之间的一种民事法律行为。

(4) 土地使用权转让的同步性。

3. 国有土地使用权转让的内容

一般而言,国有土地使用权转让的内容主要包括以下三个方面。

(1) 国有土地使用权转让时,国有土地使用权出让合同和登记文件中所载明的权利、义务随之转移给新的受让人。

(2) 转让国有土地使用权的使用年限为国有土地使用权出让合同规定的使用年限减去

原土地使用者已经使用年限的剩余年限。

（3）对于国有土地使用权转让价格，如果明显低于市场价格的，市、县人民政府具有优先购买权；如果市场价格不合理上涨时，市、县人民政府可以采取措施，平稳价格；土地使用权与地上建筑物、其他附着物一同转让时，对其价格应分别做出评估。

4. 国有土地使用权转让的方式

根据《中华人民共和国城镇国有土地使用权出让和转让暂行条例》第三章第十九条规定，土地使用权转让是指土地使用者将土地使用权再转让的行为，包括出售、交换和赠与三种方式。

（三）国有土地使用权行政划拨

1. 国有土地使用权行政划拨的概念

土地使用权行政划拨，是指县级以上人民政府依法批准，在土地使用者缴纳补偿、安置等费用后，将该幅土地交付其使用，或者将土地使用权无偿交付给土地使用者使用的行为。在传统的计划经济体制下，我国的各种资源均由国家计划控制、调拨。土地资源的使用和分配也不例外，主要由政府无偿拨给。

2. 国有土地使用权行政划拨的主要特征

按照《中华人民共和国城市房地产管理法》规定，土地使用权行政划拨具有如下法律特征。

（1）土地使用权划拨关系中的划拨主体是特定的，即行使国有土地使用权划拨权的只能是县级以上人民政府，其他任何单位和个人无此权利。而划拨土地的使用者可以是不特定的单位和个人。

（2）划拨土地使用权包括土地使用者缴纳征收安置、补偿费用两种形式，无须支付土地使用权出让金。

（3）划拨土地使用权无使用期限的限制。根据法律规定，除法律、行政法规对划拨土地使用权的期限有特别规定的以外，划拨土地使用权没有使用期限的限制。

（4）划拨土地使用权属性的非独立性。与出让土地使用权不同，划拨土地使用权在未经政府主管部门批准办理出让手续或者批准可不办理手续但未向国家支付相当于土地出让金的土地收益之前，不得将土地使用权转让、出租和抵押。

3. 国有土地使用权行政划拨的适用范围

2001年，国土资源部（现自然资源部）根据《中华人民共和国土地管理法》和《中华人民共和国城市房地产管理法》等有关规定，制定了《划拨用地目录》。该目录规定的划拨用地范围如下：国家机关用地和军事用地；城市基础设施用地和公益事业用地；国家重点扶持的能源、交通、水利等基础设施用地；法律、行政法规规定的其他用地。对于开发商来说，可通过划拨方式得到的开发用地目前主要是经济适用房项目建设用地；对较大规模的旧城改造项目，为了减少开发商的土地开发负担，部分城市也采取了先划拨土地给开发商进行土地开发，在开发商转让熟地或开发建设商品房阶段再补办土地使用权出让手续的做法。

二、房地产开发用地的土地价值分析

（一）居住用地土地价值分析

根据全国土地分类规定，居住用地是指供人们日常生活居住的房基地（有独立院落的包括院落),通常分为城镇单一住宅用地、城镇混合住宅用地、农村宅基地和空闲宅基地 4 种。其中城镇单一住宅用地是指城镇居民的普通住宅用地、公用用地和别墅用地;城镇混合住宅用地是指城镇居民以居住为主的住宅与工业或商业等混合用地;农村宅基地和空闲宅基地分别指农村村民居住的宅基地和村庄内部的空闲旧宅基地及其他空闲土地等。

同其他宗地地价评估方法一样,影响居住用地的因素同样分为一般因素、区域因素和个别因素三个部分。因此,在居住用地估价时,要结合该宗地的特点进行重点分析,然后根据各因素的优劣状况进行评估。

1. 一般因素的影响分析

在一般因素分析时,影响地价的一般因素较多,但结合居住用地的特点,应重点分析以下几个方面:一是自然因素方面,由于城镇的地理位置对居住用地的影响较大,应重点分析城镇地理位置与经济发展的关系、气候条件、发生自然灾害的概率等;二是社会因素方面,应重点分析人口数量与家庭规模、城市发展与公共设施建设、居民生活方式等;三是经济因素方面,应重点分析地区经济增长、财政金融状况与利率水平、交通系统、物价水平、就业与居民收入水平、住宅的供给与需求、住宅的比率等;四是行政因素方面,应重点分析土地利用规划与管制、建筑规划与管制、房地产租金与税收政策、住宅政策等。

2. 区域因素的影响分析

在进行区域因素分析时,应重点分析该宗地在该城市中的区域状况:一是要看该区域的自然因素情况,应重点分析区域在城镇中的位置、自然条件及发生自然灾害的概率等;二是要看该区域的社会因素情况,应重点分析社区规模,功能与安全保障,人口密度,邻里的社会归属、文化程度及生活方式等;三是要看该区域的交通条件情况,应重点分析距社会经济活动中心的距离、道路状况与交通便捷程度等,如附近是否通行公共汽车、电车、地铁等;四是要看该区域的基础设施状况,分析供水、排水、供热、供电、供气、通信的基础设施与公用服务设施状况等;五是要看该区域的经济发展水平情况,应重点分析区域经济发展规模及水平、居民收入水平等;六是要看该区域内的行政因素和环境因素情况,重点分析区域经济政策、土地规划、城镇规划限制及区域环境景观、噪声、空气污染,危险设施或污染源的接近程度等情况,如附近或小区绿化、卫生的好坏等情况。

3. 个别因素的影响分析

在进行个别因素分析时,应重点分析地形,地址,地势,日照,通风,干湿,宽度,深度,面积,形状,临街状况,邻接道路的等级,通达性,规划限制,宗地利用状态,地上建筑物的成新度,土地权利状况及使用,与交通设施的距离,与商业设施、公共设施及公益设施的接近程度,相邻土地利用等。如该宗地周围有无菜市场、商店、邮局、理发店、学校、幼儿园等设施。

(二)工业用地土地价值分析

根据全国土地分类规定,工业用地是指工业生产及其相应附属设施用地。在进行工业用地价值评估时,要结合工业用地的特点,重点分析与工业用地密切相关的因素的影响。

1. 一般因素的影响分析

一是在自然因素方面,应重点分析城镇地理位置及水文气候条件等;二是在社会因素方面,应重点分析城市发展与公共设施建设等;三是在经济因素方面,应重点分析地区经济增长、财政金融状况与利率水平、交通系统、产业政策、产业结构、技术创新、物价工资及就业水平、市场状况等;四是在行政因素方面,应重点分析土地利用规划、房地产租金与税收政策等情况。

2. 区域因素的影响分析

根据工业生产的特点,在对工业用地进行区域因素分析时,应着重考虑以下几点:一是交通条件的影响;二是基础设施状况的影响;三是工业区成熟度和行政因素的影响。

3. 个别因素的影响分析

在个别因素分析时,首先应重点分析该宗地的地理位置、宗地地形、地势状况。其次是要分析地质、水文条件,厂区的水文条件应满足厂房建设和材料堆放场地对土质、地基承载力的要求,当地的水文条件应满足厂区建设和生产的要求。最后还要分析该宗地面积、临路状况、土地使用制度、土地开发程度、土地权利状况及使用等状况,厂区用地面积的大小应该合理,面积太小无法满足生产需要,太大则浪费。

(三) 商业、旅游、娱乐用地的土地价值分析

按照全国土地分类规定,商服用地是指商业、金融业、餐饮旅馆业和其他经营性服务业建筑及其相应附属设施用地。商业用地包括商店、商场、各类批发零售市场及其相关附属设施用地。金融保险用地包括银行、保险、证券、信托、期货、信用社等用地。旅游用地主要指瞻仰景观休闲用地,包括名胜古迹遗址、景点、公园广场、公用绿地等。娱乐用地包括娱乐场、娱乐城、康乐中心、俱乐部、影院、剧院等用地。

1. 一般因素的影响分析

在进行一般因素分析时,一是要重点分析城镇地理位置及其与经济发展的关系、气候条件等;二是要重点分析人口数量与家庭规模、城市发展与公共设施建设、居民生活方式等;三是要重点分析城镇的性质与国际化程度、地区经济增长、财政金融状况与利率水平、交通系统、物价水平、就业与居民收入水平、产业结构与商业服务业的发展前景、市场状况等;四是要重点分析土地利用规划与管制、建筑规划与管制、房地产租金与税收政策等;五是通过一般因素的分析,判断土地价格的涨跌发展趋势。

2. 区域因素的影响分析

对区域因素进行分析时,一是要重点分析区域在城镇中的位置等情况;二是要重点分析常住人口及流动人口数量、社会人文环境等的影响;三是要分析交通条件,应重点分析街道状况、道路状况与交通便捷程度等;四是要重点分析供水、排水、供热、供电、供气、通信等基础设施与公用服务设施等状况;五是要分析商业繁华程度情况;六是要重点分析区域经济政策、土地规划及城镇规划限制、交通管制等情况和区域环境与景观、噪声、空气污染及危险设施或污染源的接近程度等对该宗地的影响。

3. 个别因素的影响分析

个别因素的影响分析包括宗地地形、地质、地势、日照、透风、干湿、宽度、深度、面积、形状、临街状况、邻接道路等级、通达性、规划限制、宗地利用状态、与商业中心的接近程度、与客流的适应性、相邻不动产的使用状况、规划限制、地上建筑物的成新度、土地权利状况及使用年限等。如对商业用地而言,临街状况极为重要。一般来说临街面越宽越好,如果是多面临街更有利于商业用地价格的提高。商业类用地的估价方法可选收益还原法、市场比较法、剩余法和基准地价系数修正法。

(四) 综合用地和教育、科技、文化、卫生、体育及其他用地的价值分析

综合用地一般表现为商业、住宅、办公合为一体的综合用地。教育用地是指各种教育机

构用地,包括大专院校、中专、职业学校、成人业余教育学校、中小学校、幼儿园、托儿所、党校、行政学院、干部管理学院、盲聋哑学校用地等直接用于教育的用地。科技用地是指独立的科研、设计机构用地,包括研究、勘测、设计、信息等单位用地。文化用地是指为公众服务的公益性文化设施用地,包括博物馆、展览馆、文化馆、图书馆、纪念馆、影院、剧院、音乐厅等。卫生用地是指医疗、卫生、防疫、急救、保健、疗养、康复、医检药检、血库等用地。体育用地是指为公众服务的公益性体育设施用地,包括少、青、老年活动中心,体育馆,训练基地等。对此类用地进行价值影响分析时,参照上述用地影响因素的分析方法。

对综合用地的估价方法,要结合各宗地的特点,采用市场比较法、收益还原法和剩余法等方法。

三、房地产开发用地的土地报价分析

(一)影响地价的因素

在同一区域,地价主要受两大因素影响。一是土地的用途,不同用途的土地所建起来的楼宇会带来不同的收益,从而导致高低不同的地价。一般来说,土地作为商业用途的地价是最高的。二是土地的容积率。容积率不同的土地有不同的可建面积,也就有了不同的土地价格,如相邻的甲、乙两块地,土地面积等同,容积率相差10倍,土地甲的可建面积10倍于土地乙,那么这两块面积相同的土地价格决不会相同。

(二)地价测算的常用方法

(1)基于假设开发法的土地底价测算。
(2)用假设开发法测算土地地价。

第4节 房地产开发项目可行性研究

一、可行性研究的概念及作用

(一)可行性研究的概念

所谓可行性研究,是运用多种科学手段综合论证一项建设工程在技术上是否先进、实用和可靠,在财务上是否盈利,提出环境影响、社会效益和经期效益的分析和评价,及建设工程抗风险能力等的结论,为投资决策提供科学的依据。可行性研究还能为银行贷款、合作者签约、工程设计等提供依据和基础资料,它是决策科学化的必要步骤和手段。

(二)可行性研究的作用

房地产开发是一项涉及面广、比较复杂的经济活动,而其中投资决策分析是整个开发过程中最基本、最关键的阶段,该阶段的主要内容就是项目可行性研究。

1. 为投资决策提供依据

房地产开发一般投资量较大,建设期较长,应在充分市场调查及预测的条件下,对拟开发项目在技术性和经济合理性等方面进行论证。通过论证,明确开发项目的可行性,从而为投资决策提供科学的依据。

2. 作为资金筹集的依据

虽然政府在投资前期取消了审批环节,但银行等金融机构都把可行性研究报告作为房地产开发项目申请贷款的条件,他们对可行性研究报告进行全面、细致的分析评价后,才能确定是否给予贷款。

3. 作为与有关部门签订协议、合同的依据

房地产开发项目涉及面较广,如建筑材料、设备、供水、供电等方面,都需要与有关部门协作。这些供应的协议、合同都需要根据可行性研究报告的论证进行协商。

4. 作为编制设计文件、规划设计的依据

在可行性研究报告中,对项目的规模、建筑设计方案等各个方面都做了初步的分析和论证。这些资料为编制设计文件和规划设计提供了依据。

二、可行性研究阶段的划分

可行性研究属于房地产项目投资前期工作中的重点,一般情况下,建设工程项目的可行性研究并不是一次完成的,它可以分为机会研究、初步可行性研究、详细可行性研究和项目评价与决策四个阶段。

(一)机会研究

机会研究主要是在一定的区域环境内,以市场调查预测为基础,为投资者寻找最佳的投资机会,并提出项目。机会研究对项目只是进行粗略的估计,估算精度一般在±30%以内,研究费用一般占总投资的 0.2%~0.8%。在机会研究中确定好投资方向后,就进行下一阶段深入的研究。

(二)初步可行性研究

初步可行性研究也称为预可行性研究,在机会研究的基础上,进一步对项目建设的可能性与潜在效益进行论证分析。大型投资项目一般在正式可行性研究之前,都要进行一轮初步分析,即初步可行性研究。初步可行性研究的任务是分析机会研究的结论,初步判断项目投资的可行性,决定是否有必要进行下一步详细可行性研究。在初步可行性研究中,应提出初步选用方案和工程项目估算,其误差一般可达到±20%,研究费用占项目总投资的 0.25%~1.5%。

(三)详细可行性研究

详细可行性研究简称可行性研究,是投资前期可行性研究全过程中最重要的一部分,也是进行全面研究的最后阶段。可行性研究的主要任务是对投资项目进行全面、深入的技术经济论证,对投资项目做出投资决策。该阶段对项目投资估算的精度在±10%以内,小型项目研究费用占总投资的 1%~3%,大型项目研究费用占总投资的 0.2%~1.0%。

(四)项目评价与决策

项目评价与决策是在可行性研究报告的基础上进行的,主要任务是审核、分析和判断可行性研究报告的可靠性和真实性,提出项目评估报告,为决策者提供最后决策的依据。

三、可行性研究的内容

可行性研究一般通过可行性研究报告来体现成果,从报告的基本构成来看主要由封面、目录、正文、附表、附图组成,其中正文应是可行性研究报告的核心内容。从正文的内容来看,一般情况包括以下几点。

(一) 项目决策背景

项目决策背景主要介绍项目开发单位的经营状况、已建和在建项目状况、项目评价报告编制的依据及有关说明等。

(二) 项目概况

项目概况主要介绍项目所处地址、项目宗地概况、项目周围配套设施、项目拟建规模和标准及项目所需市政配套设施的情况等。

(三) 项目政策性风险分析

项目政策性风险分析主要包括总体社会经济情况、土地使用制度、政府相关金融税收以及合作开发等方面政策的风险分析。

一般来说,国家所采取的土地政策、货币政策和财税政策对房地产需求和供给都会产生重要影响。其中,土地政策的调整,能够直接决定作为房地产开发对象的土地投入量,这不但直接影响房地产供给数量和供给结构,而且在价格传导机制作用下对房地产需求产生影响;以利率为主要工具的货币政策,通过对利率的调整,对投资性和消费性需求将产生相应影响;对财税政策的调整,通过对房地产需求者的收入水平进行调节,从而影响消费者的支付能力,使得房地产需求受到相应影响。此外,还可以通过对房地产供给者的盈利水平进行调节,引起房地产价格出现相应变化,在投资机制和价格机制的双重作用下,最终对房地产供给产生影响。

(四) 市场研究

市场研究是可行性研究最基础的工作。根据评价项目的特征,市场研究主要介绍区域土地和各类物业市场供给需求状况、区块市场成长情况、相关物业市场交易数量与价格、潜在客户群消费取向以及竞争性楼盘状况。在充分调查的基础上,对目标客户群和价位进行初步定位。

(五) 规划方案及建设条件

规划方案及建设条件主要介绍项目构成、平面布置、建筑规划方案以及相关建设条件。在市场研究的基础上,就项目规模、项目档次、项目装修标准以及项目户型等提出相关建议。

(六) 项目开发计划

项目开发计划主要介绍开发机遇、开发周期安排和销售周期安排,为投资估算及经济评价做好准备。

(七) 投资估算

投资估算主要是对项目的总投资(包括土地费用、前期工程费、建安工程费、配套设施费、开发间接费以及不可预见性的费用)进行估算,为经济评价提供基础数据。

(八) 项目经济评价

项目经济评价是在前述工作的基础上,对项目的经济可行性进行评价,是可行性研究报告中比较重要的一部分,主要内容包括项目投资来源与筹措方式的确定、销售收入估算、成本估算和财务评价。其中财务评价主要是分析计算投资回收期、财务净现值、财务内部收益率以及借款偿还期等技术经济指标,并通过对技术经济指标的分析,来评价项目的经济可行性。

(九) 不确定性分析

不确定性分析一般包括盈亏平衡分析、敏感性分析和概率分析。通过对影响项目投资效果的社会、经济、环境、政策、市场等因素的定量定性分析,了解各因素对项目的影响性质和程度,从而了解影响项目投资效果的关键因素,最后为投资决策提供参考依据。

(十) 可行性研究结论

可行性研究结论主要是说明项目在技术、经济、财务等方面的评价结果,分析项目可能存在的问题,并提出有效的项目建设建议。

四、可行性研究的步骤

根据国家规定的投资建设程序和国家计委(现国家发改委)颁发的《关于建设项目进行可行性研究的试行管理办法》,以及改革计划、投资体制的要求,可行性研究程序如图 4-1 所示。

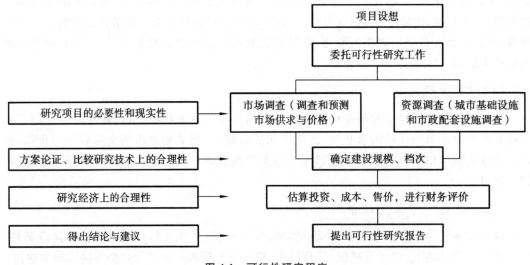

图 4-1 可行性研究程序

(一) 项目可行性研究委托

根据拟订开发项目的设想,可行性研究报告可由公司内部专业人员编制,也可以委托有资质的工程咨询或投资咨询机构编制。在项目可行性研究委托合同中,受委托单位必须明确委托人的意图、项目提出的背景。

(二) 市场与资源调查

市场调查主要研究与预测房地产市场环境、市场需求、消费行为、价格等相关因素;资源调查主要明确项目开发地点、用地状况、交通条件、基础设施、水文地质等方面的资料。通过市场与资源的调查,为准确的项目市场定位打下基础。

(三) 方案选择与优化

根据选定的目标市场和备选场地,选出若干个开发方案,进行反复的方案论证和比较,采用技术经济分析的方法,评选出最优方案。

(四) 方案评价

方案评价是对优选出的方案进行深入细致的研究,分析开发项目经济上的合理性。在估算项目投资、成本、售价的基础上,对项目进行详细财务评价,同时充分考虑售价、成本等不确定性因素的变化,对项目投资效果进行敏感性分析和风险分析。

(五) 可行性研究报告编制

综合上述分析和评价,编制可行性研究报告。

第5节 房地产开发项目的准备

一、房地产开发资金筹措

(一) 房地产开发资金筹措的目的

(1) 实现项目投资开发目标和企业发展目标。
(2) 偿还债务,改善盈利能力,调整资本结构。

(二) 房地产开发资金筹措的原则

房地产开发资金的有效筹措,应保证房地产开发资金投入与回收在时间上、数量上的协调发展,从而保证资金循环运动和房地产开发项目建设的顺利进行。房地产开发资金筹措的原则主要有时机适当原则、安全性原则、经济性原则、可行性原则等。

(三) 房地产开发资金筹措方式

1. 动用自有资金

自有资金作为股本金,是房地产开发商对其所投资项目投入的资本金。股本金既是投资者"赚取利润"的本钱,也是其"承担投资风险"的具体表现。房地产开发商的自有资金包括现金和其他流动资产,以及在近期内可以回收的各种应收款等。

2. 争取银行贷款

银行是房地产开发项目最主要的资金来源,是主要的间接融资方式。我国的房地产开发项目中,一般银行的资金占60%以上,房地产开发资金对银行的依赖程度较大。

房地产开发企业向银行贷款是一种较好的筹资方法:一是贷款这种筹资方式的筹资成本较低,贷款利息较其他筹资方式的利息低;二是手续比较简单;三是有房地产担保。投资者可以选择商业银行作为借款对象,还可以向信托投资公司申请委托贷款。

3. 利用证券化资金

(1) 发行房地产股票。
(2) 发行房地产债券。

4. 通过联建和参建筹资

联建和参建筹资实际上是一种合伙制融资,指合伙人按照彼此达成的协议共同出资投资于某一房地产项目。

5. 利用外资

利用外资是房地产融资的一种渠道和方式,具体形式有中外合资、合作开发、外商独资开发等。

6. 通过预售筹资

在房地产开发进行到一定程度,符合规定的预售条件即可预售。既可以筹集到必要的建设资金,又可以降低市场风险。

7. 利用承包商垫资

在建筑市场竞争激烈的情况下,许多有一定经济实力的承包商,有可能愿意垫资承包建设工程,以争取到建设任务。这样,开发商就将一部分筹资的困难和风险分摊给了承包商。

二、房地产开发项目规划设计

(一) 城市规划概述

城市规划是为了实现一定时期内城市的经济和社会发展目标,确定城市性质、规模和发展方向,充分合理利用城市土地,协调城市空间布局、各项建设的综合部署和具体安排。它在很大程度上影响房地产产品的开发建设。

房地产开发与城市规划有着密切的关系,两者相互作用、相互影响。城市规划的核心内容是城市土地利用和建设安排,而房地产开发又是以土地为核心载体的建设行为,由于这种明显的关联性,使城市规划不可避免地影响到房地产开发市场。

(二) 城市规划的层次体系

城市规划按照规划深度不同可分为城市总体规划、分区规划、控制性详细规划和修建性详细规划。各类规划层次如图 4-2 所示。

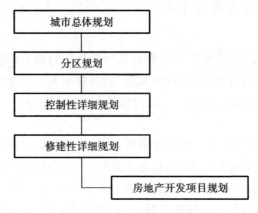

图 4-2　城市规划层次图

1. 城市总体规划

城市总体规划属于长期规划,时间跨度为 15 年至 30 年,一般为 20 年,主要包括发展规划、用地布局规划和工程规划三部分,由同级人民政府负责编制。总体规划的主要任务是综合研究和确定城市性质、发展目标和发展规模,统筹安排城市建设用的布局和各项建设用地,合理配置城市各项基础设施,指导城市合理发展。

2. 分区规划

分区规划的主要任务是在总体规划的基础上,对城市土地利用、人口分布和公共设施、基础设施的配置做出进一步的规划安排,为详细规划和规划管理提供依据。

3. 控制性详细规划

控制性详细规划是随着城市土地有偿使用和房地产开发事业的发展而形成的规划层次。其主要建立在城市总体规划或分区规划的基础上,将土地使用性质和使用强度等指标、道路和工程管线控制性位置以及空间环境控制的规划落实到每一块需要开发建设的土地上去。

4. 修建性详细规划

修建性详细规划是指以城市总体规划或分区规划、控制性详细规划为依据,制订用于指导各项建筑及工程设施的设计和施工的规划设计。其主要任务是确定各类建筑、各项基础工程设施、公共服务设施的具体配置,限定技术经济指标,如容积率、建筑红线位置等,为各项工程设计提供依据。

综上所述,城市通过总体规划、分区规划、控制性详细规划、修建性详细规划,最终形成城市发展建设的走势。一方面,城市规划为房地产的具体规划提供了大框架;另一方面,城市规划也决定了未来城市各区位房地产的开发价值。

(三)房地产开发项目规划内容

1. 居住建筑规划

(1)住宅类型选择。住宅类型比较多,按照不同的标准划分,住宅类型也不一样。

按照住宅的层数划分,有低层住宅、多层住宅和高层住宅。按照建筑的形式划分,有花园式住宅(别墅)、公寓式住宅、错层式住宅、退台式住宅、跃层式住宅和复式住宅。按照平面特点划分,有点式住宅和条式住宅。

(2)住宅群体平面布置。住宅群体的平面布置形式主要有以下几种。

行列式住宅是按照一定的房屋朝向和间距成排布置,且大部分都是南北向排列,施工较方便,住宅朝向也好,但形成的建筑空间比较单调,缺乏美感。

周边式住宅是沿街道或院落布置,并形成安静、安全、方便的内院式组团。这种住宅群体布置方式土地利用率较高,但部分住宅朝向不好。

混合式住宅是周边式和行列式相结合,这种布置方式可以兼顾周边式和行列式的优点,形成半敞开式的院落。在很多大型的居住区都采用混合式布置住宅群体。

自由式住宅是不拘泥于某种固定形式,而是根据地形地貌、周围条件形成自由灵活的布置,追求更加丰富的住宅组团空间。

2. 公共建筑规划

居住区内配套公共建筑是否方便合理,是衡量居住质量的重要标准之一。按照使用性质,公共建筑包括文化教育、医疗卫生、商业饮食、公共服务、文娱体育、行政经济和其他相关建筑。

一般根据居住区级和小区级公共建筑定额指标的规定,确定公共建筑的规模和项目内容。公共建筑的规划布置应按照使用的频繁程度划分等级,遵循与人口规模相适应、成套配置、集中与分散相结合的原则规划。

3. 道路规划

居住区道路是居住区的骨架,对整个居住区的合理布局起着决定性的作用,同时也是城市道路系统的组成部分,所以,居住区道路不仅要满足居住区内部的功能要求,还要与城市总体取得有机的联系。

居住区道路的功能一般要满足居民日常生活方面的交通活动需要,如业主上下班、托幼等,同时也要方便市政公共车辆的通行,如消防、救护车辆的通行。一般情况下,小区级道路路面宽度为 6～9 m,用以划分组团;组团道路路面宽度一般为 3～5 m;组团通往住宅楼梯口的道路宽为 2.5～3 m。

4. 绿地规划

居住区绿化用地是居住区用地的重要组成部分,绿地率也是衡量居住区生态质量、环境质量的重要指标。居住区的绿化主要包括公共绿地(居住区公园、小区小园林、小块公共绿地)、公共建筑绿地(幼儿园绿地、会所绿地)、住宅庭院绿地、道路绿地等。

绿地规划应充分利用自然地形和现状条件,按照重点与一般、集中与点、线、面结合的原则布置,合理选择绿植品种,形成与周围的城市绿化相协调的系统,以追求最大化美化、丰富居住区环境。

5. 建筑设计

在完成住宅区规划后,接着就是进行住宅区细化的建筑设计。建筑设计包括建筑的风格设计及相应的户型设计。建筑的风格设计主要包括建筑的外形、层高、装饰、色彩搭配等设计。户型设计一般考虑客厅、卧室、餐厅、卫生间和阳台的合理布局。在前期的市场调查中,房地产开发项目已基本确定了目标客户群,所以,宜根据目标客户群的消费偏好来设计建筑的风格及户型。

(四)居住区规划的主要技术经济指标

1. 居住区规划方案的综合技术经济指标

(1)居住区总用地。居住区总用地是指居住区范围内总的用地面积,其中包括居住建筑用地、公共建筑用地、道路用地和绿化用地。

(2)居民每人占地。居民每人占地是居住区内人均用地面积,包括人均居住建筑用地、人均公共建筑用地、人均道路用地和人均绿化用地。

(3)居住区总建筑面积。居住区总建筑面积指居住区内的总建筑面积,包括居住建筑面积和公共建筑面积。

(4)居住建筑密度。居住建筑密度指居住建筑对于居住用地的覆盖率。即

$$居住建筑密度 = 居住建筑基地面积/居住建筑用地面积$$

(5)容积率。容积率是指居住建筑面积密度。即

$$容积率 = 居住建筑面积/居住建筑用地面积$$

2. 住宅设计方案的技术经济指标

(1)外墙周长系数。外墙周长系数是指每层单位建筑面积所分摊的外墙周长,即

$$外墙周长系数 = 建筑物外墙周长/建筑面积$$

一般情况下,外墙造价比内墙造价高。外墙周长系数越小,分摊在单位建筑面积上的周长就越小,那么单位建筑面积造价就越低;反之,单位建筑面积的造价就越高。对于住宅建

筑而言其平面形状、进深等都会影响外墙周长系数。

（2）层高和层数。层高是指下层楼板面到上层楼板面之间的距离，降低层高可以降低造价。目前我国住宅净层高多取 2.7～2.8 m。住宅层数是综合考虑容积率、工期、造价等因素确定的，一般层数越低造价也就越低。但有些大城市考虑到地价过高等因素，常采用高层建筑。一般而言，较大的居住小区都采用高层建筑与低层建筑相结合的方式。

（五）房地产开发项目规划设计的管理与审批程序

1. 房地产开发项目规划设计的管理

（1）选定规划设计单位，进行方案比选，确定实施设计方案。房地产开发项目规划设计工作一般是委托设计院进行的。在规划设计单位较多的城市与地区，一般可实行规划设计方案招投标，通过招投标来选择具备相应资格、信誉较好的单位。

（2）合理确定各项技术经济指标。房地产开发项目的规划设计不仅要考虑技术先进性，而且要考虑经济合理性。作为房地产开发部门必须统筹全局，合理确定各项技术经济指标。

（3）审查图纸、协调现场规划设计。房地产开发部门在接到图纸后，应认真审查图纸，熟悉图纸和设计要求，如发现遗漏，应及时通知设计单位修正补充。图纸审查结束后，房地产开发部门应负责协商解决规划设计的变更问题。

2. 房地产开发项目规划设计的审批程序

在房地产开发项目中，城市规划部门对其实行选址意见书、建设用地规划许可证、建设工程规划许可证制度。选址意见书是指建设项目在立项过程中，由城市规划行政主管部门提出的关于建设项目选择具体用地地址的批复意见等具有法律效力的文件。建设用地规划许可证是由建设单位或个人提出建设用地申请，城市规划行政主管部门审查批准的建设用地位置、面积、界限的法律凭证。建设工程规划许可证是由城市规划行政主管部门核发的，用于确认建设工程符合城市规划要求的法律凭证。

三、房地产开发项目报建管理

（一）房地产开发项目报建流程

房地产开发项目报建是指在原规划设计方案的基础上，房地产开发企业委托规划设计单位提出各单体建筑的设计方案，并对其布局进行定位，对开发项目用地范围内的道路和各类工程管线做更深入的设计，使其达到施工要求，并提交有关部门审批的过程。用于报建的建筑设计方案经城市规划、消防、抗震、人防、环卫、供水、供电等管理部门审查通过后，可以进一步编制项目的施工图和技术文件，再报城市规划管理部门及有关专业管理部门审批。

（二）建设工程规划许可证的审批流程

建设工程规划许可证是由城市规划行政主管部门核发的，用于确认建设工程是否符合城市规划要求的法律凭证。建设单位或者个人凡在城市规划区内的各项建设活动，无论是永久性的，还是临时性的，都必须向城市规划行政主管部门提出申请，由城市规划行政主管部门审查批准。在取得建设工程规划许可证后，方可进入后续工作。建设工程规划许可证审批流程如下。

（1）建设工程规划许可证申请。

(2) 初步审查。
(3) 核发规划设计要点意见书。
(4) 方案审查。
(5) 核发建设工程规划许可证。

四、房地产开发项目招投标

(一) 房地产开发项目招投标概述

招投标是一种生产交易行为，是商品经济发展到一定阶段的产物。房地产开发商通过招标方式发包建筑工程，其目的在于选择"适当"的承包商。而投标是指具有合法资格和能力的投标人根据投标条件，经过初步研究和估算，在指定期限内填写标书、提出报价，等候开标，决定能否中标的经济活动。建设工程招投标一般可分为建设项目监理招投标、工程勘察设计招投标、工程施工招投标和设备材料招投标等。《工程建设项目招标范围和规模标准规定》第七条规定满足招标投标法规定的项目的勘察、设计、施工、监理以及与工程建设有关的重要设备、材料等的采购，达到下列标准之一的，必须进行招标。

(1) 施工单项合同估算价在 200 万元以上的。
(2) 重要设备、材料等货物的采购，单项合同估算价在 100 万元以上的。
(3) 勘察、设计、监理等服务的采购，单项合同估算价在 50 万元以上的。
(4) 单项合同估算价低于第(1)(2)(3)项规定的标准，但项目总投资额在 3000 万元以上的。

(二) 房地产开发招标方式

1. 公开招标

公开招标是一种无限竞争性招标。由招标人在报刊、网络等媒体上刊登招标公告，吸引众多投标人参加投标竞争，招标人在其中择优选择中标单位。公开招标通常适用于工程项目规模较大、建设周期较长、技术复杂的开发项目建设。

(1) 公开招标的优点。公开招标方式为承包商提供了公平竞争的机遇，同时也使业主有较大的选择余地，有利于降低造价、缩短工期以及保证工程质量。

(2) 公开招标的缺点。由于公开招标涉及的投标人较多，所以招标工作量较大，所需时间也较长，有时甚至会被一些较差的单位抢标。因此公开招投标中的资格预审非常重要。

2. 邀请招标

邀请招标是一种有限竞争性招标。由招标人有选择地向三个以上具备承担招标项目的能力、资信良好的特定法人或者其他组织发出招标邀请书，邀请这些单位参加投标。邀请招标一般适用于工程性质特殊，只有少数承包商能够胜任的建设项目。

(1) 邀请招标的优点。由于邀请投标人较少，所以招标工作量小，目标集中，被邀请投标人中标的概率也较高。

(2) 邀请招标的缺点。投标人较少，故竞争性差，招标人选择的余地也较小，有可能找不到合适的承包商。

3. 协商招标

协商招标亦称为议标，是由招标单位直接邀请某承包企业或施工企业，就开发项目的施工承包进行协商，确定施工承包合同等有关事项。目前，这种方式用得较少，主要用于单项合同估算价较低的项目。

（三）招标工作程序

1. 申请招标

《中华人民共和国招标投标法》第九条规定，招标项目按照国家有关规定需要履行项目审批手续的，应先履行手续，取得批准。经批准后持建设主管部门同意招标的建设工程开工审批表和招标申请书，开发商可向当地招投标管理部门登记、申请招标，并领取招标用表。

2. 编制招标文件

开发商的招标申请获得批准后，应组织人员着手编制有关招标文件。招标文件包括招标项目的技术要求、资格审查标准和评标标准等内容。招标文件是招标过程中重要的法律文件，它不仅规定了完整的招标程序，而且提出了各项具体的技术标准和交易条件，规定了拟订合同的主要内容等。

3. 编制标底

编制标底是工程项目招标的一项重要工作。标底一般由招标人自行编制或委托经建设行政主管部门批准具有编制标底能力的中介机构代理编制。标底是工程造价的表现形式之一，也是招标工程的预期价格。

4. 确定招标方式、发布招标公告或邀请投标函

确定招标方式，若采用公开招标，则在相关媒体发布招标公告；若采用邀请招标，则向相关单位发出邀请函（邀请招标没有资格预审环节）。

5. 投标人资格审查

对申请资格预审的投标人填报送交的资格预审文件和资料进行评比分析，确定合格的投标人的名单，并报招投标办事机构核准。

6. 招标工程交底及答疑

发出招标文件后，应邀请通过资格预审的投标人代表开会，进行工程交底，并解答疑问。工程交底一般是介绍工程概况、明确质量要求和工期要求等。

7. 开标、评标和定标

（1）开标。根据《中华人民共和国招标投标法》第三十四条规定，开标应当在招标文件确定的提交投标文件截止时间的同一时间公开进行；开标地点应当为招标文件中预先确定的地点。开标会议由开发商或其委托的机构主持，邀请各投标人和当地公证机构以及招标管理部门参加，按规定的议程进行开标。

（2）评标。根据《中华人民共和国招标投标法》第四十条规定，评标委员会应当按照招标文件确定的评标标准和方法，对投标文件进行评审和比较；设有标底的，应当参考标底。评标委员会完成评标后，应当向招标人提出书面评标报告，并推荐合格的中标候选人。

由招标代理机构、开发商等单位共同组成评标委员会，在招标管理部门的监督下，依据评标原则、方法，对投标文件进行综合评价，合理选择中标单位。评标活动应遵循下列原则。

①评标活动应当遵循公平、公正原则。评标委员会应当根据招标文件规定的评标标准和办法进行评标，对投标文件进行系统的评审和比较。评标过程应当保密。

②评标活动应当遵循科学、合理原则。评标委员会对于投标文件未澄清的内容应当要求投标人补充说明。

③评标活动应当遵循竞争和择优原则。评标委员会认为所有投标文件不符合招标文件

要求的,可以否决所有投标。

(3) 定标。根据《中华人民共和国招标投标法》第四十一条规定,中标人的投标应当符合下列条件之一:能够最大限度地满足招标文件中规定的各项综合评价标准;能够满足招标文件的实质性要求,并且经评审的投标价格最低,但是投标价格低于成本的除外;评标委员会确定中标人后,应向中标单位发出中标通知书,并同时将中标结果通知所有未中标的投标人。

8. 签订合同

根据《中华人民共和国招标投标法》第四十六条规定,招标人和中标人应当自中标通知书发出之日起三十日内,按照招标文件和中标人的投标文件订立书面合同。招标人和中标人不得再行订立背离合同实质性内容的其他协议。

(四) 房地产开发项目勘察设计招标

1. 概述

房地产开发项目勘察设计招标是指招标人在实施工程勘察设计工作前,以公开或是邀请的方式提出招标项目的相关要求,由愿意承担勘察设计任务的投标人按照招标文件的要求和条件,分别报出工程项目的构思方案和实施计划,然后由招标人通过开标、评标、定标确定中标的过程。实施勘察设计招标的工程项目,可采取设计全过程总发包的一次性招标,也可以在保证整个建设项目完整性和统一性的前提下,采取分单项、分专业的招标。

2. 勘察设计招标范围

《工程建设项目勘察设计招标投标办法》第三条规定,工程建设项目符合《工程建设项目招标范围和规模标准规定》规定的范围和标准的,必须依据《工程建设项目勘察设计招标投标办法》进行招标。第四条规定按照国家规定需要政府审批的项目,有下列情形之一的,经批准,项目的勘察设计可以不进行招标:①涉及国家安全、国家秘密的;②抢险救灾的;③主要工艺、技术采用特定专利或者专有技术的;④技术复杂或专业性强,能够满足条件的勘察设计单位少于三家,不能形成有效竞争的;⑤已建成项目需要改、扩建或者技术改造,由其他单位进行设计影响项目功能配套性的。

3. 勘察设计招标文件的主要内容

(1) 投标须知,一般情况包括项目简述、投标项目资金来源、资格审查标准、答疑时间及地点、投标保证金、投标有效期、开评标形式和地点以及授予合同的标准。

(2) 投标文件格式及主要合同条款。

(3) 项目说明书,包括资金来源情况。

(4) 勘察设计范围,对勘察设计进度、阶段和深度的要求。

(5) 勘察设计基础资料。

(6) 勘察设计费用支付方式,对未中标人是否给予补偿及补偿标准。

(7) 投标报价要求。

(8) 对投标人资格审查的标准。

(9) 评标标准和方法。

(10) 投标有效期。投标有效期是指招标文件中规定的投标文件有效期,从提交投标文件截止日起计算。

（五）房地产开发项目物资采购招标

1. 概述

房地产开发项目物资采购包括与开发项目相关的建筑材料和建筑工程设备采购。招投标采购方式主要适用于大宗材料、定型批量生产的中小型设备、大型设备以及一些非标设备的采购。根据采购的物资不同，其招标采购的特点也有所不同。

2. 物资采购招标的范围

招标采购的物资主要是指工程建设中的主要物资，包括钢材、木材、水泥、燃料、火工品、周转材料、地材、预制构件、防水材料、特种材料（橡胶支座、锚具、外加剂等）以及单项累计采购金额在10万元以上的其他物资。有下列情况之一的物资项目，可以不进行招标。

（1）采购物资只有唯一的制造商。

（2）采购物资可由需求方自己生产。

（3）采购的活动涉及国家安全和秘密。

（4）法律法规另有规定的。

3. 物资采购招标文件的内容

物资采购招标文件是投标和评标的主要依据，由招标单位编制。国际上通用的物资采购招标文件主要包括以下几部分内容。

（1）投标邀请书。

（2）投标须知。

（3）货物需求一览表。

（4）技术规格。

（5）合同条件。

（6）合同格式。

（7）各类附件。

（六）房地产开发项目施工招标

1. 概述

房地产开发项目施工招标是指房地产开发商（或是开发商委托的招标代理机构），以工程建设标底或是以符合国家法律法规的条件为尺度，选择施工承包商并与之签订合同的过程。

2. 施工招标的范围

《工程建设项目施工招标投标办法》规定，工程建设项目符合《工程建设项目招标范围和规模标准规定》规定的范围和标准的，必须通过招标选择施工单位。有下列情况的，经批准后可以不进行施工招标。

（1）涉及国家安全、国家秘密或者抢险救灾而不适宜招标的。

（2）属于利用扶贫资金实行以工代赈，需要使用农民工的。

（3）施工主要技术采用特定的专利或者专有技术的。

（4）施工企业自建自用的工程，且该施工企业资质等级符合工程要求的。

（5）在建工程追加的附属小型工程或者主体加层工程，原中标人仍具备承包能力的。

（6）法律、行政法规规定的其他情形。

3. 施工招标文件的内容

招标人根据施工招标项目的特点和需要编制招标文件。招标文件一般包括下列内容。

（1）投标邀请书。
（2）投标人须知。
（3）合同主要条款。
（4）投标文件格式。
（5）采用工程量清单招标的，应当提供工程量清单。
（6）技术条款。
（7）设计图纸。
（8）评标标准和方法。
（9）投标辅助材料。
招标人应当在招标文件中规定实质性要求和条件，并用醒目的方式标明。

（七）房地产开发项目监理招标

1. 概述

《建设工程质量管理条例》第十二条规定，下列建设工程必须实行监理：国家重点建设工程；大中型公用事业工程；成片开发建设的住宅小区工程；利用外国政府或者国际组织贷款、援助资金的工程；国家规定必须实行监理的其他工程。

房地产开发项目监理招标，标的是"监理服务"，所以监理招标的宗旨是对监理人的能力的选择。对于中小型工程项目，可以将全部监理工作委托给一个单位；若是大型或技术复杂的项目，则可按设计、施工等分段，分别委托监理。

2. 监理单位的资格预审

目前国内监理单位多采用邀请招标，招标方在招标时根据项目的需要和对有关监理公司的了解，初选出3~10家公司，分别邀请进行意向洽谈，如果是重要项目和大型项目，就要发资格预审文件。监理资格预审的目的主要是总体考察邀请监理单位的资质、所接工程经历是否与拟施工项目特点相适应。

3. 监理招标文件的内容

监理招标文件应当提出实施监理工作的方案建议，主要包括以下几部分内容。
（1）招标须知。
（2）合同条件。
（3）业主提供的现场办公条件。
（4）对监理人的要求。
（5）其他事项。其他事项主要是对上述内容所未提及项目的补充，包括技术规范、图纸等相关资料。

第6节　房地产开发项目的实施

一、房地产开发项目建设管理

（一）房地产开发项目建设管理模式

1. 自行建设管理

自行建设管理模式是指房地产开发企业自行组织工程建设管理机构进驻施工现场对开

发项目的工程质量、工程进度和建设投资进行控制,同时还负责主材与设备的采购供应。

2. 委托建设管理

委托建设管理模式是指开发企业将开发项目建设管理任务通过招标(协商)等办法,委托给具有相应资质的工程咨询服务企业来完成。目前在我国承担这一任务的主要是监理企业。

(二)房地产开发项目进度管理

进度管理是指以进度计划为依据,综合利用组织、技术、经济和合同措施,确保项目工期目标得以实现。进度是房地产开发企业最为关心的目标之一,能否按时完成任务、及时交付直接影响到企业的商业信誉和公众形象。

1. 房地产开发项目进度管理的主要内容

(1)论证与分析项目建设总周期。
(2)编制开发项目建设总进度计划、年度计划。
(3)核准施工进度计划。
(4)编制其他配套进度计划。
(5)督促监理工程师。
(6)检查与纠偏进度计划。

2. 进度计划的编制方法

进度计划编制是进度管理的重要内容,进度计划编制通常采用表格法、横道图法和网络图法。

(三)房地产开发项目投资管理

房地产开发项目投资管理是在保证工期和质量的前提下,利用组织、经济、技术和合同等将成本控制在计划范围之内,并且寻求最大程度的投资节约。

投资在不同的阶段有着不同的表现形式,按照建设工程的深入程度不同,开发项目投资表现为投资估算、投资概算、施工图预算、标底和合同价。在开发项目的实施阶段,主要是对合同价的管理,包括投资计划、投资跟踪、工程款支付和投资分析等。

(四)房地产开发项目质量管理

(1)明确质量管理的基本任务。
(2)制订工程质量控制计划。
(3)各方质量行为的督促。
(4)研究主要质量控制要点。
(5)确立有关质量文件的档案制度。

二、房地产开发项目合同管理

(一)房地产开发项目合同管理组织机构

合同管理的任务必须由一定的组织机构和人员来完成。要提高合同管理水平,必须在开发企业和各个开发项目中设立专门的机构和人员使合同管理工作专门化和专业化。合同管理工作的主要内容包括设置合同管理部门;设立专门的项目合同管理小组;设立合同管理员;聘请合同管理专家。

(二)合同管理的主要任务

1. 房地产开发项目中的主要合同关系

房地产开发项目的合同之间存在着复杂的关系,形成一个合同网络体系。在这个体系中,承包商和业主是两个主要的节点。

房地产开发企业必须将开发项目以委托的形式发包出去,总承包模式下可能只有几份合同,而平行承发包模式下可能会有几十份合同。通常开发企业要与承包单位、建设单位、勘察设计单位、材料设备供应单位、金融机构等分别签订合同。

2. 合同管理的主要任务

合同管理贯穿于整个房地产开发项目过程之中,合同管理的主要任务有合同策划、合同签订、合同分析、合同交底、合同跟踪、合同结项、合同评价。

(三)合同的策划与签订

1. 合同策划

合同策划是指开发企业对整个开发项目进行深入研究,划分合同界面、合同实施的接触条件、标包的工作范围、承包方式、合同的主要条款以及合同签订过程中应注意的问题。即房地产开发项目应分为几个独立的合同、每个合同的工程范围、合同之间的关系、合同委托的方式、合同的主要条件。

2. 施工合同签订

对于开发企业来说,开发项目实施阶段最为主要的合同是施工合同。施工合同还可分为土建工程施工合同、设备安装施工合同、管线工程施工合同和装饰装修施工分同。签订施工合同应使用我国的建筑工程施工合同(示范文本),其中的要点包括工期、合同价款、对双方有约束力的合同文件、开发企业和承包人的工作等内容。

(四)合同分析

合同分析一般包括以下内容:界定承包人和开发企业的主要权利、义务;合同的价格分析;合同工期的分析;违约责任的理解;验收责任的理解等。

(五)合同变更

合同变更是指合同实施过程中由于各种原因引起的变更,包括工程量变更、工程项目变更、进度计划变更、施工条件变更以及原招标文件和工程量清单中未包括的新增工程等。工程变更管理是施工过程中合同管理的重要内容,工程变更常伴随着合同价格的调整,是合同双方利益的焦点。合理确定并及时处理好工程变更,既可以减少不必要的纠纷,保证合同的顺利实施,又有利于开发企业对工程造价的控制。

(六)合同监督与实施保证体系

1. 合同监督

合同监督的主要任务是对合同实施情况进行分析,找出偏差,以便采取相应的措施,必要时调整合同的实施过程,达到合同的总目标。合同监督的依据是合同文件、合同分析与合同检查的结果,其主要工作包括合同实施监督、合同跟踪、合同诊断和合同措施决策。承包商和开发企业、监理工程师、分包商之间有关合同文件的沟通都应以书面形式进行。

2. 合同实施保证体系

建立合同实施保证体系,以保证合同实施过程中一切日常事务性工作有秩序地进行,使工程项目的全部合同事件处于控制之中,保证合同目标的实现。合同实施保证的主要内容包括流程管理和文档管理。

(七) 合同评价

合同执行后,将合同签订和执行过程中的利弊、经验教训总结出来,并提出分析报告,作为以后工程合同管理的借鉴。合同评价包括合同签订情况评价、合同执行情况评价及合同管理工作评价三个方面。

(八) 工程合同担保

《关于在房地产开发项目中推行工程建设合同担保的若干规定(试行)》(建市〔2004〕137号)规定工程建设合同在 1000 万元以上的房地产开发项目,业主在签订工程合同时,应向承包商提交工程承包支付担保。

开发企业在选定担保人时,应注意担保人的实力和形象。银行和担保公司都可以作为担保人,但是开发企业应注意担保人在履约赔付时的实际支付能力。

三、房地产开发项目索赔管理

在房地产项目的实施阶段,若合同当事人一方因对方不履行或不完全履行既定义务,或由于对方行为使自己受到损失时,可要求其补偿损失,即索赔。索赔是房地产开发过程中发包方和承包方之间承担风险比例的合理再分配,是开发过程中经常发生的现象。

(一) 工程索赔概述

1. 工程索赔的概念

工程索赔是指签订工程承包合同的开发企业和承包商在履行合同过程中,根据法律、合同规定及惯例,对于并非自己的过失,而是应由对方承担责任的情况造成的实际损失,向对方提出给予补偿的要求。房地产开发项目工程索赔包括施工索赔和反索赔两个方面。一般习惯上将承包商向开发企业的索赔称为施工索赔,将开发企业向承包商的索赔称为反索赔。

2. 工程索赔的特征

(1) 索赔是双向的。
(2) 开发企业占有相对有利地位。
(3) 只有实际发生了经济损失或权利损害,受损方才能向对方索赔。
(4) 索赔是一种未经对方确认的单方行为。

3. 工程索赔的分类

(1) 按索赔事件的影响分类:可分为工期拖延索赔、不可预见的外部障碍或条件索赔、工程变更索赔、工程终止索赔和其他索赔。
(2) 按索赔要求分类:可分为工期索赔和费用索赔。

(二) 工程索赔的程序

开发企业未能按合同约定履行自己的各项义务和发生应由其承担责任的其他情况,造成工期延误或延期支付合同价款及造成承包商的其他经济损失,承包方可按以下过程以书面形式向开发企业索赔;索赔时间发生28天内,向监理工程师发出索赔意向通知书;发出索赔意向通知书28日内,向监理工程师提出补偿经济损失(或延长工期)的索赔报告及有关资料;监理工程师在收到承包方送交的索赔报告和有关资料后,在28天内给予答复,或要求承包方进一步补充索赔理由和证据;监理工程师在收到承包方送交的索赔报告和有关资料后,28天内未给予答复或未对承包方提出进一步要求,视为对该项索赔已经认可。

当该索赔事件持续进行时,承包方应当阶段性地向监理工程师发出索赔意向通知书,在索赔事件终止的28天内,应向监理工程师送交索赔的有关资料和最终的索赔报告。

(三)工程索赔的处理

由于工程索赔可能导致工程费用的增加和工期的延长,从而直接影响到工程预定目标的完成,所以开发企业必须加强对索赔的管理,主要有确立索赔管理的基本原则、反索赔管理、对索赔的驳斥和做好索赔的预防工作。

四、房地产开发项目竣工验收

(一)房地产开发项目竣工验收概述

工程项目的竣工验收是建设过程的最后一个程序,是全面检验设计和施工质量、考核工程造价的重要环节。房地产开发项目经过建设施工、设备安装及配套设施建设,达到设计文件要求的质量和使用功能,就要进行竣工验收。

房地产开发项目竣工验收就是指房地产开发项目经过承建单位的施工准备和全部的施工活动,已经完成了项目设计图纸和承包合同规定的全部内容,并达到了建设单位的使用要求,向使用单位交工的过程。它标志着项目的施工任务已经全面完成。

(二)竣工验收的内容

房地产项目竣工验收包括项目竣工资料和工程实体复查的部分内容。其中项目竣工资料主要包括以下内容。

(1)立项文件,包括项目建议书批复、项目建议书、可行性研究报告审批意见、可行性研究报告、项目评估文件、计划任务书批复、计划任务书、建设用地审批文件、动迁合同或协议、建设工程规划许可证等。

(2)竣工文件,包括项目竣工验收的批复、项目竣工验收报告、安全卫生验收审批表、竣工验收单、卫生防疫验收报告单、工程消防验收意见单、建设工程监督检查单、工程决算汇总表等。

(3)设计文件,包括初步设计的批复、工程预算、工程水文、地质勘探报告及地质图、设计决算书或代保管说明书等。

(4)监理文件,包括监理大纲、监理合同、监理总结、监理业务联系单、基建单位工程评价报告等。

(5)施工技术文件,包括竣工验收证书、隐蔽工程验收记录、工程质量事故报告、设计图纸交底会议记录等。

(6)竣工图,包括总平面图、室外管线总平面图、建筑竣工图、结构竣工图、给排水竣工图等。

(三) 房地产开发项目竣工验收的工作程序

房地产开发项目竣工验收的工作程序一般分为两个阶段:第一,单项工程竣工验收;第二,综合验收。项目竣工验收的具体工作程序如下。

1. 工程竣工验收备案

开发商应当自建设工程竣工验收合格之日起 15 日内,将建设工程竣工验收报告和规划、公安、消防、环保等部门出具的认可文件或者准许使用文件报建设行政主管部门或者其他有关部门备案。

2. 竣工验收程序

根据房地产开发项目的规模大小和复杂程度,整个房地产项目的验收可分为初步验收和竣工验收两个阶段进行。

(四) 房地产开发项目竣工验收档案

房地产开发项目竣工验收档案是工程在建设全过程中形成的文字材料、图表、计算材料、照片、录音文件、录像文件等文件的总称。

(五) 房地产开发项目保修

为保护建设单位、施工单位、房屋建筑所有人和使用人的合法权益,维护公共安全和公众利益,根据《中华人民共和国建筑法》和《建设工程质量管理条例》,原建设部于 2000 年 6 月发布了《房屋建筑工程质量保修办法》,适用于在中华人民共和国境内新建、扩建、改建的各类房屋建筑工程(包括装修工程)的质量保修。

房屋建筑工程质量保修是指对房屋建筑工程竣工验收后在保修期内出现的质量缺陷予以修复。质量缺陷是指房屋建筑工程的质量不符合工程建设强制性标准以及合同的约定。

五、房地产开发项目全寿命周期管理

(一) 房地产开发项目全寿命周期管理的含义

房地产开发项目的时间限制决定了项目的生命周期是一定的,在这个期限中,房地产项目经历了由产生、实施到消亡的全过程,即为房地产项目的全寿命周期。一个房地产项目从构思到批准立项的过程中,要进行可行性研究和综合决策,而决策依据中很重要的部分来自于以往项目管理的经验。分析房地产项目的全寿命周期,从其全寿命周期来考虑管理工作,对于项目的可持续发展具有重要意义。

房地产项目管理是工程项目管理的一个分支。房地产项目全寿命周期管理是房地产项目的管理者运用系统工程的观点、理论和方法,对房地产项目的建设和使用进行全过程和全方位的综合管理,以实现生产要素在房地产项目上的优化配置,为用户提供优质产品为目的的管理理论。它是一门应用性很强的综合性学科,也是具有很大发展潜力的新兴学科。房地产项目根据管理者不同,又可分为建设项目管理(业主单位)、设计项目管理(设计单位)、工程咨询项目管理(咨询监理单位)、施工项目管理(施工单位)和后期物业管理(物业公司)。

(二) 房地产开发项目全寿命周期管理的作用

房地产项目全寿命周期管理的提出,主要基于"全寿命周期"这一理念,从整个系统的角度出发,不仅扩大了房地产项目管理的时间跨度和内涵,而且其实施的效果,对房地产项目管理以及房地产全寿命周期各参与方均具有十分重要的作用。

（三）房地产开发项目全寿命周期管理的基本思路

进行房地产项目全寿命周期管理，必须建立房地产项目管理的总体系统模型，从目标设置、系统分析方法、组织责任设置、计划和信息模型等方面解决全寿命周期和系统的集成化问题，保证房地产项目系统的连续性、稳定性、高效率，将房地产项目管理的理论研究提高到一个新的高度。

根据房地产项目管理系统，房地产项目全寿命周期管理应是若干系统的集成，其基本思路应包括如下几个方面。

(1) 房地产项目全寿命周期各阶段的集成。
(2) 房地产项目管理方法和职能的集成。
(3) 房地产项目组织和责任体系的集成。
(4) 房地产项目信息的集成。

第7节 房地产开发项目后评价

一、房地产开发项目后评价的概念及特点

（一）房地产开发项目后评价的概念

房地产开发项目后评价就是以房地产开发项目为对象，对其经济效益、社会效益、环境效益以及顾客满意度进行的全面考核。房地产开发项目后评价通常在项目竣工以后的项目运作阶段和项目结束之间进行。它的内容包括房地产开发项目竣工验收、项目效益后评价和项目管理后评价。

（二）房地产开发项目后评价的特点

其特点主要有现实性、客观性、全面性、反馈性和合作性。

二、房地产开发项目后评价的方法

房地产开发项目后评价要坚持定量分析和定性分析相结合的原则。在项目评价的实际过程中，最基本的评价方法有以下三种。

(1) "前后对比"和"有无对比"评价法。
(2) 逻辑框架法。
(3) 综合评价法。

三、房地产开发项目综合效益后评价指标

（一）房地产开发项目经济效益后评价指标

房地产开发项目经济效益后评价是指从房地产开发企业出发，对项目经济状况进行评定，看其在经济方面是否合理，合理程度如何。评价的内容包括造价、利润、工期等方面，其指标体系包括工程造价指标、盈利能力指标、建设工期指标和工程质量指标等。

（二）房地产开发项目社会效益后评价指标

房地产开发项目社会效益后评价是指在房地产开发项目完成后，对该项目宏观经济效果的分析与评价。具体评价指标体系包括国民经济指标、劳动就业指标、提供居住水平指标、交通便捷程度指标、住宅区安全程度指标和住宅区卫生指标等。

（三）房地产开发项目环境影响后评价指标

房地产开发项目的广泛社会联系性决定了项目对周围地区的环境影响是巨大的，项目的环境影响后评价就是站在可持续发展的角度上分析项目与整个社会环境发展之间的关系。环境后评价是房地产开发项目综合效益评价的重要组成部分，也是工作难度最大的一部分。其具体指标包括污染控制指标、环境条件指标、自然资源的保护与利用和项目对生态环境的影响等。

四、房地产开发项目综合效益后评价

房地产开发项目综合效益后评价就是房地产开发项目经济效益、社会效益和环境影响效益后评价的综合。

（一）构造综合效益后评价指标体系

选定用来构造评价函数的指标体系，要求能够全面、客观地反映房地产开发项目的经济、社会和环境效益情况。

（二）确定反映各指标影响程度的权重系数

权重系数用来反映各指标因素在综合效益后评价分析中的地位，满足归一化的条件。

权重系数对评价结果影响很大，其取值比较困难，没有统一的标准，一般按实际经验和部门要解决的实际问题确定。按实际经验，对综合效益影响较大的指标，如经济效益中的成本降低额、自有资金利润率等，取较高的权重系数；本部门按期要解决的重点问题，如工程质量问题、建设工期难题等，可相应加大有关指标的权重系数。

 思考与练习

一、名词解释
1. 房地产开发
2. 可行性研究
3. 层高
4. 城市规划
5. 招投标
6. 工程索赔
7. 房地产开发项目全寿命周期管理

二、简答题
1. 房地产开发有哪些基本特征和分类依据？
2. 房地产开发的主要条件是什么？
3. 房地产开发包括哪些程序？

4. 房地产开发资金筹措方式有哪些？
5. 简要列述房地产开发项目招标工作程序。
6. 房地产项目竣工验收的主要资料有哪些？
7. 房地产开发项目后评价的特点是什么？

三、案例分析题

某房地产公司自有资金 4000 万元，拟购置一块占地面积为 2 万平方米的建筑用地。规划允许该地建筑容积率为 3 以内的住宅，该地区住宅均价为 5500 元/米^2，同类开发项目的回报率为 15%，预计项目开发期为 3 年。请问该项目是否具有可行性？

第5章 房地产投资分析

第1节 房地产投资分析概述

一、房地产投资分析的特点

房地产投资分析是提高房地产投资效率和效益,防范、控制、转移和规避投资风险,进行合理的房地产投资决策的科学依据,因此必须明确分析目标和任务。房地产投资分析是一项技术含量很高的工作,需要分析人员有科学严谨的工作态度、渊博的知识和丰富的实践经验。而且,分析人员要对分析结果承担技术责任。房地产投资分析有以下几个重要特点。

(一)客观性

客观性是房地产投资分析的基本属性,它要求分析人员的分析依据必须是真实的,是经过调查得到的客观的数据和资料。分析人员要善于利用自己的经验和各方面的统计资料进行分析,即使有时客观资料不尽一致,同样要求分析是客观的。客观性是保证分析结果正确的基础。

(二)全面性

全面性是指对投资活动的方方面面都做出分析,包括投资方向、投资形式、市场需要、价格确定、资金筹措、投资收益和投资风险等。

(三)策划性

策划性是房地产投资分析的目的所在。分析人员不仅要告诉投资人所面临的客观投资环境,更要告诉投资人如何去适应和利用客观投资环境,要为投资人分析投资进程中的困难,提出克服的策略和方法,用科学的计算方法找出变化的趋势和可能性。

(四)责任性

一项好的投资分析会为投资者节省大量资金并谋取巨额收益,而一项质量较差的分析则可能使投资者误入歧途。投资分析者要对分析的技术数据、技术手段和分析结果负责,应具有良好的职业道德。

二、房地产投资分析的目标

房地产投资分析的目标有以下几个方面。

(一)总结房地产投资的经济规律

房地产投资分析要总结房地产投资实践的经验和教训,揭示房地产投资和房地产经济运行规律,要对房地产投资实践起到指导作用。房地产投资分析要特别重视研究房地产产权的作用和合理转移规律、房地产开发中土地用途竞争和增值的规律、房地产投资收益和风险相互作用的平衡规律、房地产资源的稀缺性与合理配置规律、房地产投资资金运用与良性循环规律、房地产业与国民经济协调发展规律等,以提高房地产投资的成功率。

(二)探讨房地产投资分析的科学方法

房地产投资分析所依据的基本方法是成本与收益分析。只有收益超过成本,投资才是可行的。但是,要真正弄清房地产投资的成本和收益并不容易,它需要正确地确定投资对象,正确地选择房地产建设地址,做好规划和设计,控制好项目质量、建设成本和建设周期,还需要进行房地产市场预测,确定好房地产销售价格和上市交易时机,制订房地产投资项目的还贷付息方案,以及在房地产开发、经营和管理的各个环节都要进行风险分析和控制等。因此,进行房地产投资分析,应当认真研究和分析上述各个方面的理论和方法,为提高分析结果的科学性、准确性、预见性和实践性寻找有效的途径。

(三)制订房地产投资合理决策的规范和制度

房地产投资要取得成功,就要努力避免投资的盲目性,要减少政府对房地产投资市场的过度干预。投资者如果盲目地进行房地产投资,除了自身要遭受损失外,还会破坏房地产市场秩序;政府对房地产投资市场过度干预,房地产投资者的主观能动性就不能充分发挥。房地产投资分析的目的之一就是指导并规范房地产投资活动,从而让投资者满意,让房地产市场有序并充满活力。房地产投资分析要为房地产投资者提供指导,也应当对政府的房地产投资政策、法规和项目管理等实施有效的评价,建立科学、合理的房地产投资决策的规范和制度。

三、房地产投资分析的任务

一项完整的房地产投资分析活动,分析人要给投资人提供良好的房地产投资项目分析报告和解决投资方向、运作方式、投资收益和投资风险等方面问题的方法,这是房地产投资分析要完成的基本任务。

(一)为投资人提供投资方向

投资人在准备投资前,往往面临投资方向选择的问题,诸如地址选择、物业种类选择、规模、期限、合作伙伴选择等。投资人可能是刚进入该市场的新手,对投资环境一无所知,需要分析人全面的阐述;也可能是已选好地址,要解决其余问题。但是,分析人要为投资人解决的,应是全部问题。所以,一个良好的分析报告要对投资方向等诸问题做出全面可信的论证。

(二)为投资人预测投资收益

投资收益是投资人最关心的问题之一,获取收益是投资人的投资目的所在。投资人要详细了解总投资额、已有资金、贷款额度、资金使用进度、贷款利率及偿还期、投资回收期、收益率、规费、利润率等,其中投资人最关心的是税后纯利润与投资额的比例。

(三)为投资人阐述风险,并提供规避风险的方法

分析人仅仅为投资人预测投资收益是不够的,还要告诉投资人投资风险;仅仅告知其风险的存在也是不够的,还要告知其规避风险的方法。风险是客观存在的,如果投资人视风险而不顾,将有可能遭受巨大损失。分析人懒于分析风险,则是严重有悖职业道德的失职

行为。

四、房地产投资分析的方法

房地产投资分析是一门应用型学科,其分析方法主要有以下几种。

(一)理论联系实际

房地产投资分析主要是以微观经济学和工程经济学为理论基础,其中诸如投资、费用、成本、折现率、收益、价值等都有自身的内涵和定义,而这门学科又是应用型的,需要将经济学理论与房地产投资实践紧密结合起来,这样才能真正解决实际问题。

(二)定量与定性分析相结合

在房地产投资分析中,既有定量分析,又有定性分析,既有客观分析,又有主观判断。要在定性分析的基础上,针对房地产投资的实际要求和房地产市场的客观状况,分析房地产市场调研资料,确定一系列的评价指标,进行定量分析;在定量分析的基础上,进行投资方案的对比和优化,并做出投资决策或决策建议。定量分析是一个过程,是一个工具,在投资分析中非常重要。定量分析的结果直接影响投资项目的决策。但是,定量分析最终是为定性分析服务的,房地产投资分析的最终决策建议是通过综合分析得出的。

(三)静态分析与动态分析相结合

房地产投资分析在投资决策的不同阶段,对精度的要求不一样。在一些情况下,需要考虑资金的时间价值,而在另一些情况下,可以不考虑资金的时间价值。因此,在房地产投资分析中,需要恰当地运用好静态分析和动态分析方法。

(四)宏观分析和微观分析相结合

既要研究分析房地产项目所处的宏观环境,诸如市场环境、政策环境、社会经济发展环境等,又要从微观的角度分析房地产投资项目的运作成本、资金筹措情况、销售方式、收益指标等。

第 2 节　房地产投资分析基本原理

一、房地产投资项目的类型

(一)投资

投资是指将一定的资金(如现金及其他货币形式)或资源(如土地、设备、技术等)投入某项社会再生产过程,以便获取未来的收益或效益的经济活动或经济行为。

一项投资活动应具备以下条件。

(1)投资主体,即政府、企业或个人。

(2)预期的投资目的,即预期获得的比原投资更大的经济收益,并兼顾社会效益和环境效益。

(3)要通过一定的手段和方式进行,或直接投资或间接投资,或开发投资或置业投资等。

（4）投资是一种周而复始的连续性经济活动。

（二）房地产投资项目

房地产投资是一种将资金或资产投入到诸如房地产开发、房地产经营、房地产中介服务、物业管理服务等开发经营和中介服务等活动中，以获得未来最大限度收益的投资活动。房地产投资项目收益属于不确定的收益，主要包括现金流量、销售收益和无形收益等。房地产投资项目类型多样，主要有如下几种。

1. 房地产开发投资项目

（1）土地开发投资项目，包括新区土地开发投资项目和旧城区土地再开发投资项目两种。新区土地开发投资是指在原有城市建成区以外对土地进行开发，将农用地转为非农用建设用地的投资。新区开发的投资成本费用相对较少或较低，主要包括土地征用费和城市基础设施建设费。旧城区土地再开发投资是在原有城市建成区范围内对土地进行再开发、提高土地容积率的投资，其主要经济活动包括征收和改造建设两个方面。因受旧城区地价高、住户安置的影响，旧城区土地再开发往往要付出更多的成本。

（2）房屋开发投资项目，是固定资产投资中非生产性建设投资的重要组成部分。它包括住宅用房（经济适用住房、普通商品房、公寓及别墅）的开发投资、办公楼宇（即写字楼）的开发投资、商业楼宇（宾馆、酒店及商场）的开发投资、休闲性物业（如会所、影剧院、网球场、高尔夫球场等）的开发投资、工业楼宇（工业仓库、厂房）的开发投资以及其他物业（如学校、医院等）的开发投资等几种类型。

2. 房地产经营投资项目

房地产经营投资是指用于房屋出租、出售、信托、互换等经营活动的投资。这里主要指房地产开发商把物业开发出来后并不销售，而是出租经营，或者其他单位和个人购置物业后并不自住，而是把房屋用来出租经营等情况。这些单位或个人用于出租经营的购置、装修、招商、物品采购、经营以及物业管理等费用的投资，就是房地产经营投资。

3. 房地产物业管理服务投资项目

房地产物业管理服务投资是指用于房地产管理和维修保养等服务的投资。它一般包括房屋及设备维修、保养、装潢，社区安全、绿化、保洁和电梯管理，代租、代售、代买、代运、代收代付、社区公共服务以及其他家居服务的投资项目等。

4. 房地产中介服务投资项目

中介服务是房地产经济发展过程中的新兴经济活动。房地产中介服务投资项目一般包括为房地产开发、经营、购买、物业管理等投资提供咨询、价格评估、测量、经纪、律师、财务和市场等中介服务的投资项目。

（三）房地产开发项目周期

任何项目都有其生命周期，即具有一定的阶段性和时序性。项目从起始到结束的完整循环过程称为项目周期。

项目周期不仅包含按时序展开的各个阶段，同时也是一个循环的过程。项目后评价的评价结果反馈到后继项目中去，使后评价成为新项目的开端。在项目周期循环往复的过程中，管理和投资咨询人员，可以不断总结经验教训，提高投资决策水平，从而达到提高投资效益的目的。

与投资项目相对应，房地产开发项目周期是指房地产项目从土地开发开始，经过决策立项、规划设计、施工、竣工，到销售完毕，甚至到经营的整个过程。归纳而言，房地产开发项目周期一般包括投资前期、投资实施期以及营销期或经营期。

二、房地产项目投资分析评价

(一) 投资项目评价

投资项目评价分为项目前期准备阶段的评价和项目建成后的评价。

项目前期准备阶段的评价又称为项目前评估，即通常所说的投资项目的可行性研究。它是从投资项目决策的角度出发，站在投资项目的起点，应用技术经济分析的方法来分析、预测和评价投资项目未来的收益，以确定项目投资是否可行。

项目建成后的评价是在项目建成投产后，依据实际发生的数据和资料，测算分析项目技术经济指标。通过与项目前评估等的对比分析，确定项目是否达到原设计和期望的指标，以判断项目的优劣，并从中总结经验教训，预测项目未来的一项综合性工作。

(二) 投资项目经济评价

房地产投资项目的经济评价是指利用一些特定的经济参数和分析方法，从企业财务和国民经济两方面来考察项目在经济上是否可行，并进行多方案比较和风险分析的一项工作。根据经济评价的结果，得出本项目是否可行的结论。投资项目经济评价是投资项目评价工作的核心内容。

(三) 房地产开发项目经济评价的内容

房地产开发项目经济评价是经济分析的理论与方法在房地产投资过程中的具体运用，是房地产开发投资过程的主要环节。

三、资金的时间价值

(一) 资金的时间价值概念

资金的时间价值是指在市场经济条件下，即使不存在通货膨胀，等量资金在不同时点上具有不同的价值，也就是说，随着时间的推移，资金的价值会增值。但并非所有的资金都存在着时间价值。只有作为一种资源，将资金投入到商品生产或流通领域的经济活动中去，随着时间的推移，由劳动者的劳动创造出剩余价值，才会有资金的增值。资金的时间价值可以从以下两方面来理解。

一方面，在市场条件下，资金参与了社会再生产过程，并随之不断运动着，生产活动会给投资者带来利润，表现为资金的增值。所以从投资者的角度来看，资金的增值特性使其具有时间价值。

另一方面，从消费者角度看，资金一旦投入到生产活动中去，消费者就失去了该资金现期消费，所以，资金的时间价值也表现为牺牲现期消费的损失所应得到的补偿。

资金的时间价值的大小，取决于多方面的因素。从投资角度看，主要有投资利润率、通货膨胀率和风险因素。由于资金存在时间价值，所以在投资分析中，就无法直接比较不同时间点上发生的现金流量，必须通过换算将资金折算到同一时间点进行比较，这样就符合了客观的实际情况，也提高了方案评价的科学性和可靠性。

（二）利息与利率

1. 利息

利息一般是指借款人（债务人）因使用借入货币或资本而支付给贷款人（债权人）的报酬。如果将一笔资金存入银行，这笔资金就称为本金，经过一段时间后，存储户可在本金之外获得一笔利息，所以利息也就是存储户借贷出资金的增值额。利息是衡量资金的时间价值的绝对尺度。

2. 利率

利率是指在一个计息周期内所得的利息额与借贷金额（即本金）之比，一般用百分数表示。利率的高低，决定着一定数量的借贷资本在一定时期内获得利息的多少，所以利率是衡量资金的时间价值的相对尺度。一般情况下，利率按照计算利率的期限单位可分为年利率、月利率和日利率。在工程经济分析中，若无特殊说明，一般均指年利率，按利率的真实水平可分为名义利率和实际利率，按信用行为的期限长短可分为长期利率和短期利率。

3. 利率的影响因素

马克思认为，利息是贷出资本的资本家从借入资本的资本家那里分割出来的一部分剩余价值，而利润是剩余价值的转化形式。一般情况下，利率应该在零与社会平均利润率之间，所以利润率和总利润在借贷双方之间的分配比例决定了利率的高低。凯恩斯认为，利率是由流动性偏好所决定的货币需求和货币供给共同决定的。从目前的情况来看，决定和影响我国现阶段利率水平的主要因素有利润率的平均水平、资金的供求状况、物价的变动幅度、国际经济的环境和政策因素。

（三）单利计息与复利计息

利息的计算分为单利计息和复利计息两种，目前我国银行存储款、国库券等的利息都是单利计息，计息周期为年，我国房地产开发贷款（建设期利息）和住房抵押贷款等是按复利计息的。

复利计息按计息周期可以分为间断复利和连续复利。若计息周期为一定的时间区间（如年、季、月等），称为间断复利；若计息周期无限缩短，则为连续复利。但从理论上讲，资金每时每刻都通过生产和流通在增值，因而应采用连续复利计息。但是在实际经济活动中，为便于计算，一般都采用较简单的间断复利计息。

（四）名义利率与实际利率

在投资分析中，通常采用年利率表示利息的高低，但在实际经济活动中，计息周期可以按年计算，也可以按季、月、日计算。当利率标明的时间单位与计息周期不一致时，就出现了名义利率和实际利率的区别。实际利率与名义利率的差异随着计息次数的增加而增大。

名义利率是每一计息周期的利率与每年的计息周期数的乘积，也就是按单利计息所得到的年利率。实际利率是按复利计息所得到的利率。

四、资金等值

（一）资金等值的概念

资金等值是指在考虑资金的时间价值的情况下，不同时间点的等量资金的价值并不相等,而不同时间点发生的不等量的资金可能具有相等的价值。资金等值的概念在投资分析中非常重要,为了更合理考虑资金的时间价值,一般情况下,都是把不同时间点的资金在保持其价值不变的情况下,分别换算成同一时间点的现金流量进行比较,这个过程称为资金等值计算。

为了计算资金的时间价值,常利用现金流量图对现金流量进行分析计算,具体计算指标有以下几种。

1. 折现和折现率

把过去或将来某一时间点的资金金额换算成现在时间点的等值金额称为折现或贴现。折现时所用的利率称为折现率或贴现率。

2. 现值

发生在或折算到某一特定时间序列起点的资金值称为资金的现值。

3. 年金

发生在或折算到某一特定时间序列各计息期末的等额资金称为年金。

4. 终值

发生在或折算到某一特定时间序列终点的资金值称为资金的终值。

(二) 现金流量

在房地产投资分析中,经常将评价的项目视为一个独立的经济系统,并把在计算期内各个时间点上实际发生的资金流出或资金流入称为现金流量(简称为现金流,是现金流入、现金流出和净现金流量的统称)。在这里,现金是指货币资金,它包括纸币、汇票等。流出系统的资金称为现金流出,流入系统的资金称为现金流入,现金流入与现金流出的代数差称为净现金流量。所以,净现金流量有正有负。

对于房地产项目来说,现金流入通常包括销售收入、出租收入、利息收入和贷款本金收入等,现金流出主要包括土地费用、建造费用、还本付息、经营费用、税金等。

(三) 现金流量图

为了考察投资项目在其整个寿命周期或计算期内的全部收益和全部费用,可以用直观、方便、形象的流量图来表示项目现金收支情况,即把经济系统的现金流量绘入一个时间坐标图中,表示出现金流入、流出与相应时间的对应关系。

当实际问题没有交代清楚现金流量是期末还是期初时,我们一般默认投资在期初,经营费用和销售收入在期末。

(四) 资金的等值计算

资金等值计算公式是以复利计算公式为基础的,根据资金的支付方式不同,可将等值计算分为一次支付类型、等额支付类型和等差序列类型三类。在进行资金的等值计算时,可以通过查取复利系数计算,也可以通过公式进行计算,一般复利年限较小时用公式计算,而复利年限较大时,公式计算比较麻烦,通常是查复利系数计算或用软件进行计算,当然复利系数也是通过公式计算得来的。

第3节 房地产投资环境分析

一、房地产投资环境的概念及特点

(一) 房地产投资环境的概念

投资环境是指决定和影响投资活动的政治、自然、经济和社会因素相互依赖、相互完善、相互制约所形成的矛盾统一体。各种环境条件直接影响投资效果,因此投资环境分析也成为投资者最为关心的问题之一。对房地产投资环境进行分析是房地产投资和开发的第一步,只有确认了投资环境的健康和稳定,此后的市场研究和地块选择才能开始。

房地产投资环境是影响房地产投资、开发、经营、管理的一切政治、自然、社会和经济因素的总和。房地产投资环境不包括投资项目的具体内部因素,而是作为外部因素制约和影响房地产投资行为。因此,房地产投资环境又可定义为房地产项目生存发展所必须依赖的经济、社会、文化、科技等外部条件的总称。房地产投资环境包括硬环境和软环境,硬环境包括道路、交通、供水、能源、通信等基础设施状况;软环境主要指相关政策法规等。

房地产投资环境的具体因素主要包括以下七个方面:①土地,如供应数量、位置、价格和开发程度等;②资金,如银行为开发者提供信贷的状况;③物资、设备,如建筑材料的供应和价格等;④人员,如工人、技术人员的数量与质量,工资水平等;⑤税收的影响,如税种和税率;⑥管理与服务;⑦厂商权益的保障,包括产权的保障和实际收益的保障等。

(二) 房地产投资环境的特点

房地产投资环境具有多元性、综合性和可变性三个基本特点。多元性是指环境因素众多;综合性是指各个因素形成整体,综合地发挥作用;可变性是指各个因素中的大部分是会发生变化的。

二、房地产投资环境的主要内容

(一) 社会环境

社会环境包括社会制度、社会秩序和社会信誉。社会制度主要是指拟投资的房地产项目所在国家的政治制度与社会管理制度,包括经济政策的民主和科学程度、行政管理的透明程度、政府对经济事务的干预程度、行政事务的效率及政府官员的廉洁性等;社会秩序是拟投资地区的社会政治秩序和经济生活秩序,包括当地的社会稳定性、安全性,当地居民对本地经济发展的参与感和责任感,对外来经济势力的认同感等;社会信誉是由公共道德准则和法律双向支撑的,它既包括合同履约的信誉、社会承诺的信誉及投资人尤其关心的政府对企业政策的一贯性所表现出来的信誉。

(二) 政治环境

政治环境指一个国家或地区的政治体制、政局的稳定性和政策的连续性。政治体制是指国家政权的组织形式及其有关的管理制度。投资者关注的是目标投资国或地区的政治体制变革及政权更迭过程中所体现的渐进性、平和性,政治局势是社会稳定性的重要标志,包括国内与对外局势两方面。国内政局的动荡一般由政治斗争或国内重大社会经济问题等引发,对外政治局势的动荡则多由外交问题、边界问题等引发,政策法规是一国政府为实现一定时期的一定目标而制定的行动准则。投资者一般最关注经济政策和产业政策,包括国民经济发展的政策、引进外资的政策、对外开放的政策以及各种税收政策等。

(三)法律环境

法律环境包括法律的完整性、法制的稳定性和执法的公正性。

法律的完整性是指投资项目所依赖的法律条文的覆盖面,主要的法律法规是否齐全,如投资法、招投标法、投资公司法的制定等。法制的稳定性是指法律法规变动是否频繁,是否有效。执法的公正性是指法律纠纷、争议仲裁过程和结果的客观性与公正性。

(四)经济环境

经济环境是影响投资决策最重要、最直接的基本因素。经济环境主要包括宏观经济环境、市场环境、财务环境和资源环境。宏观经济环境是一国或地区的总体经济环境,它包括该地区的国民生产总值、国民收入、国民经济增长率等反映国民经济状况的指标,当地的消费总额、消费结构、居民收入、存款余额、物价指数等描述社会消费水平和消费能力的指标,当地的产业结构、劳动力就业状况、外汇储备、国际收支状况、经济政策、财政政策、消费政策、金融政策等。市场环境是指投资的房地产项目所面临的市场状况,包括市场现状及未来趋势,如市场吸纳量的现状及未来估计、市场供应量的现状及未来估计、市场购买力的分布状况、同类楼盘的分布及其现状、竞争对手的状况、市场价格水平及其走势等。财务环境是指项目面临的资金、成本、利润、税收等条件,主要包括金融环境和经营环境。财务环境越好,融资及经营成本越低,投资风险相应也低。资源环境是指人力资源、土地资源、原材料资源及能源资源等的供应状况。

(五)文化环境

文化环境主要是指拟投资的房地产项目所在地区的社会意识形态,如风俗习惯、语言文字、宗教信仰、价值观念、文化传统、教育水准等。社会文化环境直接决定消费需求的形式和内容、消费结构,直接影响着投资项目开发和经营过程,从而制约着投资方案和投资决策。

(六)自然地理环境

自然地理环境是指项目所在地域的自然条件和风景地理特征。自然地理环境是一种投资者无法轻易改变的客观物质环境,具有相对不变和长久稳定的特点,而房地产投资项目也具有地理位置的固定性和不可逆的特点,房地产投资者应十分重视自然环境的研究。自然地理环境包括地理位置、自然条件、自然资源。地理位置指投资地点距主要公路、铁路、港口的远近等;自然条件指投资地点所处的各种地理条件,如气候、地质水文、自然风光等;自然资源指投资地点及附近的农业资源、矿产资源、人力资源等。

(七)基础设施环境

基础设施环境是项目投资的硬环境,主要包括投资地域的交通(距机场、码头、车站的距离)、能源(电力供应、离最近的变电站距离、离煤气站的距离等)、通信(离最近通信电缆的距离、可设电话门数等)、给排水、排污等设施(当地自来水管网分布、距主要自来水管道的距离等)。

（八）社会服务环境

社会服务环境是指拟投资区域所提供的服务设施及服务效率条件，包括诸如金融服务、生活服务、通信服务、交通服务、信息服务等硬件环境条件，也包括诸如行政服务、法律服务、咨询服务等软环境条件。

三、房地产投资环境评估方法

（一）区位理论与多因素评估法

1. 区位理论

房地产投资环境中最敏感的因素是区位因素，区位评估中的多因素评估法是建立在区位理论的基础上。

区位是指某一空间的几何位置，是自然界的地理要素和人类社会经济活动之间的相互联系和相互作用在空间位置上的反映，包括自然地理区位和经济地理区位等。由于经济发展存在空间上的不平衡性，不同区位具有优劣差异，建立在不同区位上的房地产项目价值也大相径庭。区位理论便是通过对区位因素的研究来对投资项目的布局进行指导。

区位理论把影响房地产区位的因素分为影响土地区位的因素、影响房屋区位的因素和影响房地产使用功能的因素三类。

2. 用多因素评估法选择投资区位环境

多因素评估法更侧重于对投资环境的定性分析。首先按区位理论把影响房地产投资的因素分类，然后对每类因素的子因素进行综合评价，据此对该类因素做出优、良、中、可、差五级判断，最后根据公式计算投资区位优势分数。

（二）综合评价法

综合评价法运用现代决策分析中的定量方法来确定投资环境决定因素的权重和评分，从而得出投资环境的综合评分。综合评价法步骤较多，与区位分析法比较起来因素层次划分更细，因素权数的确定更科学。

（三）相似度法

1. 确定评价指标

运用相似度法首先要求选取若干能衡量投资环境优劣的指标构建一个指标体系，选取的指标应该是量化指标，便于评估。主要包括投资收益率、投资饱和度、投资风险度、基础设施适应度、有效需求率、国民消费水平六个指标。

2. 建立评价模型

采用上述六个指标建立指标体系，然后用模糊综合评判原理，对房地产投资环境的优劣做出系统评价。

（四）雷达分析法

雷达分析法是通过绘制雷达图来分析投资性质和投资环境优劣的方法。当投资环境特征适合投资目的和投资性质时，投资环境便可评价为可行或较优。雷达图由三个同心圆组成，圆周等分为五个区域，分别代表投资环境的流动性、安全性、成长性、优惠性和收益性。

同心圆里最小的环代表各国家或地区投资环境平均水平的1/2值或很差的情况。中间的环代表平均水平或参照投资环境的水平,称为标准线。最大的环代表平均水平的1.5倍值或最佳状态。在每个区内画出相应的放射线,分别代表每个特征的运行状态。每条放射线上分别标出待评估投资环境的运行水平点,把这些点连成一个没有规则的闭环,即可清楚地反映出投资环境的真实运行状态,并便于和标准投资环境进行分析和对比。

第4节 房地产投资财务评价

一、房地产投资财务评价的步骤和方法

(一) 房地产投资财务评价的步骤

房地产投资的财务评价是指投资分析人员在房地产市场调查与预测、项目策划,投资、成本与费用估算、收入估算与资金筹措等基本资料和数据的基础上,通过编制基本财务报表,计算财务评价指标,对房地产项目的盈利能力、清偿能力和资金平衡情况所进行的分析,据此评价和判断投资项目在财务上的可行性。财务评价是房地产投资分析的核心内容。房地产投资财务评价的主要步骤如下。

(1) 收集、整理和计算有关基础财务数据资料。
(2) 编制和分析财务基本报表。
(3) 财务分析指标的计算与评价。
(4) 进行不确定性分析。
(5) 提出财务评价结论,编制财务评价报告。

(二) 房地产投资财务评价过程中常用的方法

(1) 比较分析法:指通过指标间的对比,从数量上来确定指标差异的一种分析方法。
(2) 比率分析法:指通过计算指标的比值和观察其变化趋势,来揭示项目投资效益的方法,它是项目财务评价常用的方法,在研究项目偿债能力、获利能力、经营能力等方面均有广泛的应用。
(3) 因素替换法:是一种用于测定由多种相关联的因素构成的经济指标中,各组成因素的变动对指标差异总额的影响程度的财务分析方法。

二、房地产投资财务评价基本报表

(一) 现金流量表

现金流量表是反映项目在计算期内各年的现金流入、现金流出和净现金流量的计算表格。用于计算各项动态和静态评价指标,进行项目财务盈利能力分析,按投资计算基础不同,现金流量表可分为全部投资现金流量表和自有资金现金流量表。

(二) 损益表

损益表是反映房地产项目计算期内各年的利润总额、所得税及各年税后利润的分配等情况的财务报表,通过该表提供的投资项目经济效益静态分析的信息资料可以计算投资利润率、投资利税率、资本金利润率和资本金净利润率等指标。

（三）资金来源与运用表

房地产项目资金来源与运用表是反映房地产投资项目在计算期内各年的资金盈余或短缺情况及项目的资金筹措方案和贷款偿还计划的财务报表。它为项目资产负债表的编制及资金平衡表分析提供了重要的财务信息，也用于房地产开发项目综合性的生产经营规划和财务规划。

（四）资产负债表

资产负债表是反映房地产投资项目在计算期内各年末资产、负债与所有者权益变化对应关系的报表。主要用于考察项目资产、负债、所有者权益的结构，进行项目清偿能力分析。资产负债表主体结构包括三大部分：资产、负债和所有者权益，其平衡关系用会计等式表示即资产＝负债＋所有者权益。

三、清偿能力分析指标

（一）资产负债率

资产负债率是项目负债总额与资产总额之比，表明了整个项目资金构成中债权人提供的资金所占的比率，也揭示了投资者对债权人债务的保障程度，是分析项目长期债务清偿能力的重要指标。资产负债率高，则企业的自有资金不足，对负债的依赖性强，在经济萎缩或信贷政策有所改变时，应变能力较差；资产负债率低，则企业的自有资金充裕，企业应变能力强。该比率越低，说明企业的偿债能力越强，但它也有一个限度，并非越低越好。由于房地产开发属于资金密集型经济活动，所以房地产开发企业的资产负债率一般较高（一般为70％～80％）。

（二）流动比率

流动比率是指项目流动资产与流动负债之比，是反映项目流动资产变现为现金以偿还流动负债的能力的指标。

（三）速动比率

速动比率是指项目速动资产与流动负债之比。速动资产即能迅速转变为货币资金的资产，如货币资金、应收账款等。速动比率是短期偿债指标，反映了企业流动资产总体变现或近期偿债的能力。

（四）还本付息比率

还本付息比率是物业投资所获得的年净经营收益与年还本付息额（或年债息总额）之比，表示项目清偿能力的指标。还本付息比率越高，则表明该投资的还贷能力越强。

（五）借款偿还期

借款偿还期是指在国家财税规定及项目具体财务条件下，项目投产后用可用于偿还借款的利润、折旧以及其他收益偿还固定资产投资借款本金和利息所需要的时间。它是反映项目清偿能力的重要指标。

借款偿还期包括国内借款偿还期和国外借款偿还期。具有自营部分的房地产项目应计算国内借款偿还期,仅含产品租售的房地产项目一般可不计算国内借款偿还期。国外借款偿还期涉及利用外资的房地产项目,其国外借款的还本利息,一般是按已经明确或预计可能的借款偿还条件(包括宽限期、偿还期及偿还方式等)计算。当借款偿还期满足贷款机构的要求期限时,即认为房地产项目具有清偿能力。

四、盈利能力分析指标

(一)投资利润率

投资利润率又称投资收益率,是指房地产投资项目开发建设完成后正常年度的年利润总额(或预计回收期内的年平均利润总额)与项目总投资额的比率,主要用来评价开发投资项目的获利水平。

(二)投资利税率

投资利税率是项目利税额与总投资额的比值,它也是表明投资效果的一种指标。

(三)资本金利润率

资本金利润率是房地产投资项目开发建设完成后正常年度的利润总额(或年平均利润总额)与项目资本金(即自有资金或权益投资)之比。

(四)资本金净利润率

资本金净利润率是房地产投资项目所得的税后利润与项目资本金之比,反映了投资者自己出资所带来的净利润,也是投资者最关心的指标之一。对投资者而言,该指标越大越好。

(五)静态投资回收期

静态投资回收期是指不考虑资金的时间价值,以房地产投资项目的净收益来抵偿全部投资所需的时间。一般以年表示,并从房地产投资项目开发起始年算起。

第5节 房地产投资决策分析

一、房地产投资决策的概念

房地产投资决策是一门科学,也是一个复杂的系统过程。房地产投资决策有广义和狭义之分。广义的房地产投资决策是指在房地产投资中,为实现投资者预定目标,通过科学理论和系统方法进行的方案优选和实施控制的理性行为。狭义的房地产投资决策是房地产投资各个阶段的可行方案的选择。构成一个房地产投资决策问题,必须具备以下几项基本条件。

(1)有明确的房地产投资决策目标,即要求解决什么问题。确定目标是决策的基础,决策目标应明确具体,并且可以是定量描述的。

(2)有两个或两个以上可供选择和比较的决策方案。一个决策问题往往存在多种实施方案,决策的过程也就是方案的评价和比较过程。

(3)有评价方案优劣的标准。决策方案的优劣必须有客观的评价标准,并且这些标准应当尽可能地采用量化标准。

（4）有真实反映客观实际的数据资料。客观准确的原始数据资料与科学正确的决策方法一同构成了科学决策的两个方面,二者缺一不可。

正确的决策不仅取决于决策者个人的素质、知识、能力、经验以及审时度势和多谋善断的能力,并且需要决策者熟悉和掌握决策的基本理论、基本内容和类型,以及进行科学决策的基本方法。

二、房地产投资决策的类型

根据房地产投资决策的不同目标和不同性质,房地产投资决策可以分为不同的类型。

（1）按决策目标的广度和深度以及重要程度划分可以分为战略决策、战术决策、实务性决策。

（2）按决策问题出现次数的多少划分可以分为程序化决策、非程序化决策。

（3）按决策使用的分析方法划分可以分为定性决策、定量决策。

（4）按决策掌握的情报的性质不同划分可以分为确定型决策、不确定型决策、风险型决策、竞争型决策。

三、房地产投资决策的内容

房地产投资决策的内容非常广泛,既包括投资项目类型、开发条件、经营方式的比选,也包括投资时间、投资规模、筹资方式的比选等。在进行投资项目决策时,可以按各个投资项目方案的全部因素,进行全面的技术经济对比,也可仅就不同因素计算比较经济效益指标,进行局部的对比。一般从房地产投资地段的选择、投资时机的选择、投资种类的选择、投资形式的选择四个方面来说明房地产投资决策的内容。

四、房地产投资决策的程序

房地产投资决策程序是指在决策过程中各工作环节应遵循的符合其自身运动规律的先后顺序。决策程序不是随意的,它是在人们经过项目决策,不断总结经验、不断对客观事物规律深化认识的基础上制订出来的。科学的房地产投资决策,必须建立在符合客观规律的科学决策程序的基础之上,才能避免出现房地产投资决策的主观性和盲目性,从而获得理想的投资经济效果。按照科学的投资决策理论,房地产经营决策可分为如下七个基本步骤:确定决策目标、收集决策目标的信息和资料、预测未来、拟订决策方案、分析评价、选择最佳方案、方案实施以及控制决策的执行情况。

五、房地产投资决策的方法

房地产投资决策方法种类繁多,概括起来可分为定性分析方法和定量分析方法两大类。

（一）定性分析方法

在房地产投资决策的过程中,由于有些因素难以定量描述,而且遇到的问题、环境等都比较复杂,所以采用定性分析的方法更为适用。定性分析的方法通常有经验判断法和创造工程法两种类型。

(二) 定量分析方法

定量分析方法是指采用数量指标和数学模型进行房地产投资决策的方法,主要工作是对决策问题进行定量分析、计算,以求得决策问题的最优解,从而做出科学的决策。采用定量决策方法分析研究的问题多属未来有待实现的。

在决策分析中常用的定量分析方法有确定型决策法、风险型决策法和不确定型决策法三大类。

六、不同类型投资方案的比选

房地产投资中备选的投资方案主要是独立方案、互斥方案和混合方案三种。不同类型投资方案的比选,是寻求合理的房地产开发方案的必要手段。通过对房地产项目各种可供选择方案的计算分析,筛选出满足最低收益要求的可供比较方案,并做出最后选择。一般来讲,这三种类型的投资方案所采用的比选指标和比选过程有所不同。

第6节 房地产投资风险分析

一、房地产投资风险的概念及特征

(一) 房地产投资风险的概念

房地产投资风险就是指在房地产投资过程中,由于各种不确定性因素引起的房地产投资本金及预期收益损失或减少的可能性。由于房地产投资的特殊性,使得房地产投资的风险比一般投资的风险更大。

房地产位置的固定性必然带来房地产的区域性和个别性,从而造成城镇与城镇之间、同一城镇不同区域之间以及同一城镇区域地段与地段之间的差异性,而房地产的价值在很大程度上取决于其所处的地理位置。这是房地产投资的重要风险因素之一。首先,它在一定程度上限制了房地产投资者对开发地段或区域的选择。其次,房地产商品价格与项目所处的地区、地段的社会经济及地理环境的优劣密切相关。而这些条件的变化非常复杂,有很多不确定因素在起作用。因此,房地产投资者在进行房地产项目的投资开发时,必须面对并承担因项目所处地理环境条件变化所带来的风险。

房地产投资是资金密集型的投资,具有较长的时间过程。房地产投资规模越大,开发期越长,各种社会经济环境条件发生变化的可能性就越大,投资者将承担的风险也越大。因为规模越大,投资额越大,投资周期越长,资金周转越缓慢,流动性也就越差。而房地产商品相对于其他投资工具的变现性又较差,因此房地产投资者就会面临着能否按期筹措项目所需资金及归还资金的风险。另外,时间跨度越大,各种费用特别是房屋售价或租金就越不确定,房地产商品的耐久性逐渐损失,风险就越大。此外,房地产项目的适应性、各异性、适应性及相互影响等因素也导致房地产投资风险加大。

(二) 房地产投资风险的特征

1. 客观性

房地产投资风险的客观性是指房地产风险是客观存在的,不以某个人的意志为转移。

例如,对市场风险中的购买者来说,单个购买者的行为是受其思想支配的,但来源也受个人的经验和社会环境的影响。就物质性来讲,购买力的整体性是客观存在的,受社会力量支配并有其规律性。内、外部事物发展的不确定性的存在是客观事物发展变化过程中的特性,因而风险也必然是无处不在、无时不有的客观存在。客观性要求我们采取正确的态度,承认风险和正视风险,积极对待风险。

2. 不确定性

风险的主要特征是不确定性,也就是难以预知。例如国家政策的变化、战争的爆发、台风的灾害,虽有其具体的原因,但其发生的时间是难以预知的。这种难以预知的特性就造成了房地产投资风险的不确定性。客观条件不断变化导致不确定性是风险的客观体现,房地产投资风险是投资过程中各种不确定因素的伴随物。

3. 潜在性

房地产投资风险不仅具有随机性,同时它附着在房地产经营中的某些确定事务中间,并通过它们的发生而起作用。从房地产投资的规律看,房地产投资风险具有潜在性,它不是显现在表面的东西。但是,这并不是说风险是不可认识的,人们可以根据以往发生的类似事件的统计资料,经过分析,对某种风险发生的概率及其所造成的经济损失程度做出客观判断。尽管处处充满风险,投资时时有遭遇风险的可能,但风险变为现实是有条件的。因此,潜在性是风险存在的基本形式。认识风险的潜在性特征,对于预防风险具有重要意义。

4. 损益双重性

虽然房地产投资风险对于房地产经营收益有负面的影响,但如果能正确认识并充分利用风险,反而会使收益有很大程度的增加。例如开发一个房地产项目,若预期收益很大,那么风险也必定大,如果形势不好,极有可能发生亏损,但若采取科学决策迎难而上,形势会转为有利,收益也会大为增加。对待风险不应该消极地预防,更不应该惧怕,而是要将风险当做一种经营机会,敢于承担风险,并战胜风险。

5. 可测性

不确定性是风险的本质,但这种不确定性并不是指对客观事物全然无知。人们可以根据以往发生的一系列类似事件的统计资料,经过分析,对某种投资风险发生的频率及其造成的经济损失程度做出主观上的判断,从而对可能发生的风险进行预测和衡量。风险的测量过程就是对风险的分析过程,它对风险的控制与防范及决策与管理具有举足轻重的影响。

6. 相关性

相关性是指投资者面临的风险与其投资行为及决策是紧密相连的。同一风险事件对不同的投资者会产生不同的风险,同一投资者由于其决策或采用的策略不同,会面临不同的风险结果。实质上,风险空间是由决策空间和状态空间结合而成的。状态空间是客观必然,人们无法自由选择;而决策空间是人们根据状态空间自主选择的结果,如何决策直接影响人们面临的风险及其程度。

二、房地产投资风险的分类

(一) 外部风险

(1) 宏观经济风险。宏观经济风险对于每个房地产投资企业都是不可避免的。当经济衰退时,消费的需求也会大幅度减缩,受冲击最大的往往是如汽车、房地产之类的长线耐用消费品,社会经济的低糜造成房地产市场一时供大于求,房屋价格亦连连下跌。

(2) 财政利率风险。财政利率风险多来自于利率波动的影响,因为很多人买房并不是全额付款,一般都会向金融机构申请抵押贷款。假如贷款利率上升,投资人所需要负担的贷款利息就可能很高,此种情形对于一些财力有限的投资人来说,无疑是雪上加霜,加息有可能迫使他们放弃房地产。若银行收回抵押房地产可以得到贷出款项,则投资人无须再负担任何责任。然而,假如房地产市场正处于低潮,银行在拍卖房地产时仍得不到足够的款项偿还抵押贷款时,则投资人仍须负一定责任。所以,投资者在制订置业计划和进行房地产议价时,必须把利率波动因素考虑进去。

(3) 市场风险。市场风险又称系统风险,是指与整个市场环境相关的风险,是由于供求形势变化,引起市场竞争范围、竞争程度、竞争方式以及房地产市场性质、市场结构、市场发育等变化而导致的风险。市场风险是房地产市场价值跌落的一种可能性,主要来源于房地产供应的时间误差。譬如当房价因供应短缺而上升时,开发公司便会纷纷兴建楼宇,但由于建筑需要一定时间,故虽然待建楼的总体规模已经超出供应需要,但短期内楼价仍然会持续上扬。近年来,建筑业技术日渐先进,所以房地产能迅速供应市场,直接缩短了地产循环的时间,也使得楼价波动变得更为频繁。

(4) 自然与意外风险。自然与意外风险是由于自然因素的不确定性、不可抗性以及土地的自然地理和技术经济特性带来的风险。如雷电、风暴、地震、洪水等自然灾害的发生,会给房地产带来很大的破坏性,给房地产所有者带来极大的损害。意外风险除了上述自然因素造成的损失以外,还包括一些人为因素所造成的后果,它既有人们的过失行为,也有人们的有意行为,如居民使用煤气不当造成的煤气爆炸,坏人纵火烧毁房屋等,这些意外事件都会给投资者带来不同程度的损失。

(二) 内部风险

(1) 经营风险。经营风险是由于房地产投资经营上的失误(或其可能性),造成实际经营结果偏离预期的可能性。经营风险起源于投资内部问题和项目的经济环境情况,如管理水平、管理效率低,经营费用超过预计值,房屋空置率高,资金回笼滞后等问题,都将使企业的营业收入小于预期值。经济环境不理想,对房地产的需求偏低,就会产生比预期高的空置率。

(2) 财务风险。财务风险是指房地产投资者运用财务杠杆,在使用贷款的条件下,既扩大了投资的利润范围,同时也增加了不确定性、营业收入不足以偿还债务的可能性。其一,投资者运用财务杠杆可能带来风险。房地产投资者总是利用财务杠杆原理,即用借入资金扩大投资可能收益范围,以期实现投资利润最大化的目标。然而杠杆原理对自有资金的收益和亏损起着同样的放大作用。财务杠杆的使用提高了税前收益的期望值和可能收益的上限,但是也扩大了收益波动的范围,降低了可能收益的下限,增大了风险。所以增加贷款量也增加了营业收入不足以偿还债务的可能性。

三、房地产投资风险概率分析

风险概率分析是依据各种变量的概率分布,来推求一个项目在一定风险条件下获利的可能性大小。风险的测量可以通过概率与统计方法获得,因此风险分析又称概率分析。概率是度量不确定性的方法,因此在任何存在不确定性的决策中,都要用到概率。了解概率的相关概念,有助于房地产投资的概率分析。

在房地产开发项目投资分析中,概率分析就是要根据不确定因素在一定范围内的随机变动,分析确定这个变动的概率分布及其期望值、标准差,从而为项目决策提供依据。由于概率的确定通常是经过某种统计手段或预测估计的方法而计算出来的,故带有一定的主观性,所以在这一过程中,要充分利用市场调查数据资料,同时也要利用专业人员的丰富经验和专家意见,加上投资分析者的科学判断,使各个概率值尽可能符合实际,接近精确。具体而言,概率的确定方法主要有专家会议法、德尔菲法和外推法三种。

概率分析的方法主要有概率树法和蒙特卡洛模拟法,在进行项目评价过程中,概率分析一般仅对项目的财务净现值的期望值和财务净现值大于等于零时的累计概率进行计算。前者是以概率为权数计算出来的各种不同情况下的财务净现值的加权平均值;后者则反映了在各种可能情况下财务净现值出现大于和等于零时的累计概率。一般步骤如下。

(1) 列出各种要考虑的不确定性因素。

(2) 预计各种不确定性因素可能发生的情况,即其可能出现的各种数据值或变动幅度。

(3) 分别确定每种情况出现的可能性,即概率,各种可能情况出现的概率之和等于1。

(4) 分别求出各种可能情况下的财务的净现值、加权平均值和期望值。

(5) 计算净现值大于和等于零的累计概率。

四、房地产投资风险要素分析

(一) 一般投资风险要素

(1) 损失与收益的对称性。投资既可能给投资者带来收益,也可能带来损失。即收益与风险并存,收益是风险的报酬,风险越大,相应的收益也可能越高。

(2) 多变性。投资风险的性质和程度受国家政策、法规及经济发展水平等因素的影响而呈现动态变化的特征。投资环境中任何一个因素的变化都会引起房地产投资风险的变化。

(3) 可预测性。通过对各种统计资料、投资条件和市场状况的分析,投资者可以对投资风险发生的概率及其可能造成的经济损失的程度做出判断,从而预测或度量可能发生的风险。

(4) 可控制性。投资风险的可控制性体现在投资者可以采取合理的投资方案来规避风险。例如,通过对多种投资方案进行风险分析,选择出最佳方案,或利用组合投资来降低风险。

(二) 房地产投资风险要素

(1) 流动性风险。房地产是无法移动的固定物,其买卖存在区域的特性。如果急需变卖房地产,但不容易找到有需求的买家,这时,卖方可能就不得不大幅降低售价来吸引买家。所以,投资于房地产的资金流动性较差,不易变现。

(2) 市场风险。房地产市场受经济周期性变动、社会政治环境、供求关系的影响。如果政治稳定、经济繁荣,房地产的价格可能看涨;反之,则会看跌。所以投资房地产却没有看清价格变化的趋势时,就可能会导致损失。因此,不要在房地产价格泡沫巨大的时候非理性地进行投资。

(3) 利率风险。市场利率变动会影响房地产的价值,在房地产预期年收益一定的情况下,市场利率越高,房地产投资价值越低,两者成反比关系。利率变化对获取租金收益的房地产投资以及利用银行按揭贷款购买房地产的投资影响尤为显著。

(4) 购买力风险。虽然房地产投资具有抵御通货膨胀的能力,但如果房屋价格和租金的上涨幅度低于通货膨胀率,则房地产的实际收益仍会减少。而且在通货膨胀时,如果大幅提高房地产的售价,又会因购买能力和消费需求,形成有价无市的局面。

(5) 交易风险。房地产交易市场的信息不对称,使得投资者购买房地产时可能产生交易风险。例如,投资者对房地产交易所涉及的法律条文、城市规划和税费等不熟悉,或者是对开发商出售的住房是否在结构和质量上有内在缺陷等不了解。现实中的许多房地产交易纠纷就是因为这种信息不对称所致。

(6) 意外风险。房地产投资还可能遭受自然灾害和人们意外的过失行为所带来的风险。例如,地震、洪水、海啸、台风等自然现象,意外的火灾等人为事故,都可能使房地产受到损毁。

五、房地产投资风险的识别和处理

(一) 房地产投资风险的识别

1. 采用国际房地产投资业常用的三个指标来识别

(1) 投资房地产的营业率。一切能够带来收入的房地产都必然发生经营费用。营业率被用来判定投资报告中的营业净收入是否具有现实性。

(2) 偿债收益比。营业净收入是扣除所有成本费用后的收入,是偿还债务资金的基本来源。它和偿债责任的比率反映了借款人偿还贷款的能力。

(3) 保本占用率。保本占用率是计算房地产安全性的另一重要指标。

2. 概率与数理统计的方法

由于风险度量涉及房地产投资项目可能结果的概率分布,因而可以采用概率论和数理统计作为房地产投资风险的识别方法。这里的投资结果主要是指房地产投资的报酬回报率。而报酬回报率的概率分布的取得很不容易。虽然可以做市场调查,有已开发项目的资料,可以使用数理统计的方法估计,甚至通过统计检验,但其结果只能在相对意义上代表拟开发项目的概率分布。这是因为各个房地产项目之间的差异较大,有时相距十几米的位置,即使其他条件都相同,投资的报酬回报率也存在很大的差别。将抽样调查的方法与主观概率判断结合而确定出房地产项目投资的报酬回报率的概率分布是实际工作中常用的方法。

(二) 房地产投资风险的处理

在房地产投资活动中,投资的风险是客观存在的,这对于所有的房地产投资者都是一样的。投资风险的控制即在于能及时地发现或预测到风险并能及时采取有效的措施化解、缓和、减轻、控制风险,减少投资者预期收益的损失可能性。

1. 风险自留

风险自留是指房地产投资者以其自身的财力来负担未来可能的风险损失。风险自留可以包括两个方面的内容:承担风险和自保风险。承担风险与自保风险都是房地产投资者以自己的财力来补偿风险的损失,区别在于后者需要建立一套正式的实施计划和一笔特别的损失储备或者基金;而前者则无须建立这种计划和基金,当损失发生时,直接将损失摊入成本。有些风险虽然也会带来经济损失,但由于损失规模较小,对房地产经营者影响不大,在此情况下可以采用承担风险的方法加以处理。承担风险要考虑企业的财务承受能力。自保风险用于处理那些损失较大的房地产风险，由于这些风险带来的损失较大，无法直接摊入成本。

2. 风险回避

回避风险有两种基本途径：拒绝承担风险；放弃以前所承担的风险，但此类事例很少。一般来说，回避风险是一种消极的手段。因为，在现代社会经营中广泛存在着各种风险，要想完全回避风险是不可能的。此外，在预期收益相同的情况下，选择风险小的房地产项目。

3. 风险损失控制

风险损失控制是一种具有积极意义的风险处理手段。风险损失控制方法具有较强的社会现实性，且可以通过事先控制或采用应急方案，使风险不发生或一旦发生后损失额降到最小。一个投资项目能否达到预期的收益水平，管理人员是最为重要的关键因素。提高管理人员的素质，进而提高管理水平，可以提高对市场的预测性，降低不确定性，可以更有效地使用资产，减少经营费用，降低空置率，提高收益水平，进而降低和控制风险。

4. 风险组合

风险组合是将许多类似的但不会同时发生的风险集中起来考虑，从而能较为准确地预测未来风险损失发生的状况，并使这一组合中发生风险的损失部分，能得到其他未发生风险损失且取得风险收益的部分的补偿。例如，房地产投资者分别将资金投入住宅与办公大楼，如果投入住宅的部分遭受损失，而投入办公大楼的部分不但未遭受损失，而且获得较高的收益，则投入办公大楼部分的收益就可以补偿投资于住宅所遭受的损失。

风险组合可以通过投资者所面临的风险单位进行空间与时间的分离，这样便可以达到减轻风险损失的目的。房地产投资项目由于独立性的增加和相关性的降低，在其他情况不变的情况下，是能够减轻风险的，也可以通过增加风险单位数量来提高企业预防未来损失的能力。房地产投资者可以通过企业合并或内部扩大规模从事多种经营规避风险。这在市场波动大、竞争激烈的市场环境中效果非常显著。

5. 风险转移

风险转移是指房地产投资者以某种方式将风险损失转给他人承担。风险转移是房地产经营者处理风险的一种重要方法。对于任何一个房地产投资者而言，因其财务能力有限，故其自留风险的能力也有限。在房地产投资活动中，有些房地产风险可能会给房地产投资者带来灾难性的损失，以房地产投资者自身的财力根本无法承担。因此，房地产投资者必须采用风险转移方法将房地产风险转移出去。房地产风险的转移可以采用多种方法，如参加保险、租赁等。风险转移的主要形式是通过契约或合同将损失的财务负担和法律责任转移给其他人，以达到降低风险发生频率和缩小损失的目的。

六、房地产投资风险的防范策略

房地产风险管理的最终目的在于对房地产投资风险采取有效的防范措施，以便减小房地产风险。最常用的简便易行的策略如下。

（一）保险策略

向专业保险公司投保是防范房地产风险的一种十分重要的策略。采用保险策略的房地产投资者要定期向保险公司缴纳一定数量的保险费用。这样，一旦风险损失发生就可以向保险公司索赔并获得保险公司的补偿,从而将房地产风险转嫁给保险公司。虽然房地产投资者必须交付一定的保险费,但由于这笔保险费用支出是定期而均匀的,因而对房地产经营者的影响不大,故意外风险较适合采用此策略。

(二)投资分散策略

投资分散策略就是以分散投资的方法防范房地产风险,其做法可分为以下几种。
(1)房地产投资种类分散。
(2)区域分散。
(3)时间分散。

(三)融资策略

投资于某项房地产商品,其风险较大,超过自身承担能力,或者经营某项房地产的前景难以把握,高风险、高利润交织在一起,则房地产投资者就可以采用融资策略防范风险。融资策略就是运用发行股票的方式,融入股本,并将风险分散于社会,即每一个股东。

(四)联合策略

这种策略的基本做法,就是组织多个房地产经营者,联合起来共同对某项房地产进行投资。这样可以达到风险共担和利润共享的目的,从而减轻独自经营该项目的风险。

思考与练习

一、名词解释

1. 投资
2. 资金的时间价值
3. 间断复利
4. 资金等值
5. 雷达分析法
6. 损益表
7. 资产负债表
8. 还本付息比率
9. 风险组合

二、简答题

1. 房地产投资分析的特点有哪些?
2. 房地产投资分析的目标有哪几个方面?
3. 名义利率与实际利率的区别是什么?
4. 房地产投资环境主要分为哪几个方面?
5. 简述房地产投资财务评价过程中常用的方法。
6. 盈利能力分析指标有哪些?
7. 构成一个房地产投资决策问题必须具备哪几项基本条件?
8. 房地产投资风险的特征是什么?

三、案例分析题

1. 某房地产公司为开发新项目,向银行借得 10 年期长期借款 2000 万元,年利率为

7%，则10年后一次归还银行的本利和是多少？

2．某房地产项目2年建成并投产，寿命40年，每年净收益为100万元，按10%的折现率计算，恰好能在寿命期内把期初投资全部收回。那么该房地产项目期初所投入的资金为多少？

第6章 房地产市场营销

第1节 房地产市场营销概述

一、房地产市场概述

(一)房地产市场的概念

房地产市场是从事房产、土地的出售、租赁、买卖、抵押等交易活动的场所或领域。房产包括作为居民个人消费资料的住宅,也包括作为生产资料的厂房、办公楼等。土地历来都是生产要素,因而从事土地买卖、租赁、抵押活动的地产市场,也是生产要素市场的组成部分。在中国,城市土地归国家所有,农村和城市郊区的土地,除法律规定属于国家所有的以外,归集体所有,永久出让土地所有权是不允许的。因此,一般说来,地产市场的交易活动是土地使用权的转让或租赁。

(二)房地产市场的分类

房地产市场按照不同标准、不同方法,可做出不同的分类。

1. 按组成要素分

(1)土地使用市场,指国家对城市土地使用权进行有偿出让和获得土地使用权者将开发的土地使用权有偿转让的场所。

(2)房产市场,指房产的转让、租赁、抵押等交易场所,包括房屋现货和期货的交易场所。

(3)房地产资金市场,指通过银行等金融机构,采用信贷、抵押贷款、住房储蓄,发行股票、债券、期票,以及开发企业运用商品房预售方式融资等场所。

(4)房地产劳务市场,指物业管理、室内外装饰、维修、设计等活动的市场。

(5)房地产技术信息市场,指提供房地产信息咨询、可行性研究等技术服务的场所。

2. 根据房地产流通顺序分

(1)一级房地产市场,又称土地出让市场,是国家垄断的市场。

(2)二级房地产市场,又称增量房地产市场。涉及生产者或者经营者把新建、初次使用的房屋向消费者转移,主要是生产者或经营者与消费者之间的交易行为。

(3)三级房地产市场,又称存量房地产市场。涉及使用者之间、经营者之间以及使用者与经营者相互之间的交易行为。二、三级房地产市场是一级房地产市场的延伸和扩大,可以促进房地产市场的繁荣。

(三)房地产市场的功能

房地产市场是房地产业进行社会再生产的基本条件,可以带动建筑业、建材工业等诸多产业的发展。房地产市场通过市场机制,及时实现房地产的价值和使用价值,提高房地产业的经济效益,促进房地产资源的有效配置和房地产建设资金的良性循环。房地产市场能够引导居民消费结构合理化,有利于改善居住条件,提高居民的居住水平。因此,房地产市场是房地产市场体系中最有代表性,也是最重要的部分,处于主体地位。

(四)房地产市场的特征

(1)房地产市场是房地产权益交易市场。
(2)房地产市场是区域性市场。
(3)房地产市场是不完全竞争市场。

二、房地产市场营销的概念及营销理念

(一)房地产市场营销的概念

房地产市场营销就是房地产企业为适应消费者的需求,以市场为导向,正确组织产品的生产和供应,适应不断变化的市场需求,合理组织产品的供应和销售,实现房地产企业的经济效益和社会效益而进行的经营活动的整体过程,其内容包括房地产市场调查、市场细分、预测、决策、市场营销组合、物业管理等活动。

(二)房地产市场营销理念

1. 品牌营销

随着市场经济发育日渐成熟,商品的品牌形象已成为消费者认知的第一要素,房地产产品也不例外。

2. 关系营销

当前业界流行的整合营销理论,实际上就是关系营销思想的体现。其营销主张重视消费者导向,强调通过企业与消费者的双向沟通,建立长久的稳定的对应关系,在市场上形成企业和品牌的竞争优势。

3. 竞争营销

开发商要在各区域市场上取得竞争优势必须建构完善的企业治理机构,创造一种持久的发展动力和动力支持系统,以独特而优越的品牌、质量、技术、营销网络等区别于竞争对手的策略占领市场。

4. 合作营销

开发商在市场运作中既要讲求竞争,又要寻求合作;既要注意与地方政府、金融机构和其他社会组织的合作,更要注意与开发商之间的合作,特别是后者的合作尤为重要。开发商之间通常采用松散性的结盟方式,使合作各方避免直接冲突,共同打造区域品牌,以达到合作各方都有所收益的理想效果。

5. 文化营销

开发商不仅要注意在建筑风格上尽量体现文化内涵,通过富有特色的主题创意,提升住宅小区的文化价值,给人展现一种高品位的美好生活蓝图,而且要注意通过高品位会所、藏书丰富的图书馆、温馨祥和的邻里中心、设施齐全的幼儿园与中小学来营造小区的文化气息。

6. 诚信营销

购房者关心的是房屋质量过硬、产品物有所值、合同信守兑现、物业管理到家。在房地

产业进入全面的整体素质竞争的今天,开发商必须树立诚信营销的经营理念,塑造出开发商的良好社会形象。

7. 特色营销

开发商要注意特色经营的重要性,把研究市场需求、强化使用功能、追求个性特色、营造人性空间的思想作为经营理念。

8. 环保营销

开发商应该以环境保护为经营理念,改变过去寸土寸金、见缝插针的开发模式,充分考虑小区的住宅空间、阳光照射、绿化间隔等,为消费者营造人与自然和谐共生的理想家园。

9. 网络营销

通过互联网双向式交流,可以打破地域限制,进行远程信息传播,面广量大,其营销内容翔实生动、图文并茂,可以全方位地展示产品的外形和内部结构,同时还可以进行室内装饰和家具布置的模拟,为潜在购房者提供了诸多方便。

10. 知识营销

开发商通过开展大规模的住房知识普及活动,向广大消费者介绍房屋建筑选择标准、住宅装修知识、住房贷款方法与程序以及商品房购置手续和政府相关税费,在增加消费者房地产知识的同时,也增加消费者对开发商的认同感。

三、房地产市场营销的流程

(一)市场调查

市场调查是系统地设计、收集、分析并报告与公司面临的特定市场营销状况有关的数据和调查结果的过程。其目的在于为企业的决策者进行预测和决策、制订计划提供重要依据。市场调查是市场营销活动的出发点,是了解市场、认识市场的一种有效的方法和手段。

(二)研究和分析潜在消费者

在市场调查的基础上,根据拟建项目类型和市场细分因素。对房地产市场进行细分,通过对细分市场的评估,确定目标市场,即潜在消费者群体。

(三)编制房地产项目营销策划书

房地产项目营销策划书是房地产项目营销的计划书,主要包括项目概况、市场调查、市场细分、目标市场选择、房地产产品定位、租售计划、促销工作、租售工作、租售后服务等几项内容。

(四)房地产项目产品定位

通过对潜在消费者进一步调查,初步明确潜在消费者需要的产品性能和类型,结合市场情况,对房地产项目营销策划书中的产品定位计划进行修改、补充和完善,形成项目的产品定位方案。

(五)促销、促租工作

在制订商品房预售和现售价格方案的基础上,对房地产项目进行恰当的形象定位后,利用广告促销和人员推销的方法,向潜在消费者和其他客户推销房地产产品。

（六）租、售后服务

房地产开发企业应根据质量保证书的约定承担商品房的保修责任。在业主委员会成立之前，由开发商聘请物业管理企业进行物业管理。业主委员会成立后，由业主委员会选择物业管理企业。

第2节 房地产市场营销计划

一、房地产市场营销计划的制订过程

（一）分析市场机会

寻找、分析和评价市场机会是制订房地产市场营销计划的首要步骤，也是房地产市场营销管理人员的首要任务。在现代房地产市场条件下，由于国家政策和房地产需求不断发生变化，这就要求企业必须认真进行营销调研，收集房地产政策和市场信息，从中寻找、发现市场机会，辨识和评估市场风险。

（二）市场细分

市场细分是指营销者通过消费者市场调研，根据消费者的需求、购买行为和购买习惯等方面的差异，把某一产品的市场整体划分为若干个具有类似需求特征的消费者群的市场分类过程，每一个具有类似需求特征的消费者群就是一个细分市场。

（三）选择目标市场

选择目标市场是企业制订并实施目标市场战略的基础，通常要基于市场细分进行。

影响房地产目标市场选择的主要因素有市场规模、资源条件、环境条件、政策性因素、盈利性因素及风险性因素等。目标市场选择的主要模式有单一目标市场化和多目标市场化两种。

（四）设计市场营销组合策略

制订有效的房地产市场营销策略是促使房地产市场营销工作取得成功的关键，也是房地产市场营销计划的核心内容。为了达到市场营销目标，企业需要在产品、价格、渠道和促销这四个方面进行有效的组合设计。产品是指企业提供给目标市场的产品和服务，包括产品的外观、性能、质量、品牌名称、包装、售后服务等。价格是指消费者购买产品时的价格、折扣、支付期限要求等。渠道是指企业将产品送达目标客户所进行的各种活动，包括中间商的选择、渠道管理、仓储、运输及物流配送等。促销是指企业为吸引目标客户购买产品所进行的各种推广活动，包括广告、产品宣传、销售促进、人员推销等。

（五）管理市场营销活动

市场营销活动的管理是指对市场营销计划的组织实施和控制，它是保证市场营销计划有效实施的关键。市场营销组织主要是对市场营销活动进行人员分工和管理，并制订行动方案，以明确营销活动的运行程序、运作方式、时间进度、资源配置、考核指标、参与部门等。

市场营销控制是指对营销计划执行情况进行有效的监督、检查和反馈。为了便于计划

的顺利实施,应制订每项市场营销工作的工作计划,并建立具体执行人员在不同阶段、不同环节的考核指标或标准,作为定期检查和考核的依据,并通过系统反馈及时采取有效的纠正措施。

二、房地产市场营销计划的内容

(一)计划概要

计划概要是对拟订的营销计划的主要目标和核心内容做一个简要说明,便于各管理部门能快速浏览并很快掌握计划的主要内容。计划概要主要包括房地产项目概况(如区位、规模、主体功能、立项背景等)、市场营销目标和市场营销策略等。

(二)房地产市场调研

房地产市场调研主要包括房地产市场环境调研、房地产市场需求调研、房地产市场供给调研和房地产市场营销活动调研。

(三)机会、威胁与优势、劣势分析

根据对房地产项目市场调研所获取的资料,分析和总结该项目所面临的机会与威胁、优势与劣势。机会是指环境中对房地产企业营销有利的因素,威胁是指环境中对房地产企业营销不利的因素。每个房地产企业都面临着若干市场机会和环境威胁,但并不是所有机会都同样具有吸引力,也不是所有的威胁都那么严重。有时市场机会并不等于房地产企业的机会,市场机会能否成为企业机会,还要看该市场机会是否与企业的任务和目标相一致,是否与企业的资源相一致,企业在利用这一机会时,是否比潜在竞争对手具有更大的优势,能否享受差别利益。除了对机会和威胁进行分析外,还应进一步对房地产企业自身的优势和劣势进行分析,以便企业能扬长避短,进行正确的营销战略定位。

(四)设定房地产营销目标

房地产营销目标是指房地产项目营销活动应达到的目标,包括财务目标和非财务目标两类。财务目标是指项目营销的即期利润指标和长期投资收益率目标。非财务目标是指房屋销售面积、营销额、商品房销售率(销售面积/可售面积)、市场占有率等一系列目标。

(五)市场细分和目标市场选择

市场细分和目标市场选择是房地产市场营销活动的重要环节,它决定了未来房地产开发的方向,是制订市场营销策略组合的重要依据。基于对消费者基本情况和需求特征的调研,可以选择恰当的细分因素对区域潜在消费者进行市场细分。然后对每个细分市场的规模、发展前景、盈利能力、竞争状况以及企业自身的优势进行分析,从中选择最有吸引力的细分市场作为目标市场。

(六)制订房地产市场营销组合策略

制订有效的房地产市场营销策略是房地产企业实现营销目标的途径和手段。房地产项目的市场营销策略主要包括产品、价格、渠道和促销策略。

(1)产品策略包括房地产项目的功能定位、形象定位、设计及装修定位、材料及设备定位、服务定位等。

(2) 价格策略包括价格定位、销售折扣、付款方式、付款期限、贷款利率优惠等。

(3) 营销渠道策略包括营销渠道评估和选择、销售代理商和经销商的评估和管理、具体营销人员的培训和考核等。

(4) 促销策略包括市场推出时机的选择、广告和展销等宣传手段的策划、营销卖点的设计、公关活动的策划等。

（七）营销方案的组织实施

营销方案的组织实施是保证房地产市场营销计划得以有效执行的重要工作环节,主要包括以下内容。对房地产市场营销组织进行组织结构设置,招聘、选拔和培训营销管理人员,对房地产市场营销计划的实施进行人员分工和管理,制订营销活动的运行程序、运作方式和时间进度,进行有效的资源配置等。

（八）房地产市场营销控制

为了便于对房地产市场营销计划的实施状况和实施效果进行检查与控制,确保目标的最终实现,营销计划还应就定期检查、考核的内容与程序做出安排,作为房地产项目营销方案实施控制的依据。

三、房地产市场营销计划方法

（一）滚动计划法

滚动计划法是根据计划的执行情况和环境变化情况定期修订未来的计划,并逐期向前推移,使短期计划、中期计划有机地结合起来。

（二）网络计划法

网络计划法是把一项工作或项目分成各种作业,然后根据作业顺序进行排列,通过网络图对整个工作或项目进行统筹规划和控制,以便用最少的人力、物力、财力资源,以最高的速度完成工作。

（三）横道图

横道图是一种用线条表示计划进度的计划图表,是由美国的管理学家甘特设计发明的,又被称为甘特图。这种方法在各种管理实践中被广泛应用,并受到普遍欢迎。

横道图能够清楚地表示计划的各项作业的开始时间、结束时间和持续时间,很容易为参加计划活动的管理和被管理人员所掌握。横道图一般用于做总体计划,另外,还可以与人力资源计划、资金计划、物质资源计划相结合,因此应用非常广泛。

（四）资源配置技术

资源配置技术是在考虑资源配置时,为谋求最佳的营销收益与成本比,对销售利润方程、销售反应函数加以分析和比较的方法。

第3节 房地产营销环境分析

房地产营销环境分析是房地产企业及时抓住市场机会,充分发挥自身优势,使企业在竞争中处于有利地位的先决条件和重要基础。因此,房地产企业在开展市场营销活动中,首先必须高度重视市场营销环境分析。

一、宏观环境分析

房地产宏观环境分析涉及人口环境、政治法律环境、经济环境、自然环境、科技环境和社会文化环境六个方面的内容。

(一) 人口环境

人口是构成市场的第一位因素。市场是由有购买欲望同时又有支付能力的人构成的,人口的多少直接影响市场的潜在容量。从影响房地产消费需求的角度,对人口因素可作如下分析。

(1) 人口增长速度。
(2) 人口老龄化情况。
(3) 家庭规模。
(4) 人口的受教育程度。
(5) 人口的地理分布。
(6) 人口区间流动。

(二) 政治法律环境

政治法律环境指房地产企业市场营销活动的外部政治法律形势和状况给市场营销活动带来的或可能带来的影响。政治法律环境包括政治环境和法律环境。

(三) 经济环境

房地产市场营销的经济环境主要是指房地产企业市场营销活动所面临的外部社会经济条件(具体来说,主要是指社会购买力)。影响购买力水平的因素主要是消费者收入、消费者支出、消费信贷及居民储蓄、币值等因素,而消费者的收入水平是影响房地产企业市场营销的最重要的经济因素之一。

(四) 自然环境

自然环境要素包括自然资源的数量和结构与自然环境。

(五) 科技环境

科学技术是社会生产力中最活跃的因素之一。作为营销环境的一部分,科技环境不仅直接影响房地产企业内部生产和经营,还同时与其他环境因素互相依赖、相互作用。尤其是新技术革命既给房地产企业市场营销造就了机会,又带来了威胁。企业的机会在于寻找和利用新技术,而它面临的威胁可能有两方面:新技术的突然出现,使房地产企业的现有设备变得陈旧;新技术改变了房地产企业人员原有的价值观。新技术给房地产企业带来巨大压力,如果房地产企业不及时跟上新技术革命的发展,很有可能被很快淘汰出局。

(六) 社会文化环境

社会文化环境包括社会阶层、相关群体、受教育水平、风俗习惯、审美观念、宗教态度、价值观念等。这些因素影响消费者的购买行为,房地产企业营销工作必须重视社会文化环境。

二、微观环境分析

房地产微观环境分析包括企业自身环境、供应商、营销中介机构、目标顾客、竞争者和公众六个方面的内容分析。

(一) 企业自身环境

房地产市场营销微观环境中的第一力量是房地产企业内部的环境力量,良好的企业内部环境是房地产企业营销工作得以顺利开展的重要条件。内部环境由企业高层管理(董事会、总经理)和企业内部各种组织(财务、产品研发设计、采购、建筑生产、销售等)构成。营销部门的工作状况与房地产企业领导及各部门的支持有很大关系。房地产企业所有部门都同营销部门的计划和活动发生着密切的关系。各管理层之间的分工及协作,都会影响房地产企业的营销管理决策和营销方案的实施。

(二) 供应商

微观环境中的第二、第三种力量是各类资源供应者和各类中介人,他们同房地产企业达成协作关系。供应者是指向房地产企业提供生产产品所需要的资源的组织或个人,包括提供土地、设计与施工、建筑原材料、设备、能源、劳务、资金等要素的组织或个人。这种力量对房地产企业的营销影响是很大的,所提供的资源质量、价格和供应量,直接影响着房地产企业产品的质量、价格和销售利润。房地产企业应从多方面获得供应,而不可依赖于单一供应者。

(三) 营销中介机构

房地产营销中介机构是协助房地产企业推广、销售和分配产品给最终买主的企业和个人,包括中间商、实体分配公司、营销服务机构、物业公司及金融机构等。正因为有了营销中介机构所提供的服务,才使房地产企业的产品能够顺利地到达顾客手中。

(四) 目标顾客

微观环境的第四种力量就是顾客,即房地产企业的目标市场。顾客是指具有支付能力的实际与潜在的购买者。房地产企业的顾客组成了企业的目标市场,是房地产企业存在的生命力,顾客的需求又制约了房地产企业的能力与规模。房地产企业的顾客包括国内市场与国际市场两大市场。而按照其目的性质和用途可以划分为居住性物业市场和收益性物业市场。

居住性物业市场可分为普通住宅市场、别墅市场、公寓市场等。收益性物业市场又可以分为商业物业市场(如写字楼市场、商场或店铺市场、酒店市场等)、工业物业市场(如标准工业厂房市场、高新技术产业用房市场、研究与发展用房市场等)、特殊物业市场(如娱乐中心、赛马场、高尔夫球场、汽车加油站、飞机场、车站、码头等)。

(五) 竞争者

根据迈克·波特行业结构竞争力理论分析,竞争力量分为五种。它们是潜在竞争者的进入力量、供应者力量、替代品力量、现有竞争者的力量、买方力量。房地产企业微观环境中的五种力量是企业面对着的一系列竞争者。每个房地产企业的产品在市场上都存在数量不等的业内产品竞争者。房地产企业的营销活动时刻处于业内竞争者的干扰和影响之下。因此,任何房地产企业在市场竞争中,主要是研究如何加强对竞争对手的辨认与抗争,采取适当而高明的战略与策略谋取胜利,以不断巩固和扩大市场。

(六)公众

公众指对一个组织实现其目标的能力有实际的或潜在的兴趣及影响的任何团体和个人。房地产企业在争取满足目标市场时,不仅要影响竞争对手的利益,而且还会影响到公众的利益。房地产企业面对的广大公众的态度,会协助或妨碍企业营销活动的正常开展。所有的房地产企业都必须采取积极措施,树立良好的企业形象,力求保持和主要公众之间的良好关系。

三、SWOT 分析

SWOT 分析是市场营销管理中经常使用的功能强大的分析工具,最早是由美国旧金山大学管理学教授在 20 世纪 80 年代提出来的。

(一)SWOT 分析的含义

SWOT 分析法,又称为态势分析法或优劣势分析法,用来确定房地产项目自身的竞争优势(strength)、竞争劣势(weakness)、机会(opportunity)和威胁(threat)。竞争优势、竞争劣势是内部因素,机会、威胁是外部因素。

(二)SWOT 分析的内容

房地产项目的 SWOT 分析包括其内部因素优势、劣势的分析,其外部因素机会和威胁的分析。

房地产项目的优势具体包括有利的竞争态势、充足的资金来源、良好的企业形象、技术力量、规模经济、产品质量、市场份额、成本优势、广告攻势等。

房地产项目的劣势具体包括管理混乱、缺少关键技术、研究开发落后、资金短缺、经营不善、产品积压、竞争力差等。

房地产项目的机会具体包括宏观环境变化、新产品、新市场、新需求、竞争对手失误等。

房地产项目的威胁具体包括新的竞争对手、替代产品增多、市场紧缩、行业政策变化、经济衰退、客户偏好改变、突发事件等。

(三)构建 SWOT 矩阵

将调查得出的各种因素根据轻重缓急或影响程度等排序,构造 SWOT 矩阵。在此过程中,将那些对房地产项目有直接的、重要的、大量的、迫切的、久远的影响因素优先排列出来,而将那些间接的、次要的、少许的、不急的、短暂的影响因素排列在后面。

(四)制订行动计划

在完成环境因素分析和 SWOT 矩阵的构造后,便可以制订出相应的行动计划。制订计划的基本思路是发挥优势因素,克服弱点因素,利用机会因素,化解威胁因素;考虑过去,立足当前,着眼未来。运用综合分析方法,将各种环境因素相互匹配起来加以组合,得出一系列房地产项目未来发展的可选择对策。

第4节 房地产市场调查

一、房地产市场调查的概念及特征

(一)房地产市场调查的概念

房地产市场调查是房地产开发企业为了及时做出正确的投资决策和营销决策,而客观、系统地收集、整理、研究、分析房地产市场有关信息资料,将其转化为决策所需信息的工作过程。

(二)房地产市场调查的特征

1. 客观性

客观性即强调调查活动必须应用科学的方法,符合科学的要求。只有如此,才能使营销调查中的各种偏差达到极小化,保证通过营销调查而获取的信息具有真实性。

2. 系统性

调查是一个计划严密的系统过程,应按照预定的计划和要求去收集、分析、解释有关资料,而不能把一时一事或把个别现象当做整体特征来看待,也不能将营销调查理解为仅是提出问题和记录答案的活动。

3. 资料与信息

调查应向决策者提供决策所需的信息,而非资料。资料是通过营销调查活动所收集到的各种未经处理的事实和数据,它们是形成信息的原料。信息是通过对资料的分析而获得的认识和结论,它们是对资料进行处理和加工后的产物。调查不仅仅是收集资料,还必须通过对资料的分析、整理和解释,实现资料向信息的转化。

4. 决策导向

调查是一种为决策服务的管理工具,它的基本作用是提供信息,协助决策,帮助企业趋利避害,在瞬息万变的市场中立于不败之地。因此只有在所需信息与决策相关的情况下,才有必要进行调查。

二、房地产市场调查的作用

(一)识别市场机会,理解持续变迁的市场环境

市场环境的变迁主要包括消费者需求水平和基本特征的变化,如随着收入水平的提高,人们对居住的需求的改变;产品设计和特征的变化,如普通住宅户型的变迁;应用技术水平的变化,如住宅小区智能化、智能化办公大楼等。置身其间的房地产开发企业,如果能够根据变迁的市场环境适时做出调整,就可以抓住市场机会,创造新的盈利点。而把握市场环境变迁主要依靠市场调查,有时可能凭借某个企业管理者的直觉抓住一星半点机会,但更多的时候是市场调查在起作用。纵观目前在房地产行业经营绩效较好的房地产企业,均在市场调查和跟踪方面投入巨大。

(二)分析市场潜力,有针对性地提出市场推广计划

在房地产项目开发前,企业要确定项目推出后的销售前景或市场潜力,需要对潜在客户

的需求特征和规模进行调查,以确定能否在较短时间内为市场所吸收。在项目开发完成后,制订相应的市场推广计划时,要确定如何将项目的关键信息有效地传达给潜在客户,以尽可能小的推广成本获得最好的宣传效果。另外,在市场推广计划中确定销售时机、价格落差、价格变化等细节,也离不开市场调查。

(三)判断某种产品或服务的盈利性

某一产品或产品设计市场潜力大,往往意味着其具有潜在的高盈利性。要想在众多的可选产品形式中找到富有成长性、潜在高盈利性的类型,可以借助市场调查来估算。通常在房地产开发项目可行性研究中,财务分析执行的就是这一职能,财务分析赖以成立的基础就是对市场供求关系和价格(租金)水平的精确把握,而获得这些基础数据主要依靠市场调查。

(四)评价某种产品或服务的满意度,指出改进的关键点

使顾客满意是产品或服务得以生存的必要条件,因此,企业有对产品或服务的满意度进行评价的需要。通过市场调查得到满意度的定性和定量的表达,据此企业就可以对产品或服务进行改进,提高满意度,扩大市场份额,在市场竞争中占据有利地位。

(五)评价某种市场决策或管理决策的效果

当企业做出某种市场决策后,往往会急切地想知道市场的反应,例如,决策正确与否?相关配套措施能否满足需要?是否需要进行调整?如果需要,如何调整?评价市场决策和管理决策的效果是市场调查的又一重要领域。

三、房地产市场调查的主要内容

(一)宏观投资环境调查

(1)政治环境。政治环境主要包括政府思想观念、办事效率、政策法规等。一个国家、地区和城市的政治环境如何,将直接影响房地产企业正常的生产经营活动的开展。包括各级政府有关房地产开发经营的方针政策,如房改政策、开发区政策、房地产价格政策、房地产税收政策、房地产金融政策、土地定级及定价政策、人口政策和产业发展政策等;各级政府有关国民经济发展的计划、土地利用规划、城市规划和区域规划等;政府有关法律法规,如环境保护法、土地管理法、城市房地产管理法、广告法、反不正当竞争法等;政府有关方针和政策,如产业政策、金融政策、税收政策、财政政策、物价政策、就业政策等;政局的变化,包括国际和国内政治形势、政府的重大人事变动等。

(2)经济环境。经济环境主要包括国民经济、基本建设、居民收入消费、金融贸易等因素。一般来说,对于经济发展快的地区,房地产市场的前景也将十分广阔,市场机会相对较多。经济环境具体包括国家、地区或城市的经济特性,包括经济发展规模、趋势、速度和效益;项目所在地区的经济结构、人口及其就业状况、就学条件、基础设施情况、地区内的重点开发区域、同类竞争物业的供给情况;一般利率水平、获取贷款的可能性以及预期的通货膨胀率;国民经济产业结构和主导产业;居民收入水平、消费结构和消费水平、物价水平;项目所在地区的对外开放程度和国际经济合作的情况,对外贸易和外商投资的发展情况等。

(3)社会文化环境。社会文化环境包括居民受教育程度、文化水平、职业构成、民族分布、宗教信仰、风俗习惯、审美观念等因素。社会文化往往对整个社会有深刻影响,尽管文化

有相对稳定性，但不是固定不变的，特别是生活习惯、审美观念，往往随着社会生产力发展而发生一定程度的变化。文化环境调查的内容主要包括居民职业构成、居民受教育程度、文化水平等；家庭人口规模及构成；居民家庭生活习惯、审美观念及价值取向等；消费者民族与宗教信仰、社会风俗等。

（4）社区环境。社区环境直接影响着房地产产品的价格，这是房地产商品特有的属性。优良的社区环境，对发挥房地产商品的效能，提高其使用价值和经济效益具有重要作用。社区环境调查内容包括社区繁荣程度，购物条件，文化氛围，居民素质，交通和教育的便利，安全保障程度，卫生、空气和水源质量及景观等方面。

（二）城市房地产市场概况调查

（1）一级市场土地出让情况，包括土地出让数量及其规划用途、土地价格、土地出让金收缴情况。

（2）全市商品房施工面积、竣工面积、销售面积、销售金额、空置面积及结构。

（3）全市房地产价格走势，不同区域和物业类型的价格情况。

（4）全市主要发展商开发销售情况，包括开发量、竣工量、销售面积及销售金额。

（5）三级市场交易情况。

（6）当地房地产业相关政策法规。

（三）目标客户群消费行为与市场需求容量调查

（1）消费者行为调查。消费者包括房地产商品的现实购买者与潜在购买者。消费者行为调查内容涉及消费者社会阶层与数量、年龄构成、收入构成、家庭人口构成、居民居住现状与住房消费倾向、房地产购买偏好、购买动机、购买特点等。

（2）市场需求容量调查。需求容量是指有支付能力的市场需求容量。只有有支付能力的需求，才是现实的市场容量。

（四）项目基本状况调查

项目基本状况调查涉及宗地基本状况资料（包括宗地界址、面积、土地附着物分布、权属、地形、地貌、水文地质条件）、项目历史与现状资料、项目合作开发条件、土地获得成本、用地规划条件、与项目有关的投资及开发经营税费政策等。

（五）项目所在区域市场状况调查

项目所在区域市场状况调查涉及项目所在区域城市功能、区域建设发展规划、人口分布、居民收入水平、商业、文化氛围、项目周边环境、市政管网设施、交通状况、公建配套与生活服务设施，以及项目所在区域房地产市场供需状况与竞争水平，主要竞争对手所提供产品与服务的种类、数量、品质、特点、营销手段、销售状况等，潜在竞争对手出现的可能性。

其中，竞争对手调查又包括竞争对手的经营管理水平、资源状况、市场竞争地位，产品地理位置、种类、开发规模，产品品质、成本、价格、营销水平、销售状况，物业管理水平，创新能力与发展新产品的动向。

（六）项目开发策略建议

（1）市场细分与目标市场调查。

（2）产品定位，涉及产品类型、功能、品质及项目总体规划研究。

(3) 开发策略分析,涉及项目开发规模、开发周期、成本控制、价格策略等。

(七) 营销策划和营销推广、销售执行阶段的市场调查

(1) 宏观经济环境研究。

(2) 市场供需与竞争对手动态调查。

(3) 消费者调查,包括消费者对本企业产品、服务、物业管理的评价、意见和要求,客户满意度调查。

(4) 企业自身产品与服务调查,包括产品优劣分析,在满足客户需求方面存在的缺陷和不足,市场竞争地位分析,本企业产品的市场占有率及销售潜力分析。

(5) 价格调查,包括产品最适宜的售价、新产品的定价、老产品价格调整及消费者和竞争者对价格变动的反应,本企业产品价格与竞争企业同类产品价格的差异分析。

四、房地产市场调查的步骤

为了使市场调查工作顺利进行,保证质量,在进行房地产市场调查时,应按一定步骤进行。房地产市场调查的步骤包括调查准备、正式调查、分析总结三个阶段。

(一) 调查准备阶段

1. 确定调查目的

这是进行市场调查时应首先明确的问题,即调查人员应明确为什么要进行市场调查,通过调查要解决哪些问题,以及有关调查结果对于企业来说有什么作用等。如果调查目的都不够准确,将使以后一系列市场调查工作成为浪费,造成损失。一般来说,确定调查目的要有一个过程,一时确定不下来的可以采用探测性调查、描述性调查、因果性调查和预测性调查来确定。

2. 初步情况分析

研究收集的信息材料,研究企业外部材料,从各种信息资料中,了解一些市场情况和竞争概况,从中了解目前市场上哪类房产最好销,其价格如何,当地消费者对房产有什么偏好。分析企业内部资料,对公司的各种记录、函件、订货单、年度报表等内部资料进行分析,从而找出产生问题的原因、线索。

3. 设计调查计划

基于信息资料收集以及初步情况分析,可以提出调查的命题,制订调查计划,并据此决定调查方法,如表 6-1 所示。

表 6-1 调查计划表

项 目	内 容
调查目的	为什么要做调查,需要了解些什么
调查方法	采用询问法、观察法或试验法
调查区域	被调查者居住地区、居住范围等
调查对象、样本	对象的选定、样本规模等
调查时间、地点	调查所需时间、开始日期、完成日期、地址等
调查项目	访问项目、问卷项目(附问卷表)、分类项目等

续表

项　　目	内　　容
分析方法	统计的项目、分析和预测方法
提交调查报告	报告书的形式、份数、内容等
调查进度表	策划、实施、统计、分析、提交报告书等
调查费用	各项开支数目、总开支额等
调查人员	策划人员、调查人员、负责人姓名和资历

(二) 正式调查阶段

按调查计划,通过各种方式收集由他人整理过的二手资料,以及到调查现场获取第一手资料。此环节的工作直接影响到调查结果的正确性。为此,必须重视现场调查人员的选拔和培训工作,确保人员能按规定进度和方法取得所需资料。这一步骤的核心是取得真实有效的原始资料和二手资料。

(三) 分析总结阶段

这一步骤是将调查收集到的资料进行整理、统计和分析。首先,进行编辑整理,就是把零碎的、杂乱的、分散的资料加以筛选,去粗取精、去伪存真,以保证资料的系统性、完整性和可靠性。在资料编辑整理过程中,要检查调查资料的误差,剔除那些错误的资料。然后要对资料进行评定,以确保资料的真实与准确。其次,要进行分类编号,就是把调查资料编入适当的类别并编上号码,以便于查找、归档和使用。再次,要进行统计,将已经分类的资料进行统计计算,系统地制成各种计算表、统计表、统计图。最后,对各项资料中的数据和事实进行比较分析,得出一些可以说明有关问题的统计数据,直至得出必要的结论。

对调查资料汇总整理得出必要结论,并撰写和提交调查报告,这是房地产市场调查工作的最后一环。调查报告反映调查工作的最终结果。调查报告编写应做到以下几点。

(1) 客观、真实、准确地反映调查结果。

(2) 报告内容简明扼要,重点突出。

(3) 文字精练,用语中肯。

(4) 结论和建议应表达清晰。

(5) 报告后应附必要的表格和附图,以便阅读和使用。

(6) 报告完整,印刷清楚美观。

得出结论后,市场营销调查部门必须提出若干建议方案,写出书面报告,提供给决策者。在编写调查报告时,要指出所采用的调查方法、调查目的、调查对象、处理资料手段,通过调查提出结论,并提出一些合理建议。房地产市场调查的步骤如图 6-1 所示。

五、房地产市场调查的方法

(一) 访问法

访问法是通过直接询问被调查者的方式了解市场情况和客户需求的一种方法。采用访问法进行调查时,通常要将需要了解的信息做成问题的形式列在表中,按照表格的顺序和要求询问被调查者,所以通常又被称为调查表法。根据调查人员与被调查者的接触方式,访问

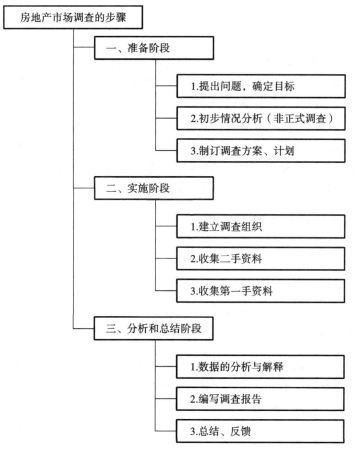

图 6-1 房地产市场调查的步骤

法又可以分为人员访问、电话访问、电子邮件访问和网站访问四大类型。

（二）观察法

观察法是指调查者凭借自己的眼睛或摄像、录音等器材，在调查现场进行实地考察，记录正在发生的市场行为或状况，以获取各种原始资料的一种非介入式调查方法。这种方法是指调查人员不与被调查者正面接触，而是在旁边观察。这种方法使被调查者无压力，表现得自然，因此调查效果也较为理想。观察法有直接观察法、亲身经历法、痕迹观察法和行为记录法四种形式。

（三）定性研究法

定性研究法是对研究对象的内在规定性进行科学抽象和理论分析的方法，这种方法一般选定较小的样本对象进行深度、非正规性的访谈，发掘问题的内涵，为随后的正规调查做准备。目前国内常用的定性研究法有焦点小组座谈会、深度访谈法、投影技法以及一些案例的研究。

（四）试验法

试验法是将调查范围缩小到一个比较小的规模上，进行试验后得出一定结果，然后再推断出样本总体可能的结果。它是一种特别的调查与观察活动，在过程中，调查者可以控制试验环境,使其得到一个理想的调查结果。

(五) 问卷设计

调查问卷又称调查表,是调查者根据一定的调查目的和要求,按照一定的理论假设设计出来的,由一系列问题、调查项目、备选答案及说明组成,是向被调查者收集资料的一种工具。一个成功的问卷设计应该具备两个功能:一是能将所要调查的问题明确地传达给被调查者;二是设法取得对方合作,最终取得真实、准确的答案。但在实际调查中,由于被调查者的个性不同,文化水平、理解能力、道德标准、生活习惯、职业、家庭背景等都有较大差异,加上调查者本身的专业知识和技能高低不同,这都将会给调查带来困难,并影响调查的结果,所以问卷设计是否科学将直接影响到市场调研的成功与否。

六、调查结果分析与调查报告的编写

(一) 资料的整理

资料的整理过程:编辑,检查和修正收集到的资料;编码,给每个问题的答案配上数字或符号,为列表和统计分析做准备;列表,把相似的数据放到一起,具有初步分析资料的作用。

(二) 资料的分析与解释

在房地产市场营销调查的所有活动中,对研究者的技能要求最高的是资料的分析与解释。分析是以某种有意义的形式或次序把收集到的资料重新展现出来。解释是在资料分析的基础上找出信息之间或手中信息与其他已知信息的联系。在资料解释时尽管无固定模式可循,但有两个方面是要注意的:一是要理解归纳和演绎的推理方法;二是要保证形成结论时的客观性。

(三) 调研报告的撰写

研究人员在完成前面的市场营销调查工作以后,必须写出准确无误、优质的调研报告,使决策者能够清楚地了解市场情况,做出正确的决策。一份优质的营销调研报告能对整个营销研究起到画龙点睛的作用。研究报告的撰写要针对读者,技术性的报告可以针对有一定专业基础,又对项目所涉及的技术方面有兴趣的人而准备;一般性报告可以给企业里的非技术人员或某些高层经理阅读。一般来说,调研报告必须完整、准确、清楚和简明。

第5节 房地产开发项目客户定位

一、房地产开发项目客户定位概述

客户定位是研究和分析房地产项目的目标消费群体和其行为特征的一项活动。房地产开发项目客户定位主要包括下列工作。

(1) 根据用地性质,明确开发项目的类型。
(2) 分析开发项目所在地该类房地产的供求情况。
(3) 市场购买行为分析。
(4) 明确市场细分因素,进行市场细分。

(5) 评估细分市场,确定目标市场。
(6) 目标消费者的描述。

二、房地产市场购买行为分析

根据谁在市场上购买,可将市场分为两种类型:个人消费者市场和组织市场。不同的市场由于购买者构成及购买目的的不同,其需求和购买行为也不同。从市场营销的角度出发研究市场,其核心是研究购买者的行为。

(一) 消费者市场的购买对象

消费者在购买不同商品时,并不遵循同一种购买模式,如买一套住宅和买一台电脑,购买行为方面肯定有相当大的差异。根据消费者购买行为的差异,市场营销学将他们所购的商品(包括服务)分为三类,即便利品、选购品和特殊品。

(二) 影响消费者购买行为的因素

消费者市场上不同购买者的需求和购买行为存在着很大的差异。经济学家曾把在市场上进行购买的消费者都看做是"经济人",在购买过程中总能进行理智而聪明的判断,做出最经济的选择。但经济学家们的理论很难解释现实中人们的购买选择为什么会千差万别。显然,除了经济因素以外,还有其他因素,除了理性的思考以外,还有其他非理性的情绪在影响人们的购买决策,主要包括社会文化因素、个人因素和心理因素。

(三) 消费者购买决策过程

在分析了影响购买者行为的主要因素之后,还应了解消费者如何真正做出购买决策,即了解谁做出购买决策、购买决策的类型以及购买过程的具体步骤。

三、房地产市场细分

市场细分就是从消费者需求的差别出发,以消费者的需求为立足点,将市场分为具有不同需要、特征或行为,因而需要不同产品或营销组合的不同购买者群体。

房地产市场细分就是针对房地产项目的类型,在房地产市场分析和购买行为分析的基础上,根据市场细分的依据,把房地产开发企业可能进入的市场分成若干个需求和愿望大体相同的细分市场的过程。

在制订战略性的房地产市场营销计划时,房地产企业的基本任务是发现和了解它的市场机会,然后制订与执行一个有效的营销方案,而房地产市场细分是完成这一任务的关键和核心。

四、房地产开发项目目标市场的选择

(一) 与目标市场有关的市场概念

1. 市场

市场就是某产品的实际购买者和潜在购买者的集合。市场的规模就是特定商品的购买者数量。

2. 潜在市场

潜在购买者具有兴趣、收入和途径三个特征。因此,在估计某种产品的消费者市场时,首先需要判断对该产品有潜在兴趣的人数。潜在市场是对某种特定商品有某种程度兴趣的消费者。

3. 有效市场

消费者只有兴趣还不足以确定为市场，潜在购买者必须有足够的收入来购买这种产品，并且能够通过某种途径买到这种产品。因此有效市场是指对特定商品具有兴趣、收入与途径的消费者集合。

4. 合格的有效市场

政府或其他机构可能会限制向特定群体销售某些商品，也就是说消费者对特定商品的消费可能要先取得资格。所以对特定商品具有兴趣、收入、途径并且合格的消费者集合才构成合格的有效市场。

5. 目标市场

目标市场是企业决定追求的那部分合格的有效市场，它可能是全部的合格的有效市场，也可能是部分的合格的有效市场。

6. 渗透市场

渗透市场是指已经购买了该产品的消费者集合，如某一预售楼盘的全体预售合同签约者。

（二）目标市场选择的内涵及步骤

目标市场选择就是在市场细分的基础上，通过对细分市场的评价，确定有效市场，在对有效市场进行竞争者分析和风险分析的基础上，最后确定目标消费者并描述目标消费者的特征。目标市场选择有如下主要步骤。

(1) 进行市场细分，确定细分市场。

(2) 评价细分市场，明确有效市场。

开发企业在评估细分市场时，必须考虑以下几个方面的因素。

(1) 细分市场的规模与发展潜力。

(2) 细分市场竞争结构状况。

(3) 企业目标和能力。

(4) 对有效市场进行竞争者分析。

(5) 对有效市场进行风险分析。

(6) 确定目标消费者，描述目标消费者的特征。

（三）目标市场选择的模式

目标市场选择一般有以下几种模式：单一市场集中化、选择专业化、产品专业化、市场专业化、全面覆盖和大量定制。

第6节 房地产市场营销策略

一、房地产营销产品策略

目前我国的房地产市场从总体趋势上看，已经进入以需求为导向的发展阶段，市场化程度逐步加深。在市场营销方面，无论是业内人士还是消费者都逐渐成熟，一个概念或者一个点子已经难以打动人心。消费者开始注意产品本身。目前购房者的经验越来越多,日趋理性;违规项目纠纷的问题及房价的问题使部分消费者更加谨慎。因此,房地产营销的产品策略、价格策略、营销渠道策略和促销策略都必须根据目前的市场情况进行合理的创新。

(一)产品差异化策略

房地产项目产品差异化策略即在目标市场确定后,开发商根据目标市场需求特点,努力挖掘出自身产品的特色,用以区别其他竞争项目,以期在市场中取得竞争优势,更大限度地满足消费者需求。

在实施产品差异化策略中,除了项目区位具备明显的差异性外,开发商还应从规划设计、新技术、新材料、产品价格和营销服务等方面来实现房地产产品的差异化策略,做到产品领先、服务领先、品位领先。

(二)产品组合策略

一个房地产项目的产品结构中往往包含多个因定位、功能、规格、档次等存在差异的产品品种,一些大型综合性的房地产项目如城市综合体项目的产品结构更为复杂,其中存在产品组合如何优化的问题,这要求房地产策划人员认真研究市场,结合开发商的经验和优势等进行产品组合策划,使企业既能较好地控制风险,又能获得满意的利润。

二、房地产营销价格策略

(一)房地产价格的种类

1. 单价和总价

单价是指单位建筑面积的市场价格,但对一个拥有几十套甚至上百套房屋的楼盘来说,一个单价并不能说明问题,还包括了起售单价、最低单价、最高单价、平均单价和主力单价等概念。而总价则是指一个销售单元总的价格。包括了最低总价、最高总价、总价范围、主力总价、车位总价、总价配比等概念。

2. 买卖价格和租赁价格

买卖价格是房地产权利人通过买卖方式将其房地产转移给他人,由房地产权利人(卖方)收取或他人(买方)支付的货币额、商品或其他有价物。地租和房租是房地产权利人作为出租人将其房地产出租给承租人使用,由出租人收取或承租人支付的货币额、商品或其他有价物。

3. 实际价格和名义价格

(1)实际价格:在成交日一次付清的价格,或者将不是在成交日一次付清的价格折现到成交日的价格。在房地产营销过程中应按照折扣比例、交款时间、优惠条件等明确计算房地产的实际价格。

(2)名义价格:在成交日讲明,但不是在成交日一次付清的价格。

4. 现房价格和期房价格

(1)现房价格:以现状房地产为交易标的的价格。房地产的现状可能是一块准备建造,但尚未建造建筑物的土地,可能是一项在建工程,也可能是建筑物已建成的房地产。当为建筑物已建成的房地产时,即为现房价格。

(2)期房价格:以未来状况的房地产为交易标的的价格,即以目前尚未建成而在将来建成的房屋(含土地)为交易标的的价格。

(二)房地产价格构成

1. 土地取得成本

根据房地产开发用地取得的途径分为以下三种。

(1) 征用农地中发生的费用和土地使用权出让金等。

(2) 城市房屋征收中发生的费用和土地使用权出让金等。

(3) 购买土地的价款和在购买时应由买方缴纳的税费等。

2. 开发成本

(1) 勘察设计和前期工程费。

(2) 基础设施建设费。

(3) 房屋建筑安装工程费。

(4) 公共配套设施建设费。

(5) 开发建设过程中的税费。

3. 管理费用

管理费用包括开发商的人员工资及福利费、办公费、差旅费等,可总结为土地取得成本与开发成本之和的一定比例。在估价时管理费用通常可按土地取得成本与开发成本之和乘以这一比例来测算。

4. 投资利息

投资利息包括土地取得成本、开发成本和管理费用的利息,无论是借贷还是自有资金,都应计算利息。开发商自有资金应得的利息也要与其应获得的利润分开,不能算作利润。

5. 销售费用

销售费用包括广告宣传费、销售代理费等。销售费用通常按售价乘以一定比例来测算。

6. 销售税费

(1) 销售税金及附加:包括营业税、城市维护建设税、教育费附加。

(2) 其他销售税费:包括应当由卖方负担的交易手续费等。销售税费通常是售价的一定比例,在确定价格时通常按售价乘以这一比例来测算。

7. 开发利润

开发利润是在正常条件下开发商所能获得的平均利润,而不是个别开发商最终获得的实际利润,也不是个别开发商所期望获得的利润。开发利润是按一定基数乘以同一市场上类似房地产开发项目所要求的相应平均利润率来计算的。

(三)房地产价格的影响因素

房地产产品对房地产价格的影响主要体现在下列几个方面。

(1) 自身投入的因素。

(2) 品牌、信誉、物业管理等方面的因素。

(3) 权益方面的因素。

(4) 区位方面的因素。

(四)房地产定价目标

在进行房地产定价时,首先要确定定价目标。房地产定价目标是指房地产销售者确定其房地产销售价格的指导思想和价格水平的判断及调整的依据。

（五）房地产开发项目定价策略

房地产开发商能否顺利地将所代理的楼盘销售出去,使得房地产产品能够在市场上站得住脚,迅速进入成长期、成熟期,并给企业带来预期效益,价格因素起着十分重要的作用。定价策略应该着重根据房地产市场的具体情况,从实际目标出发,应用价格手段,确定产品的基础价格,实现企业的营销目标。此外,房地产开发商还应该根据产品类型的不同,采取不同的定价策略。

（六）房地产开发项目定价方法与流程

定价方法是根据定价目标确定产品基本价格范围的技术思路。房地产的定价方法有成本导向、竞争导向、需求导向和市场比较导向四种。在确定好基本方法后,就应当以定价结果表得到的楼盘均价为基础。按照既定的流程去完成整个项目可售楼盘的价格制订,最终形成整个项目的价目表。

（七）房地产开发项目调价策略

房地产开发项目的价格在确定价目表后并不是一成不变的。在一定的营销条件下,开发商为了实现销售目标或者配合营销组合的其他策略,在整个项目销售的过程中可以多次利用价格这个杠杆来促进销售,在销售过程中根据消费者心理的变化,不断利用调价策略进行提价或降价。

消费者对价格变动的反应是检验调价是否成功的重要标准,因此,必须对此进行认真分析,研究消费者对调价的反应,研究消费者是如何理解这次调价的,从而采取有效的措施。

三、房地产营销渠道策略

营销渠道又称分销渠道,在市场营销理论中,分销渠道指产品从制造者手中转至消费者所经过的各中间商连接起来形成的通道。分销渠道的起点是生产者,终点是消费者或用户,中间环节包括各个参与了商品交易活动的批发商、零售商、代理商和经纪人。分销渠道的基本功能是实现产品从生产者向消费者(用户)的转移,主要功能有如下几个方面:收集与传播有关现实与潜在顾客的信息;促进销售;洽谈生意,实现商品所有权的转移;商品的储存运输、编配分类、包装;资金融通、风险承担等。

根据营销渠道长度的不同,可将其分为以下几种基本类型。
(1) 直接渠道,由制造商直接将产品销给最终消费者或用户,即直销。
(2) 一层渠道,即只包含一层中间销售机构,如零售商。
(3) 二层渠道,包含两层中间环节,一般是批发商和零售商。
(4) 三层渠道,包含三个中间层次。

渠道结构还有个"宽度"问题,即渠道的每个层次中使用同种类型中间商数目的多少。如果某种产品的制造企业通过许多批发商和零售商将其产品推销到广大地区,送到众多消费者手中,这种产品的营销渠道较宽;反之,这种产品的营销渠道就较窄或很窄。

房地产营销渠道日趋多样,是房地产市场发展的结果,也可以说是开发商理性选择的结果。

四、房地产营销促销策略

房地产促销策略,是指房地产开发商为了推动房地产租售而面向消费者或用户传递房地产产品信息的一系列宣传、说服活动。通过这些活动帮助消费者认识房地产产品的特点与功能,激发其消费欲望,促进其购买行为,以达到扩大销售的目的。

房地产促销策略主要分为广告促销、人员促销、营业推广、公共关系四种实现方式。促销组合就是这几种促销方式的选择、运用与组合,即如何确定促销预算及其在各种促销方式之间的分配。一个成功的促销组合策略应当可以使企业营销组合的各个因素更好地发挥作用。企业在决定总促销预算在各种促销方式之间的分配时,除应熟悉各种促销方式的特点外,还须认真分析影响促销组合的各种因素。

思考与练习

一、名词解释
1. 房地产市场
2. 文化营销
3. 甘特图
4. SWOT 分析
5. 渗透市场
6. 房地产产品
7. 房地产市场细分
8. 期房价格

二、简答题
1. 房地产市场的特征有哪些?
2. 房地产市场的分类包括哪几种形式?
3. 简述房地产市场营销计划的主要内容。
4. 房地产市场调查的作用何在?
5. 房地产促销策略有哪些实现方式?

第 7 章　房地产估价理论与方法

第 1 节　房地产估价概述

一、房地产价格的概念和特征

（一）房地产价格的概念

价格是为商品或服务所支付的、所要求的或所承诺的货币数量。由于财力、动机或交易双方的特殊利益关系，商品或服务的价格可能与其价值有关或无关。价格通常用货币来表示，但不一定要用货币来支付。

房地产价格是为房地产所支付的、所要求的或所承诺的货币数量。房地产价格的形成基于三个条件：有用性、稀缺性、有效需求。

有用性是指能满足人们的某种需要，经济学上称为使用价值或效用，也是价格产生的直接原因。

稀缺性一般是指现存的数量尚不够满足每个人的需要，是相对稀缺，而不是绝对缺乏。房地产除要有价格还必须具有稀缺性，只有有用并稀缺，才能在市场中占有一席之地。

有效需求是指有支付能力支持的需要。需要不等于需求，需要只是一种要求或欲望，需求是指有购买能力支持的需要——不但愿意购买而且有支付能力。房地产价格要成为现实，还必须对房地产形成有效需求，即既有购买欲望（想买），又有购买能力（有钱买）。

（二）房地产价格的特征

房地产价格与一般物品的价格，既有相同之处，也有不同的地方。相同之处：都是价格，用货币表示；都有波动，受供求等因素的影响；都是按质论价，优质高价，劣质低价；都与交易的个别条件有关。房地产价格与一般物品价格的不同之处，表现为房地产价格的特征。房地产价格主要有下列四个方面的特征。

（1）房地产价格受区位的影响很大。
（2）房地产价格实质是房地产权益的价格。
（3）房地产价格既有交换代价的价格，也有使用代价的租金。
（4）房地产价格是在长期考虑下形成的。

二、房地产价格的类型

在房地产经济活动中，房地产价格有多种表现形式。不同的房地产价格其内涵和具体用途也各不相同。房地产估价中必须弄清房地产价格的种类及各自的内涵。目前，我国房地产价格主要有以下几种划分标准和具体的类型。

（一）按房地产价格形成基础来划分的类型

按形成基础来划分，房地产价格有成交价格、市场价格、理论价格和评估价格四种类型。

（二）按房地产的自身条件来划分的类型

（1）土地价格、建筑物价格和房地价格。
（2）现房价格和期房价格。
（3）所有权价格、使用权价格、抵押权价格、租赁权价格、地役权价格、典权价格等。

（三）按房地产交易的价格形式及价格单位来划分的类型

（1）起价、标价、均价及成交价。
（2）总价格、单位价格以及楼面地价。

（四）按政府土地与房地产管理方式来划分的类型

（1）出让价格、征用价格、征收价格、课税价格、拆迁价格、补地价。
（2）协议价格、招标价格、拍卖价格及挂牌价格。
（3）基准地价、标定地价、房屋重置价格。

三、房地产价格的影响因素

房地产价格的高低，是由众多影响房地产价格的因素相互作用的结果，或者说，是这些因素交互影响汇聚而成的。而且，影响房地产价格的因素极其复杂、难以把握。为讨论分析的方便起见，现将影响房地产价格的因素分为下列八类：自身因素、环境因素、人口因素、经济因素、社会因素、行政因素、心理因素、国际因素。各类影响因素中还包含若干种具体的影响因素。

（一）自身因素

自身因素是指反映房地产本身的物质实体、权益和区位状况的因素。房地产自身状况的好坏，直接关系到其价格的高低。例如，建筑物的新旧、质量、功能、平面布置、外观形象等因素，对房地产的价格有很大影响。此外，日照、风向、降水量、地势、天然周期性灾害等也是影响房地产价格的重要因素。日照对房地产价格的影响可以从住宅的朝向对其价格的影响中体现。相同楼层、套型的住宅，朝东南与朝西北，价格就有较大差异。处在上风地区的房地产价格，一般高于处在下风地区的房地产价格。若将降水量与地势结合起来看，其对房地产价格的影响则更加明显。具体来讲，房地产所处的地势虽然低洼，但如果降水量不大，则不易积水，从而地势对房地产价格的影响不大；反之，降水量大，地势对房地产价格的影响就大。凡是有天然周期性灾害的地带，如江、河、湖、海边周期性的水灾，土地利用价值低，甚至不能利用。如果勉强利用，一旦天灾袭来，人们的生命财产都无保障。因此，这类房地产的价格必然很低。但如果一旦修建了可靠的防洪设施，不再受周期性灾害的影响，其价格会逐渐上涨。甚至由于靠近江、河、湖、海，可以获得特别的条件，如风景、水路交通，这类房地产的价格反而要高于其他房地产的价格。

（二）环境因素

影响房地产价格的环境因素，是指那些对房地产价格有影响的房地产周围的物理因素。这方面的因素主要有声音环境、大气环境、水文环境、视觉环境和卫生环境。例如，汽车、火车、飞机、工厂、人群（如周围是否有农贸市场）等，都可能形成噪声。对于住宅、旅馆、办公、学校、科研等类型的房地产来说，噪声大的地方，房地产价格较低；噪声小、安静的地方，房地产价格通常较高。再如,化工厂、屠宰厂、酱厂、酒厂等都可能造成空气污染,因此,凡靠近这些地方的房地产价格较低。

(三)人口因素

房地产的需求主体是人,人的数量、素质、构成等状况,对房地产价格有很大影响。房地产价格与人口数量的关系非常密切。特别是在城市,随着外来人口、流动人口的增加,对房地产的需求必然增加,从而引起房地产价格上涨。人们的文化教育水平、生活质量和文明程度的改变,也可以引起房地产价格的变化。伴随着人类社会文明程度的提高和文化的进步,公共设施必然日益普遍和完善,同时人类对居住环境的要求也会越来越高,这些都会增加对房地产的需求,从而导致房地产价格趋高。家庭人口规模发生变化,即使人口总数不变,也将引起居住单位数的变动,从而引起需用住宅数量的变动,从而导致房地产需求的变化,影响房地产价格。

(四)经济因素

影响房地产价格的经济因素,主要有经济发展状况,储蓄、消费、投资水平,财政收支及金融状况,物价(特别是建筑材料价格),建筑人工费,居民收入等。这些因素对房地产价格的影响都较复杂,例如物价,房地产价格是物价的一种,但与一般物价的特性不同。通常,物价的普遍波动,表明货币购买力的变动,即币值发生变动。此时物价变动,房地产价格也随之变动,如果其他条件不变,则物价变动的百分比相当于房地产价格变动的百分比,而两者的动向也应一致,表示房地产价格与一般物价之间的实质关系未变。不论一般物价总水平是否变动,其中某些物价的变动也可能会引起房地产价格的变动,如建筑材料价格、建筑人工费的上涨,会增加房地产的开发成本,从而可能推动房地产价格上涨。

从长期来看,房地产价格的上涨率要高于一般物价的上涨率和国民收入的增长率。但在房地产价格中,土地价格、建筑物价格和房地产价格,或者不同类型的房地产的价格,其变动幅度不是完全同步的,甚至不是同方向的。

(五)社会因素

影响房地产价格的社会因素,主要有政治安定状况、社会治安状况、城市化等。

政治安定状况是指政治观点不同的党派、团体的冲突情况,现行政权的稳固程度等。一般来说,政治不安定,意味着社会可能动荡,影响人们投资、置业的信心,会造成房地产价格低落。

在社会治安状况方面,房地产所处的地区如果经常发生偷窃、抢劫等犯罪案件,则意味着人们的生命财产缺乏保障,因此会造成房地产价格低落。

房地产投机是利用房地产价格的涨落变化,通过在不同时期买进或卖出房地产,从价差中获取利润的行为。一般来说,房地产投机对房地产价格的影响有下列3种情况:引起房地产价格上涨;引起房地产价格下跌;起着稳定房地产价格的作用。至于房地产投机具体会导致怎样的结果,要看当时的多种条件,包括投机者的素质和心理等。

一般来说,城市化意味着人口向城市地区集中,造成对城市房地产的需求不断增加,从而会带动城市房地产价格上涨。

(六)行政因素

影响房地产价格的行政因素,是指那些影响房地产价格的制度、政策、法律法规、行政措施等方面的因素。主要有房地产制度、房地产价格政策、行政隶属变更、特殊政策、城市发展战略、城市规划、土地利用规划、税收政策、交通管制等。例如,在传统土地使用制度下,严禁买卖、出租或者以其他形式非法转让土地,可能使地租、地价根本不存在。对住房实行低租金、实物分配,必然造成住房的租金、价格低落。而改革土地使用制度和住房制度,推行住宅商品化、社会化,就使房地产价格显现出来,反映客观的市场供求状况。又如,直接或间接地对持有房地产课税,实际上是减少了利用房地产的收益,因而会造成房地产价格低落;降低甚至取消对持有房地产课税,会导致房地产价格上升。

(七) 心理因素

心理因素对房地产价格的影响有时是不可忽视的。影响房地产价格的心理因素主要有购买或出售心态;个人欣赏趣味(偏好);时尚风气;交通便利程度;讲究风水或吉祥号码,如讲究门牌号码、楼层数字等。

(八) 国际因素

随着现代国际社会频繁交往,某个国家或地区的政治、经济、文化等常常影响其他国家和地区。影响房地产价格的国际因素主要有世界经济状况、军事冲突状况、政治对立状况和国际竞争状况。例如,如果世界经济发展良好,一般有利于房地产价格上涨。如果国与国之间发生政治对立,则不免会出现经济封锁、冻结贷款、终止往来等,这些一般会导致房地产价格下跌。

四、房地产估价

(一) 房地产估价的概念

房地产估价,也称房地产价格评估、房地产评估,是按照特定的目的,遵循法定或公允的标准,根据估价程序,运用科学的方法,对房地产的现实价格进行估算与评定。房地产估价主要是为下列经济活动服务:土地使用权出让;房地产转让;房地产租赁;房地产抵押;房地产保险;房地产课税;征地和房地产拆迁补偿;房地产分割、合并;房地产纠纷;房地产拍卖。

(二) 房地产估价的基本要素

主体、客体、目的、标准、程序、方法、信息和时价是房地产估价的八大基本要素。

(1) 主体。房地产估价主体是估价的执行者,即估价人,主要有房地产评估公司及国家授权的资产评估公司、会计事务所、审计事务所及其他咨询机构。

(2) 客体。房地产估价的客体就是房产、地产。

(3) 目的。房地产估价的目的是为房地产交易提供符合国家政策的公正的价格尺度。

(4) 标准。房地产估价标准,是法定或公允的股价衡量规范,包括质量标准、计量标准和价格标准。由于房地产地域的限定性,标准可分为国际标准、国家标准和地方标准。

(5) 程序。房地产估价程序,是指房地产估价全过程中各环节工作进程的先后顺序。

(6) 方法。房地产估价方法是确定房地产价格的技术规程、方式和手段。评估方法主要有重置成本法、收益现值法、市场价格比较法和清算价格等。

(7) 信息。信息是房地产估价工作的生命之泉。掌握多少信息,信息渠道畅通与否,处理加工信息能力的强弱,是衡量评估机构及其评估人员实力的重要标志。

(8) 时价。时价指房地产评估基准时点的价格。它是估价人员依估价基准时点,考虑各种价格因子而确定的一种静态价格。

(三) 房地产估价基本原则

房地产估价原则可分为行为准则和技术性原则两大类。

1. 房地产估价的行为准则

房地产估价的行为准则是指估价工作中对估价人员的总要求——独立、客观、公正,它是房地产估价工作开展的基础性原则,是房地产估价的最高行为准则。

2. 房地产估价的技术性原则

国家《房地产估价规范》(GB/T 50291—2015)规定,房地产估价人员应遵循的估价技术性原则有:合法原则、最高最佳使用原则、替代原则、估价时点原则及谨慎原则。

(四) 房地产估价人员

目前,我国房地产估价人员职业资格有房地产估价师职业资格。专业房地产估价人员则为房地产估价师。

房地产估价师:注册房地产估价师可以分为专职和兼职两类,专职注册房地产估价师是指与所注册的房地产估价机构签订了劳动合同,该机构委托当地人才服务中心为其托管人事档案并为其缴纳社会保险的注册房地产估价师。除专职注册房地产估价师之外的注册房地产估价师,为兼职注册房地产估价师。房地产估价师的考试办法,由国务院建设行政主管部门和人事主管部门共同制定。

(五) 房地产估价机构

房地产价格评估机构资质实行资质等级管理。房地产价格评估机构的资质分为一级、二级、三级。具体要求在《房地产估价机构管理办法》中有明确规定。

五、房地产估价的分类

(一) 房地产评估与地产评估

房地产评估是以房地产为估价对象,以时价来反映其价值的技术经济活动。房地产在评估中居于标识性地位,可分为两种情况:

一是房产所有权转移的估价。其评估范围包括房产本身的价格及与房产相关联的地产价格估算。估价的结论是房产的全部价值和关联土地使用权转让价的总和。

二是保留房产所有权的房产租赁价格的评估。其实质是房产使用权零星出售价格的估算,并按房产的使用年限测定房产的出租价格。

地产评估是对地产价格的估算,并以时价来反映土地财富的交换价格。地产在评估中居于标识性地位,也可分为两种情况:

一是土地产权转移价格的评估,包括土地所有权的转移和使用权的转让两种类别。

二是保留土地权属的土地租赁价格评估,其实质是对一定期限内土地总收益的年折算费用的估算。费用构成项目包括附着物的年折旧费、管理费、绝对地租、级差地租、税金和利润。

(二) 单项评估与整体评估

单项评估是指以具备完整或相对独立的可确指分割使用功能的房地产作为估价对象的评估。具备完整使用功能的单项房地产,如一栋房屋;相对独立使用功能的房地产,如一个建筑群体中具有某一特殊功能的局部房地产;可确指分割使用功能的房地产,如一栋房子中的一套房间等,这些都可作为单项评估对象。或者说房地产单项评估是对可确指的、具有相对独立使用功能的并能单独界定其产权的单项房地产所进行的评估。

房地产整体评估,是将某一特定地段的地产、房屋及基础设施作为一个估价对象进行综合估价。如对一个居住小区、一条商业街、一座小集镇、一家大型工业企业做全部的出让交易估价,这就需要将这个房地产资产作为一个综合体进行整体评估,如对某一工业区房地产做整体评估。

第2节　房地产估价方法

一、市场比较法

(一) 市场比较法的定义

市场比较法又叫市价比较法,是将估价对象与在估价时点的近期有过交易的类似房地产进行比较,对这些类似房地产的成交价格做适当的修正,以此估算估价对象的客观合理价格或价值的方法。采用市场比较法求得的房地产价格称为比准价格。

所谓类似房地产,是指与估价对象处在同一供求圈内,并在用途、规模、档次、建筑结构等方面与估价对象相同或相近的房地产。

市场比较法以市场实际交易价格为估价基准,最能直接反映估价对象的市场价格,是一种最具说服力并易于被当事人接受的方法,也是一种普遍应用的重要估价方法。

(二) 市场比较法的适用条件和适用对象

1. 市场比较法的适用条件

市场比较法是以发育健全的房地产市场为基本条件,适用于在同一供求范围内,并在估价时点的近期存在着较多类似房地产的交易。市场比较法在经济非常发达的国家和地区被普遍使用,因为在市场经济发达区域,通常有相当发达的房地产市场,房地产交易的价格资料,可以很容易从经纪人、法院或政府税收部门得到。对于几乎没有房地产交易或交易实例很少发生的地区,就很难应用市场比较法来进行估价。但有时即使在总体上房地产市场较活跃的地区,在某些情况下市场比较法也可能不适用。

市场比较法要求估价人员具有广博的专业知识、丰富的经验,对估价对象所在地区的房地产市场行情和交易习惯非常熟悉,否则很难运用市场比较法得出正确的估价结果。

2. 市场比较法的适用对象

市场比较法适用的对象是具有交易性的房地产,如房地产开发用地、普通商品住宅、高档公寓、别墅、写字楼、商场、标准工业厂房等。而对于那些很少发生交易的房地产,如特殊工业厂房、学校、古建筑、教堂、寺庙、纪念馆等,则难以采用市场比较法估价。

（三）市场比较法的运用

运用市场比较法估价应按下列 7 个步骤进行：收集交易实例；选取可比实例；建立价格可比基础；进行交易情况修正；进行交易日期修正；进行房地产状况修正；综合修正求出比准价格。具体过程如图 7-1 所示。

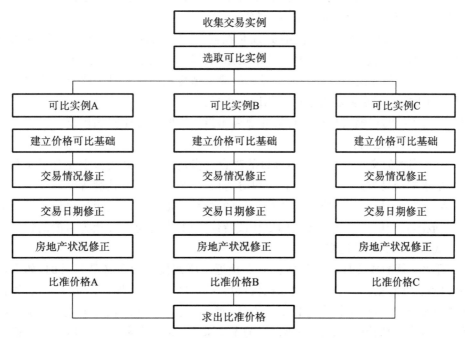

图 7-1 市场比较法运用步骤

1. 收集交易实例

运用市场比较法估价，首先需要拥有大量真实、可靠的交易实例。因为待估房地产估价结果客观合理与否，在很大程度上取决于对交易实例的分析比较，所以，应尽可能地收集较多的交易实例。收集交易实例有以下几种途径。

（1）查阅政府有关部门的房地产交易等资料。如房地产权利人转让房地产时申报的成交价格资料、交易登记资料，政府出让土地使用权的地价资料，政府确定、公布的基准地价、标定地价和房屋重置价格资料等。

（2）查阅报刊上有关房地产出售、出租的广告、信息等资料。

（3）参加房地产交易展示会，了解房地产价格行情，收集有关信息，索取有关资料。

（4）向房地产交易当事人、四邻、经纪人、金融机构、司法机关等调查了解有关房地产交易的情况。

（5）与房地产出售者，如房地产开发商、经纪代理商等洽谈，取得真实的房地产价格资料。

（6）同行之间相互提供。估价机构或估价人员可以约定相互交换所收集的交易实例和经手的估价案例资料。

2. 选取可比实例

虽然估价人员收集和积累的交易实例或房地产交易实例库中存放的交易实例较多，但针对某一具体的估价对象、估价目的和估价时点来说，有些交易实例并不一定适用。因此，需要从中选择符合一定条件的交易实例作为估价中用于参照比较的交易实例。这些用于参照比较的交易实例,称为可比实例。可比实例的选择合适与否,是运用市场比较法成功与否的重要环节。可比实例应符合下列基本要求。

(1) 与估价对象的用途应相同。这里的用途是指房地产的具体利用方式,可按大类和小类划分。大类用途如居住、商业、办公、旅馆、工业、农业等。小类是在大类用途的基础上再细分,例如住宅可细分为普通住宅、高档公寓、豪华别墅等。

(2) 与估价对象所处的地段应相同,或是在同一供求圈内的类似地区。同一供求圈是指与估价对象具有替代关系、价格相互影响的适当范围,包括邻近地区和类似地区。

(3) 可比实例的建筑结构应与估价对象的建筑结构相同。这里的建筑结构主要指大类建筑结构,如果能做到小类建筑结构也相同则更好。

(4) 可比实例的规模应与估价对象的规模相当。选取的可比实例规模一般应在估价对象规模的 0.5～2 倍之间。

(5) 可比实例的交易类型应与估价目的吻合。房地产的交易类型主要有买卖和租赁两大类。其中根据交易方式,土地的出让又可分为协议、招标、拍卖、挂牌等交易类型。在实际估价中,多数情况下要求交易类型应与估价目的吻合,例如在土地使用权出让或转让的估价中,目前一般不宜选取采用协议方式的出让或转让实例,以房地产转让为目的的估价一般不能选用以抵押为目的的可比实例。

(6) 可比实例的成交日期应与估价时点接近。所谓接近的含义是相对的,如果房地产市场相对稳定,几年前的交易用于现在比较,也认为有效;如果房地产市场变化快,则比较的有效期要缩短,否则难以进行交易日期修正,即使修正也可能出现较大偏差。一般认为交易实例的成交日期与估价时点相隔一年以上的不宜采用,如采用要在估价报告中说明理由。

(7) 可比实例的成交价格应是正常成交价格,或可修正为正常成交价格。所谓正常成交价格,是指在公开的房地产市场上,交易双方充分了解市场信息,以平等自愿的方式达成的交易实例价格。这类交易实例应首选为可比实例。如果市场上正常交易实例较少,不得不选择非正常交易实例为可比实例时,才可选择可修正的非正常交易的实例作为可比实例。一般要求选取 3 个以上(含 3 个)、10 个以下(含 10 个)的可比实例。

3. 建立价格可比基础

选取了可比实例之后,应先对这些可比实例的成交价格进行换算处理,使其之间的口径一致、相互可比,并统一到需要求取的估价对象的价格单位上,为进行后续的比较修正建立共同的基础。

建立价格可比基础包括统一付款方式、统一采用单价、统一币种和货币单位、统一面积内涵和统一面积单位五个方面。

4. 交易情况修正

(1) 交易情况修正的含义。可比实例的成交价格可能是正常交易行为导致的能够反映市场价格轨迹的正常价格,也可能是由某些原因引起的偏离市场价格轨迹的非正常价格。由于评估的房地产的价格是客观合理的正常价格,所以,如果可比实例的成交价格不是正常的,则应将其调整为正常,这种修正称为交易情况修正。造成成交价格偏差的情况主要有:有利害关系人之间的交易;急于出售或急于购买的交易;交易双方或某一方对市场行情缺乏了解的交易;交易双方或某一方有特别动机或偏好的交易;特殊交易方式的交易;交易税费非正常负担的交易;相邻房地产的合并交易;受债权债务关系影响的交易。

(2) 交易情况修正的方法。交易情况修正通常采取百分率法。采用百分率法进行交易情况修正的公式为

$$正常价格 = 可比实例的成交价格 \times 交易情况修正系数$$

5. 交易日期修正

(1) 交易日期修正的含义。房地产市场的状况决定了不同时期房地产的价格水平,可比实例的成交日期与估价对象的估价时点往往存在一定差异,因此,应将可比实例在其成交日期时的价格调整为在估价时点时的价格,以符合估价时的市场行情,这种调整称为交易日期修正。

(2) 交易日期修正的方法。在可比实例的成交日期至估价时点期间,随着时间的推移,房地产价格可能发生的变化有3种情况:平稳、上涨、下跌。当房地产价格平稳发展时,可不进行交易日期修正。而当房地产价格上涨或下跌时,则必须进行交易日期修正,以使其符合估价时点时的房地产市场状况。交易日期修正采用百分率法,其公式为

$$在估价时点时的价格 = 可比实例在成交日期时的价格 \times 交易日期修正系数$$

6. 房地产状况修正

(1) 房地产状况修正的含义。房地产本身的状况是影响房地产价格的一个重要因素,根据房地产的独一无二性,可比实例与估价对象之间一般会有差异,则应进行房地产状况修正,将可比实例在其房地产状况下的价格,调整为在估价对象房地产状况下的价格。

(2) 房地产状况修正的内容。房地产状况修正可分为区位状况修正、权益状况修正和实物状况修正。在这三个方面的修正中,还可进一步细分为若干因素的修正。进行房地产状况修正,是市场比较法运用的一个难点和关键。

①区位状况修正。区位状况修正主要涉及繁华程度、交通便捷程度、环境景观、公共设施完备程度(属于估价对象之外的部分)、道路状况、朝向、楼层等影响房地产价格的因素。进行区位状况修正,应根据不同类型房地产分别选择有关影响因素,将可比实例在其区位状况下的价格,调整为在估价对象区位状况下的价格。

②权益状况修正。权益状况修正主要涉及土地使用年限、城市规划限制条件(如容积率)等影响房地产价格的因素。在实际估价中,遇到最多的是土地使用年限修正。进行权益状况修正,应依据对房地产价格有影响的房地产权益因素将可比实例在其权益状况下的价格,调整为在估价对象权益状况下的价格。

③实物状况修正。实物状况修正的内容,对于土地来说,主要涉及面积大小、形状、基础设施完备程度(属于估价对象之内的部分)、土地平整程度、地势、地质水文状况等影响房地产价格的因素;对于建筑物来说,主要涉及新旧程度、建筑规模、建筑结构、设备、装修、平面布置、工程质量等影响房地产价格的因素。进行实物状况修正,应依据对房地产价格有影响的房地产实物因素将可比实例在其实物状况下的价格,调整为在估价对象实物状况下的价格。

(3) 房地产状况修正的方法。房地产状况修正的方法通常采用百分率法,公式为

$$在估价对象房地产状况下的价格 = 可比实例在其房地产状况下的价格 \times 房地产状况修正系数$$

需要特别强调的是,房地产状况修正系数应以估价对象房地产状况为基础来确定。

7. 综合修正计算求出比准价格

(1) 综合修正计算公式。运用市场比较法估价需要进行交易情况、交易日期、房地产状况三大方面的修正。经过修正,把可比实例的实际成交价格,变成了估价对象在估价时点时

的客观合理价格。如果把这三大方面的修正综合起来,计算公式如下。

估价对象价格＝可比实例价格×交易情况修正系数×交易日期修正系数×房地产状况修正系数

（2）求取综合结果的方法。由于在市场比较法中要求的可比实例至少有3个,通过上述各种修正之后,每个可比实例都可以得出一个比准价格($V_1, V_2, V_3, \cdots, V_n$),而且不可能完全一样,最后需要综合求出一个估价额作为估价对象房地产的价格。

对多个结果进行处理,可选用下列方法之一计算综合结果。

①简单算术平均法。把修正出来的各个价格直接相加,再除以这些价格的个数,所得的数即为综合出的价格。

②加权算术平均法。若考虑到每个可比实例的价格重要程度不同,则对每个价格赋予不同的权重,通常对于与估价对象最类似的可比实例所修正出的价格赋予最大的权数,反之,赋予最小的权数。

③中位数。中位数是把修正出的各个价格按从低到高或从高到低的顺序排列,当项数为奇数时,位于正中间位置的那个价格为综合出的价格;当项数为偶数时,位于正中间位置的那两个价格的简单算术平均数为综合出的价格。

④众数。众数是一组数值中出现次数最多的数值,例如,5700,5800,5900,5600,5700,5500,5700,5820,5700,这组数值的众数是5700。在房地产估价中,需要选择较多可比实例,才可能用这种方法确定综合结果,故较少采用。

⑤其他方法。还可以采用其他的方法将修正出的多个价格综合成一个价格,如分别去掉一个最高的价格和一个最低的价格,将余下的简单运用算术平均法求出所得数。

二、收益法

（一）收益法的概念

收益法是预测估价对象的未来收益,选用适当的资本化率将其折现到估价时点后累加,以此求取估价对象的客观合理价格或价值的方法。采取收益法求得的估算价格,称为收益价格。

收益法作为房地产市场价值的一种评估方法,以其充分的学术理论依据,被广泛地应用于具有收益的房地产的估价中。

（二）收益法的运用范围与条件

收益法适用的范围是有收益或有潜在收益的房地产,如写字楼、住宅（公寓）、商店、旅馆、餐馆、游乐场、影剧院、停车场、加油站、标准厂房（用于出租的）、仓库（用于出租的）等。它不限于估价对象本身现在是否有收益,只要估价对象所属的这类房地产有获取收益的能力即可。

采用收益法评估出来的价值,取决于人们对未来的预期,那么错误和非理性的预期就会得出错误的评估价值。因此应用收益法必须具备以下条件。

（1）估价房地产未来的纯收益可以用货币计量。

（2）纯收益的产生是连续的,而且在数量上是比较稳定的。

（3）资本化率是可以确定的。

（三）收益法的操作步骤

运用收益法估价一般分为下列四个步骤。

(1) 收集并验证与估价对象未来预期收益有关的数据资料,如估价对象及其类似房地产收入、费用的数据资料。

(2) 预测估价对象的未来收益(如净收益)。

(3) 求取报酬率或资本化率、收益乘数。

(4) 选用适宜的收益法公式计算出收益价格。

(四) 净收益的求取

1. 净收益的计算公式

测算净收益的基本公式为

净收益＝潜在毛收入－空置等造成的收入损失－运营费用＝有效毛收入－运营费用

式中,潜在毛收入是假定房地产在充分利用、无空置(即100%出租)情况下的收入。有效毛收入是由潜在毛收入扣除因空置、拖欠租金以及其他原因造成的收入损失所得到的收入。运营费用是维持房地产正常使用或营业所必须支出的费用。运营费用与会计上的成本费用有所不同,是从估价角度出发的,不包含房地产抵押贷款还本付息额、会计上的折旧额、房地产改扩建费用和所得税。运营费用与有效毛收入之比被称为运营费用率。净收益是由有效毛收入扣除运营费用后得到的归属于房地产的收入。

2. 不同类型房地产的净收益求取

收益性房地产获取收益的方式,主要有出租和营业两种。据此,净收益的测算途径可分为两种:一是基于租赁收入计算净收益,例如存在大量租赁实例的普通住宅、公寓、写字楼、商铺、标准工业厂房、仓库等房地产;二是基于营业收入测算净收益,例如旅馆、疗养院、影剧院、娱乐场所、加油站等房地产。有些房地产既存在大量租赁实例又有营业收入,如商铺、餐馆、农地等,在实际估价中只要能够通过租赁收入测算净收益的,宜通过租赁收入测算净收益来估价。

(1) 出租型房地产净收益求取。出租型房地产是采用收益法估价的典型对象,包括出租的住宅、写字楼、商铺、停车场、标准工业厂房、仓库和土地等,其净收益通常为租赁收入扣除由出租人负担的费用后的余额。

租赁收入包括租金收入和租赁保证金或押金的利息收入。

出租人负担的费用是出租人与承租人约定或按惯例由出租人负担的部分。

特别要注意的是当房地产有租约限制时,租赁期限内的租金应采用租约约定的租金,租赁期限外的租金应采用正常客观的市场租金。

(2) 营业型房地产净收益求取。营业型房地产的最大特点是房地产所有者同时又是经营者,房地产租金与经营者利润没有分开。

① 商业经营的房地产,应根据经营资料测算净收益,净收益等于商品销售收入扣除商品销售成本、经营费用、商品销售税金及附加、管理费用、财务费用和商业利润。

② 工业生产的房地产,应根据产品市场价格以及原材料、人工费用等资料测算净收益,净收益等于产品销售收入扣除生产成本、产品销售费用、产品销售税金及附加、管理费用、财务费用和厂商利润。

③ 农地净收益等于农地平均年产值(全年农产品的产量乘以单价)扣除种苗费、肥料费、人工费、畜工费、机工费、农药费、材料费、水利费、农舍费、农具费、税费、投资利息、农业利润等。

（3）自用或尚未使用的房地产净收益求取。自用或尚未使用的房地产，可以根据同一市场上有收益的类似房地产的有关资料按上述相应的方式测算净收益，或者通过类似房地产的净收益直接比较得出净收益。

（4）混合性房地产净收益求取。对于现实中包含上述多种收益类型的房地产，其净收益视具体情况采用下列方式之一求取：一是把它看成是各种单一收益类型房地产的简单组合，先分别求取各自的净收益，然后予以加总；二是先测算各种类型的收入，再测算各种类型的费用，然后将两者相减。

3. 收益年限的确定

对于单独土地和单独建筑物的估价，应分别根据土地剩余使用年限和建筑物剩余经济寿命确定收益年限，选用相应的收益年限进行计算。对于土地与建筑物合成体，如果建筑物的经济寿命晚于土地使用年限结束或与土地使用年限一起结束，应根据土地剩余使用年限确定收益年限，选用相应的收益年限进行计算。如果建筑物的经济寿命早于土地使用年限结束，可先根据建筑物的剩余经济寿命确定收益年限，选用相应的收益年限进行计算，然后再加上土地使用年限超出建筑物经济寿命的土地剩余使用年限价值的折现值。

（五）资本化率的求取

1. 资本化率的内涵

资本化率是指将房地产的净收益转换成价值的比率。如果将购买收益性房地产视为一种投资行为，这种投资所需投入的资本是房地产的价格，这笔投资在将来获得的收益就是房地产每年产生的净收益，因此资本化率的本质就是投资的收益率。

2. 资本化率的求取方法

（1）累加法。累加法又称安全利率加风险调整值法，是将资本化率视为包含无风险资本化率和风险补偿率两大部分，然后分别求出每一部分，再将它们相加。

（2）市场提取法。市场提取法是收集同一市场上三宗以上类似房地产的价格、净收益等资料，选用相应的收益法公式，求出各宗类似房地产资本化率，最后采用简单算术平均或加权算术平均等方法综合得出所需要的资本化率。

三、成本法

（一）成本法的概念

成本法是求取估价对象在估价时点时的重新购建价格，然后扣除折旧，以此估算估价对象的客观合理价格或价值的方法，是以房地产价格各构成部分费用的累加为基础来估算房地产价格的方法。

（二）成本法的适用范围

成本法尤其适用于下述房地产的估价。

（1）既无收益又很少发生交易的房地产的估价，如学校、图书馆、体育场馆、医院、政府办公楼、军队营房、公园等公用、公益房地产。

（2）在房地产市场规模狭小、市场不完善，没有交易实例或交易实例较少的情况下，或者无法采用市场比较法的情况下可以采用成本法。

（3）针对个别用户的特殊需要而开发建造的房地产，如化工厂、钢铁厂、发电厂、油田码头、机场等。

（4）特殊目的的房地产估价，如房地产保险（包括投保和理赔）及其他损害赔偿中，通常也采用成本法估价。因为在保险事故发生后或其他损害中，房地产的损毁往往是局部的，需要将其恢复到原貌。对于发生全部损毁的，有时也需要用完全重置的办法来解决。另外，房地产抵押、拍卖、企业合并兼并及房地产投资等也常用成本法。

（5）单纯的建筑物和房地产开发的在建工程估价也常用成本法。

由上可见，成本法特别适用于既无收益又很少发生交易，市场不完善的房地产的估价。但是这并不意味着有交易、有收益的房地产就不能用成本法估价，只是不能用其作为主要的估价方法。

（三）成本法操作步骤

运用成本法估价一般分下列四个步骤进行。

（1）收集有关房地产开发的成本、税费、利润等资料。
（2）估算重新购建价格。
（3）估算折旧。
（4）求取估算价格。

（四）成本法计算公式

1. 新开发土地成本法计算公式

新开发的土地包括填海造地、开山造地、征用农地后进行"三通一平"等开发的土地，在旧城区中拆除旧建筑物等的土地。在这些情况下成本法的基本公式为

新开发土地价格＝取得待开发土地的成本＋土地开发成本＋管理费用
＋投资利息＋销售税费＋开发利润

（1）土地取得成本。土地取得成本是取得开发用地所需的费用、税金等。在完善的市场经济下，土地取得成本一般是由购置土地的价款和在购置时应由买方缴纳的税费构成。在目前情况下，土地取得成本的构成，根据房地产开发取得土地的途径分为下列三种。

①通过征用农地取得的，土地取得成本包括农地征用费和土地使用权出让金等。

②通过在城市中进行房屋征收取得的，土地取得成本包括城市房屋征收补偿安置费和土地使用权出让金等。

③通过在市场上"购买"取得的，如购买政府出让或其他开发商转让的已完成征用拆迁的熟地，土地取得成本包括购买土地的价款和在购买时应由买方缴纳的税费（如交易手续费、契税）等。

（2）土地开发成本。土地开发是将生地开发为熟地和将毛地开发为熟地的过程。土地开发成本的构成由取得土地时土地的生熟程度决定。

土地开发成本包括可行性研究、规划、勘察、设计及"三通一平"等前期工作中所发生的费用；地上地下尚有待拆除搬迁房屋的征收费；基础设施建设费，包括所需的道路、给水、排水、电力、通信、燃气、热力等设施的建设费用；公共配套设施建设费；开发过程中的税费等。

（3）管理费用。管理费用包括开发商的人员工资、办公费、差旅费等，可总结为土地取得成本与开发成本之和的一定比率，这一比率一般为3%～5%。

（4）投资利息。土地取得成本、开发成本和管理费用的利息，无论它们的来源是借贷资金还是自有资金，都应计算利息。因为借贷资金要支付贷款利息，自有资金要放弃可得的存

款利息。另外,从估价的角度来看,开发商自有资金应得的利息也要与其应获的利润分开,不能算做利润。在房地产估价中利息的计算一般以复利来计算。

(5) 销售税费。销售税费是销售开发完成后的房地产所需的费用及应由开发商(卖方)缴纳的税费,又可分为下列三类。

①销售费用,包括广告宣传、销售代理费。

②销售税金及附加,包括营业税、城市维护建设税和教育费附加。

③其他销售税费,包括应由卖方负担的交易手续费等。

上述三类销售税费,通常是售价的一定比率,特别是销售税金及附加,所以在估价时通常是按售价乘以这一比率来估算。

(6) 开发利润。开发利润是由销售收入减去各种成本、费用和税金后的余额。而在成本法中,"售价"是未知的,需要求取,开发利润是要先估算的。所以,运用成本法估价需要先估算出开发利润。开发利润的计算基数和相应的利润率主要有如下两种。

①计算基数＝土地取得成本＋土地开发成本＋管理费用,相应的利润率为投资利润率,即

开发利润＝(土地取得成本＋土地开发成本＋管理费用)×投资利润率

②计算基数＝开发完成后房地产价值(售价),相应的利润率为销售利润率,即

开发利润＝开发完成后房地产价值(售价)×销售利润率

2. 新建的房地产成本法计算公式

新建的房地产有房地和建筑物两种情况,它们的成本法计算公式分别为

新建房地价格＝土地取得成本＋土地开发成本＋建筑物建造成本＋管理费用＋投资利息＋销售税费＋开发利润

新建建筑物价格＝建筑物建造成本＋管理费用＋投资利息＋销售税费＋开发利润

两公式中的管理费用、投资利息、销售税费和开发利润的计费基础不同,新建房地价格公式中的管理费用、投资利息、销售税费和开发利润的计费基础除了建筑物建造成本,还包含了土地取得成本和土地开发成本,而新建建筑物价格公式中它们的计费基础则只有建筑物建造成本。

3. 旧房地产成本法计算公式

旧房地产有旧房地和旧建筑物两种情况,它们的成本法计算公式分别为

旧房地价格＝土地的重新取得价格或重新开发成本＋建筑物的重新购建价格－建筑物的折旧

旧建筑物价格＝建筑物的重新购建价格－建筑物的折旧

(五) 重新购建价格

1. 重新购建价格的概念

重新购建价格是假设在估价时点重新取得或重新开发、重新建造全新状况的估价对象所需的一切合理、必要的费用、税金和应得的利润之和。

2. 重新购建价格的注意事项

(1) 重新购建价格是估价时点时的价格。但估价时点并非总是"现在",也可能是"过去"。如房地产纠纷案件,通常是以过去为估价时点。

(2) 重新购建价格是客观的。重新购建价格不是个别企业或个人的实际耗费,而是社会的平均耗费,是客观成本,不是实际成本。如果超出了社会的平均耗费,超出的部分不仅

不能形成价格,而且是一种浪费。而低于社会平均耗费的部分,不会降低价格,只会形成个别企业或个人的超额利润。

(3) 建筑物的重新购建价格是全新状况下的价格,未扣除折旧;土地的重新购建价格(具体为重新取得价格或重新开发成本)是在估价时点状况下的价格。例如估价对象的土地是 10 年前取得的土地使用权最高年限为 40 年的商业用地,求取该土地的重新购建价格应该是在目前状况下(30 年土地使用权)的商业用地的价格。

3. 重新购建价格的求取

(1) 求取土地的重新购建价格,通常是假设土地上的建筑物不存在,再采用市场比较法、基准地价法等估价方法求取其重新取得价格,这特别适用于城市建成区内的土地难以求取其重新开发成本的情形。求取土地的重新购建价格,也可以采用成本法求取其重新开发成本。因此土地的重新购建价格可以分为重新购置价格和重新开发成本。

(2) 求取建筑物的重新购建价格,是假设旧建筑物所在的土地已经取得,且此土地为空地,但除了旧建筑物不存在之外,其他的状况均维持不变,然后在此空地上重新建造与旧建筑物完全相同或者具有同等效用的新建筑物所需的一切合理、必要的费用、税金和正常利润,即为建筑物的重新购建价格。建筑物的重新购建价格可采用成本法、市场比较法来求取,或通过政府确定、公布的基准房屋重置价格扣除其中包含的土地价格后的比较修正方法来求取,也可以按照工程造价估算的方法来求取。

(六) 建筑物折旧

1. 建筑物折旧的概念和原因

这里所讲的建筑物折旧,是估价上的折旧。估价上的折旧与会计上的折旧,既有相似之处,也有本质区别。估价上的折旧是各种原因所造成的价值损失,是建筑物在估价时点时的市场价值与其重新购建价格之间的差额,扣除折旧即是减价修正。在实际估价中,建筑物的折旧包括下列三个方面:物质折旧、功能折旧和经济折旧。

(1) 物质折旧。物质折旧又称物质磨损、有形损耗,是建筑物在实体方面的损耗所造成的价值损失。可以进一步归纳为下列四个方面:自然的老朽;正常使用的磨损;意外的破坏损毁;延迟维修的损坏残存。

(2) 功能折旧。功能折旧又称精神磨损、无形损耗,是指由于消费观念变更、规划设计更新、技术进步等原因导致建筑物在功能方面的相对残缺、落后和不适用所造成的价值损失。如某写字楼由于时间过久,办公智能化等条件不够,功能相对落后,那么其功能折旧也多。

(3) 经济折旧。经济折旧又称外部性折旧,是指建筑物本身以外的各种不利因素所造成的价值损失,包括供给过量、需求不足、自然环境恶化、噪声污染、空气污染、交通拥挤、城市规划改变、政府政策变化等。在一个高级住宅区的附近建设一座工厂,该住宅区的住宅价值会下降,这也是经济折旧。经济不景气,以及高税率、高失业率等,也会使房地产的价值降低,在估价上也应考虑这种折旧。

2. 建筑物折旧的求取方法

折旧的求取方法很多,可归纳为四类:年限法、实际观察法、成新折扣法和综合法。

四、假设开发法

(一) 假设开发法的概念

假设开发法又称开发法、预期开发法、剩余法或倒算法(相当于成本法的倒算),是将预测的估价对象未来开发完成后的价值,减去未来的正常开发成本、税费和利润等,以此求取估价对象的客观合理价格或价值的方法。采用假设开发法求得的价格称为剩余价格。

(二) 假设开发法的适用范围和适用条件

1. 假设开发法的适用范围

假设开发法适用于具有投资开发或再开发潜力的房地产的估价。具体如下。
(1) 待开发的土地,包括生地、毛地、熟地。
(2) 在建工程,包括房地产开发项目。
(3) 可装修改造或可改变用途的旧房,包括装修、改建、扩建。

由于假设开发法运用的数据多来源于预测,包含着较多的可变因素,有时被认为较为粗略。但当估价对象具有潜在的开发价值时,假设开发法几乎是唯一实用的方法。

2. 假设开发法的运用条件

在实际估价中,假设开发法估价结果的可靠性,关键取决于下列两个因素。
(1) 是否根据房地产估价的合法原则和最高最佳使用原则,正确地判断房地产的最佳开发利用方式,包括用途、规模、档次等。
(2) 是否根据当地房地产市场情况和供求状况,正确地预测未来开发完成后的房地产价值。

(三) 假设开发法的估价步骤

(1) 调查待开发房地产的基本情况。
(2) 选择最佳的开发利用方式。
(3) 估计开发经营期。
(4) 预测开发完成后的房地产价值。
(5) 测算开发成本、管理费用、投资利息、销售费用、销售税费、开发利润及投资者购买待开发房地产应负担的税费。
(6) 进行具体计算,求出待开发房地产的价值。

(四) 假设开发法的基本公式与估价方法

1. 假设开发法的基本公式

假设开发法的基本公式如下。

待开发房地产的价值=开发完成后的房地产价值-开发成本-管理费用-投资利息
-销售税费-开发利润-购买待开发房地产应负担的税费

扣除项的内容,要根据待估价房地产在估价时点的状况而定。扣除的原则是,应扣除从估价时点到开发完毕将要发生的正常的、合理的费用;如果是已投入的费用,则它已包含在待开发房地产的价值内,不应作为扣除项。

2. 假设开发法的估价方法

房地产开发具有周期长的特点,其开发成本、管理费用、销售费用、销售税费、开发完后的房地产价值等实际发生的时间不尽相同,特别是大型的房地产开发项目。因此,运用假设开发法估价必须考虑资金的时间价值。考虑资金的时间价值将假设开发法的估价方法分为两种,即计息方法(传统方法)和折现方法。

(1) 计息方法。采用计息方法对开发完成后的房地产价值、开发成本、管理费用、销售税费等进行的测算主要是根据估价时点的房地产市场状况做出的,它们基本上是固定的数额,即不考虑各项支出、收入发生的时间不同,而直接相加减,但要计算利息,计息期通常到开发完成时止,既不考虑预售,也不考虑延迟销售。另外,在计息方法中,投资利息和开发利润都单独显现出来。基本公式如下。

待开发房地产的价值＝开发完成后的房地产价值－开发成本－管理费用－投资利息
－销售税费－开发利润－购买待开发房地产应负担的税费

(2) 折现方法。运用折现方法对开发完成后的房地产价值、开发成本、管理费用、销售税费等进行的测算是模拟开发过程,预测其在未来发生的时间及发生的数额,并将它们折算到估价时点后再相加减。折现方法中通常要求折现率既包含作为安全收益的利息率,又包含作为风险收益的利润率,故运用折现方法时,投资利息和开发利润都隐含在折现中,不再单独显现出来。

在折现方法中开发利润和投资利息隐含在折现过程中,其基本公式为

待开发房地产的价值＝开发完成后的房地产价值－开发成本－管理费用－销售税费
－购买待开发房地产应负担的税费

在估价中宜采用现金流量折现方法,在难以采用现金流量折现方法时可采用计息方法。

五、长期趋势法

长期趋势法又称外推法、延伸法、趋势法等,是指依据房地产过去较长时期的价格资料和数据,运用一定的数学统计方法,特别是时间序列分析和回归分析,找出其中的变动规律或长期趋势,从而对待估房地产的未来价格做出推测、判断的一种估价方法。它是对房地产估价基本方法的有益补充。

长期趋势法是根据房地产价格在过去较长时期内形成的变动趋势做出判断,借助历史统计资料和现实调查资料来推测未来。通过对这些资料的统计、分析得出一定的变动规律,并假定其过去形成的趋势在未来是继续存在的。长期趋势法适用的范围是价格无明显季节波动的房地产的价格评估。

第 3 节 各类房地产估价常用方法及注意事项

一、居住房地产

居住房地产主要包括普通住宅、公寓、别墅等。居住房地产不但具有等价交换、按质论价、供求决定价格等商品的共性,还带有鲜明的社会保障性。

基于我国目前的住房制度与政策,住宅的市场价与国家指导价并存。前者为商品化价格,由生产过程中消耗的物化劳动的转移价值和活劳动创造的价值构成;后者含成本价格与不完全成本价格。

住宅价格的影响因素,除了一般政治、经济、政策等因素之外,主要有建筑结构、类型和

等级、装修、设施与设备、质量、朝向、楼层、地段、环境、住宅楼的公用面积数、交易时间、物业管理服务、交易情况。

在估价时,应特别注意相关资料的收集。为了更加科学合理地对住宅进行评估,应当对上述各项因素对价值的影响程度进行调查和统计分析,确定价值增减数额或价值增减率标准,以便于比较、修正。

新建居住房地产、旧有居住房地产和征收房屋的补偿价格,三者在估价上有较明显的差异。

二、商业房地产

商业房地产包括商店(商场、购物中心、商铺和市场等)、旅馆、写字楼、餐馆和游艺场馆、娱乐城、歌舞厅以及高尔夫球场等。商业房地产具有可获得收益、经营内容丰富、转租经营频繁、装修高档复杂等特点。

影响商业房地产价格的主要区域因素是地段繁华程度和交通条件。影响商业房地产价格的主要个别因素有临街状况、内部格局、楼层、面积、净高、储存空间、装修和结构构造、转租的可能性以及使用年限和折旧情况。商业房地产估价的常用方法如下。

(1) 商业房地产的一个主要特点是能够用以获得收益,商业房地产的价值往往也正是体现在它获取收益的能力上,所以收益法是商业房地产估价最为常用的方法。

(2) 商业房地产的转售转租比较频繁,特别是小型商用房地产,因此,较易获得比较案例。所以,在商业房地产估价时,市场比较法也是一种常用方法。

(3) 对于将要转变用途的商业房地产,有时候也可用成本法作为辅助评估方法。

三、工业房地产

工业房地产主要包括厂房及厂区内的其他房地产、仓库及其仓储用房地产。工业房地产的特点在于涉及的行业多、非标准厂房多、单价差异大、受腐蚀的可能性大等。

影响工业房地产价格的主要区域因素是交通条件、基础设施和地理位置。影响工业房地产价格的主要个别因素有用地面积、地质和水文条件、房地产用途和厂房面积、结构、高度与设备安装情况。工业房地产估价的常用方法如下。

(1) 对于一些新型工业地带,标准厂房较多,租售案例也较多,所以可以采用市场比较法。

(2) 如果可以从企业的总收益中剥离出房地产的收益,则可以采用收益法。

(3) 工业房地产估价时多采用的是成本法。

四、其他用途房地产

其他用途房地产指用于除上述居住、商业、工业以外的其他房地产,比如政府机关办公楼、学校、加油站、停车场、宗教房地产和墓地等。具有规格多、用途影响大等特点。

其他用途房地产一般缺少同类房地产的交易案例,所以难以采用市场比较法估价。由于收益各异,可观收益较难确定,一般也不采用收益法。通常,其他用途房地产的估价以成本法为主,而且在没有同类房屋或构筑物重置成本资料的情况下,只能参照概预算定额等资料具体计算。

五、土地

土地估价包括宗地价格评估和城市基准地价评估。在实际评估中,经常遇到的是宗地评估。

(一) 土地的分类

依据估价的需要,一宗土地可以按用途分为居住、商业、工业和其他用地四类,每种土地的估价特点及注意事项可结合该类房地产的情况加以理解。宗地估价除了可选用三种基本估价方法外,还可以采用假设开发法和基准地价修正法评估。

(二) 影响宗地价格的主要因素

从评估的角度来看,影响宗地价格的主要因素有坐落位置、面积大小、形状、周围环境、土地权利状况、土地利用现状、规划设计要求、生熟地程度、地质水文和气象条件。

第4节 房地产估价风险

一、政府面临的房地产估价风险

政府面临的房地产估价风险最主要的是房地产估价带来的通货膨胀风险和金融风险。主要是房地产估价价值过高,不能反映房地产的真实价值,带来社会价值总体虚高,同时过高估值的房地产金融抵押贷款,会使金融机构存在潜在呆账坏账,影响金融机构资产的真实性。一旦泡沫破灭,整个经济体系不可避免地会产生动荡,影响社会稳定。

二、估价机构和估价人员面临的房地产估价风险

估价机构和估价人员是估价风险的直接承担者,估价机构和估价人员面临的风险主要表现在以下几个方面。

(1) 政策风险。
(2) 评估报告的估价目的和估价用途不符的风险。
(3) 委托方提供虚假情况的风险。
(4) 技术风险。
(5) 评估师素质的风险。

三、经济活动主体面临的房地产估价风险

经济活动主体是指估价对象在估价目的条件下涉及的利益各方。比如在抵押贷款中涉及银行、借款人、担保人等各方利益;在投资目的下涉及全部投资人和未来的债权人以及政府的利益。这些利益主体都是经济活动主体。房地产估价结果与市场价值的极大偏差一样会对他们产生影响。例如,在抵押贷款估价中,抵押物估价过高会使得未来在借款人无力偿还借款的情况下,金融机构的贷款无法足额收回,产生呆账坏账。如果银行的呆账坏账过多,会使银行经营困难。严重者在居民储户未来预期不好出现挤兑的情况下,会造成银行破产,进而出现金融动荡。

 **思考与练习**

一、名词解释
1. 房地产价格
2. 房地产估价
3. 房地产估价师
4. 市场比较法
5. 资本化率
6. 长期趋势法
7. 居住房地产
8. 经济活动主体

二、简答题
1. 房地产价格的特征有哪些？
2. 房地产价格的影响因素有哪些？
3. 请列出房地产估价的基本要素。
4. 市场比较法的适用条件、适用对象和操作步骤分别是什么？
5. 建筑物折旧是指什么？造成的原因是什么？
6. 资本化率的求取方法是什么？
7. 求取重新购建价格的方法和注意事项是什么？
8. 假设开发法中折现估价的特点是什么？
9. 工业房地产估价的常用方法有哪些？

三、案例分析题
1. 某收益性房地产预测未来 5 年的纯收益均为 100 万元/年，5 年后的出售价格会上涨 16%，届时转让税费为售价的 10%，资本化率为 9%，该房地产目前的价值为多少？
2. 某公司取得 3 km² 成片荒地的价格为 600 元/米²，将其开发成熟地的费用为 550 元/米²，税收和利润为可转让熟地价格的 16%，其可转让土地面积为 3 km²，则该荒地开发完成后可转让熟地的平均单价为多少？
3. 某房地产预计第一年的有效毛收入为 30 万元，运营费用为 12 万元，此后每年的有效毛收入会在上一年的基础上增长 5%，收益年限为 50 年，假设有效毛收入发生在年初，运营费用每年都均匀投入，该类房地产的资本化率为 8%，则该房地产的价格为多少？

第 8 章　房地产金融

第 1 节　房地产金融概述

一、房地产金融的概念

房地产金融是房地产开发、流通和消费过程中通过货币流通和信用渠道所进行的筹集资金、融通资金、结算或清算资金并提供风险担保或保险及相关金融服务的一系列金融活动的总称。

二、房地产金融的主要内容及任务

(一) 房地产金融的主要内容

房地产金融作为经济学的一个分支,是一门应用性很强的学科,它主要研究房地产经济领域内资金融通的运动及其规律性,有别于一般工商企业的资金融通。房地产金融内容丰富,主要包括吸收房地产业存款,开办住房储蓄,办理房地产贷款尤其是房地产抵押贷款和房地产按揭贷款,发行房地产股票与债券,房地产信托投资,房地产保险,房地产金融风险,房地产担保机制,房地产金融税制,房地产金融市场等。当前,我国金融体制改革正面临着进一步深化态势,同样房地产金融体制也处于逐步探索和建立之中。

(二) 房地产金融的任务

房地产金融的基本任务是运用多种融资方式和金融工具筹集和融通资金,支持房地产开发、流通和消费,促进房地产再生产过程中的资金良性循环,保障房地产再生产过程的顺利进行。

三、房地产金融的基本特征

房地产金融的第一个特征是以不动产为抵押品来保证贷款的偿还,即借款人将土地以及土地上的建筑物抵押给贷款者,以确保履行贷款合同的各项条款。如果借款人违反了还款约定,贷款者有权没收抵押的财产并将其出售(拍卖)以弥补贷款损失。

第二个特征是"无转移抵押"性质。在这种情况下,借款人仍然是抵押品的合法拥有者,保留对财产的所有权和支配权,而贷款人取得的是财产的平衡产权。平衡产权不赋予贷款人任何权利,如借款者违反还贷约定,贷款人可通过没收抵押品的方式来获取财产的所有权。按无转移抵押性质,贷款人仅享有抵押财产的平衡权或收押权,一旦贷款被还清,这种权利就随之消失。

"无转移抵押"性质的面较宽,如承租人可以用租赁权作为贷款抵押;贷款人可以将持有的应收抵押品、信托契约或产权契约合同作为另一笔贷款的抵押。在整个过程中,借款人始终保留着拥有、控制和使用抵押物的权利,但同时又可以利用抵押品获得抵押贷款,这也就是对商品价值的资本化运作。

第三个特征是"杠杆效应",即以相对较少的资金来获取大笔贷款。在房产交易中,借款人投资一小部分的资金作为首付款,然后再借入首付款与购房总价格的差额,发挥首付款的杠杆作用。利用杠杆作用来购置投资型财产普遍提高了现金回报率。

四、房地产金融的作用

(一)房地产金融对房地产业的支持作用

改革开放以来,中国的房地产业迅速兴起,成为最活跃、发展速度最快的经济领域之一。房地产业的繁荣与发展,离不开金融业的融资支持,而房地产市场则是金融业借贷资本的最大出路,与其他行业一样,房地产业也具有生产、交换、消费等过程,贯穿这个过程的资本运动,客观上需要银行等金融机构为其提供资本融通服务。房地产业又具有与其他行业不同的特点,包括生产周期长、资本占用量大、地域性强等。因此,房地产业对金融业的依赖性要强于其他行业。另外,房地产业的发展也推动了金融业的发展。很多国家的金融机构都把投资房地产作为提高经济效益、减少投资风险和增强信贷能力的重要手段。产业投资的增长,需要金融资本的相应增长,这是资本结合的一个重要特征。一般情况下,房地产市场越繁荣,房地产融资就越发达。

(1)房地产金融增加房地产开发资金投入,支持房地产商品供应。房地产的开发建设离不开金融业的有力支持。金融业发挥自身筹融资的功能,通过吸收社会闲散资金,并在房地产开发建设需要资金支持时,向其发放开发贷款,补充其建设资金的不足,使房地产开发建设项目能按计划完工,有效促进房地产业的发展。

(2)房地产金融增加房地产消费资金信贷,带动房地产有效需求。由市场营销学公式即市场=消费者人数×购买欲×购买力,可以看出这三个因素有一项为零或很小,则没有市场或制约市场占主导地位。住房商品和其他日用品不同,住房价格高,仅靠居民自身积蓄很难实现购房愿望,但如果有金融业的支持,情况就完全不同了。银行通过向居民发放住房消费贷款,使居民能够及时住上自己满意的住房,有了金融业的参与,居民的住房消费行为可提前10~20年,甚至30年,提前实现家居梦想。

(3)房地产金融执行国家房地产业政策,有效调节房地产业发展。房地产金融被称为房地产市场的"调节器"。根据国家房地产业政策,金融业可利用信贷、利率等金融杠杆以及各种金融政策,对房地产业的发展进行调节,即对国家支持发展的房地产领域,金融业以优惠的信贷和利率政策予以经济支持,而对于国家限制发展的房地产领域,金融业则提高融资成本或限制发放贷款。

(二)房地产金融对金融业的支持作用

房地产金融对金融业的支持作用主要表现在调整银行信贷资产结构,改善资产质量方面。个人住房消费贷款是银行质量高、效益好的信贷品种之一。从国外商业银行的发展来看,商业银行信贷业务的重点通常是放在流动性较强的中短期企业贷款上。但随着金融市场竞争的日益加剧,商业银行的业务逐步向包括个人住房贷款在内的非传统业务领域延伸,并逐步成为住房金融市场上的主要资金提供者。个人住房贷款使商业银行从以中短期贷款为主的资产结构,向短、中、长期贷款共同发展的方向转移,使资产结构逐步趋于合理;同时,个人住房贷款因资产质量优良、效益良好成为各家银行竞争的焦点,个人住房贷款占商业银行总资产的比重通常都在 20% 左右,有的甚至更高。

第 2 节 房地产金融市场

一、房地产金融市场的概念

在现代经济社会中,房地产业多种多样的融资活动必须通过市场关系才能进行。房地产金融市场是指房地产资金供求双方运用金融工具进行各类房地产资金交易的场所。它可以是一个固定的场所,也可以是无形的交易方式,交易的方式可以是直接的,也可以是间接的。随着信用工具的日益发达和不断创新,房地产金融市场的业务范围日益扩大,包括各类住房储蓄存款、住房贷款、房地产抵押贷款、房地产信托、房地产证券、房地产保险等。房地产金融活动,不仅为房地产金融市场增添了活力,而且将金融业与房地产业密切结合起来,不仅激活了房地产市场,并且为金融市场的发展开辟了新的空间,同时便于国家运用有关金融政策和杠杆,对房地产业发展进行宏观调控。

二、房地产金融市场的构成要素

一个完整的房地产金融市场由四个基本要素构成:融资主体、融资对象、融资工具、融资方式。

(1) 房地产金融市场的融资主体,即资金的供给者和需求者,包括以下几个部分。

①政府部门:政府通过发行债券在市场上筹集建设项目所需资金,除此以外,政府还对房地产金融市场实施监督和调控。

②房地产融资机构:房地产融资机构一方面提供、发放房地产贷款,并从金融市场上购进房地产有价证券和其他金融工具;另一方面广泛吸收存款,发行各种金融工具,筹措信贷资金。同时,房地产融资中介还提供咨询、代理发行证券等服务,收取手续费。

③企事业单位:即在房地产金融市场上,将其在生产经营过程中暂时闲置的资金存放在金融机构或购进房地产股票和债券,或为购房向银行申请贷款以及在金融市场上发行或出售股票、债券等有价证券的企事业单位。

④居民个人:一是参加住房储蓄存款,或购买房地产金融市场上的各类有价证券的个人;二是为购、建、修住房向房地产金融机构申请贷款,或为取得现款将手中所持有的房地产金融有价证券售出的个人。

(2) 房地产金融市场的融资对象。房地产金融市场的作用在于融通资金,因此,房地产金融市场的融资对象是货币资金。无论是银行的存贷款,还是证券市场上的证券买卖,最后都要实现货币资金的转移。但这种转移在多数情况下只是货币资金使用权的转移,而不是所有权的转移,这与商品市场上作为交易对象的商品的转移不同。在后一种情况下,不仅商品的使用权要发生转移,而且所有权也要从卖者手中转移到买者手中,使用权的转移要以所有权的转移为前提。

(3) 房地产金融市场的融资工具。指在房地产金融市场上同货币交易相联系的各种金融契约,包括商业票据、房地产金融债券、房地产抵押债券、房地产企业和房地产金融机构所发行的股票、债券以及各种未到期的住房存单和住房抵押贷款契约等。随着房地产以及金融市场的发展和信用工具的不断创新,房地产融资工具也在不断增加。

(4)房地产金融市场的融资方式。按有无中介机构参与可划分为间接融资、直接融资两种。间接融资是指银行或其他金融机构根据自身资金运转状态与实际力量,为从事房地产开发、经营的公司(企业)组织存款并发放开发经营及消费所需的贷款。上述贷款通常采取抵押贷款的形式。间接融资灵活方便,资金运用也合理有效,但存在一定风险。在房地产金融活动中,尤其是在住房金融活动中,间接融资的方式是实现资金融通的有效方式之一。

直接融资是指银行或房地产金融机构直接向房地产业投资,参与公司(企业)的开发、经营活动,以获取利润,或者房地产开发公司在资本市场发行股票、债券,以筹措资金。直接融资一般要受到资金数量、时间、地点和收益预期判断的影响,因此显得不是很灵活,但收益比较高。如果对市场判断失误风险也更大。

直接融资与间接融资相互并存、相互补充、相互配合,能使资金使用效益得以充分提高。

三、房地产金融市场的功能

房地产金融市场主要有以下五个方面的功能:有效地动员筹集资金、合理配置和引导资金、灵活调度和转化资金、实现风险分散、降低交易成本、实施宏观调控。下面主要介绍其中的三个功能。

(一)融通资金的功能

这是房地产金融市场最基本的功能,即通过金融市场将货币资金由盈余部门融通到短缺部门。金融市场上金融商品的买卖和流动,代表着货币资金的流动,而货币资金则代表着对实际资源的占有和使用权,因此,金融市场的资金融通功能进一步表现为资源的配置功能。当资源使用权在盈余部门闲置时,资源利用处于低效状态,通过金融市场的融通功能将闲置资金引向需求部门时,则资源利用效率提高。由于金融市场是一个有效竞争市场,资金往往流向收益率高的部门,在这种价格机制引导下,资金流向那些经济效益好、发展前途光明的企业和行业,进而使资金得到优化配置。

(二)转移和分散风险的功能

金融市场是一种有组织、有规则、有专业化服务、能提供各种信用保障的融资系统。在资金供需双方的金融市场交易均在相同的规则和信息服务等条件下进行,各种可供选择的金融工具的收益和风险能够在这统一的市场中被准确定价,所不同的只是市场参与者对收益和风险的偏好以及资产选择策略存在差异,市场上总会有一些愿意承担更多风险并获取更多收益的人,也总会有一些厌恶风险,宁可少一些收益而求得安全的人。因此,就会有人利用金融市场上的各种避险工具,如期货、期权等将风险转移给他人。而金融市场组织的集中性交易,可以大大降低没有组织的分散交易所固有的风险。如以银行为信用中介机构的间接金融市场上,资金供应者的风险首先由银行承担,然后银行通过资产证券化等将风险分散于各行业、企业和各种期限、数额的授信对象上。在房地产金融市场上,丰富多样的金融商品,可以使投资者将投资分布于具有不同收益——风险组合的多种金融产品上,以达到分散投资风险的目的。

(三)调节和反映经济的功能

金融市场通过价格机制将资金导向高效益的行业和企业,使社会资源得到优化配置,从经济管理学角度出发,这就是金融市场对经济的自发调节功能。金融市场的存在和发展,为管理当局实施对经济的宏观调控创造了政策传导机制和工具,货币政策和财政政策就是政府通过对金融市场的有效功能而实施的机制和手段。

四、房地产金融市场的分类

房地产金融市场可以按照多种标准进行分类。

(一)按金融市场层次划分

按金融市场层次划分,可分为一级市场和二级市场。房地产金融一级市场,又叫初级市场,是房地产融资活动的初始市场,包括首发房地产信贷、新房地产证券上市交易等。在该市场上,借款人通过房地产金融机构或直接从资本市场进行资金融通。房地产金融二级市场指房地产融资工具的再交易和再流通市场,包括房地产金融中介机构将持有的房地产贷款直接出售或以证券形式转让给二级市场的交易及房地产有价证券的再转让交易。

(二)按房地产金融服务对象分

按房地产金融服务对象分,可分为房产金融市场和地产金融市场。房产金融市场是指银行及其他非银行金融机构为房屋再生产进行资金融通的市场。而地产金融市场是指以土地作抵押向金融机构融通资金的活动的总称。

(三)按金融交易工具的期限分

按金融交易工具的期限分,可分为货币市场和资本市场两大类。货币市场是融通短期资金的市场,包括金融同业拆借市场、回购协议市场、商业票据市场、银行承兑汇票市场、短期政府债券市场、大面额可转让存单市场等。资本市场是融通长期资金的市场,包括中长期信贷市场和证券市场。中长期信贷市场是金融机构与房地产企业之间的贷款市场。证券市场是通过证券的发行与交易进行融资的市场,包括债券市场、股票市场、基金市场、保险市场、融资租赁市场等。资本市场是房地产金融的主要市场,其金融产品有住房储蓄存款、住房按揭贷款、房地产抵押贷款、房地产信托、资产证券化、房地产保险等。随着信用工具的日益发达和不断创新,房地产金融市场的业务范围日益扩大。

第3节 房地产金融机构

一、房地产金融机构的概念

房地产金融机构是指经营房地产金融业务的各种金融中介和经营附属房地产金融业务的各种金融企业,主要包括专业银行、商业银行及非银行金融机构(证券公司、保险公司、信托投资公司)等。

二、房地产金融机构的任务

房地产金融机构的任务是为房地产业筹集、融通资金并提供结算和其他金融服务。

(一)房地产金融机构的筹资任务

房地产金融机构发挥筹资职能,广泛筹集各类资金,支持房地产开发、流通和消费。房地产金融机构以有效的方式、方法及工具,向社会筹集资金,或者代房地产开发经营企业向社会直接筹资。房地产金融机构的筹资任务具体包括以下几个方面。

(1) 吸收企业、事业单位和个人等的闲置资金。
(2) 归集住房公积金、公房出售资金和房屋维修基金等各项房改资金。
(3) 代房地产开发经营企业向社会直接筹集资金。
(4) 利用其他筹资工具归集资金。

(二) 房地产金融机构的投融资任务

筹集资金是投融资业务的基础,投融资业务是资金筹集的归宿。房地产金融机构投融资任务主要包括以下几个方面。

(1) 房地产投资活动。
(2) 房地产开发与经营贷款。
(3) 房屋抵押贷款。
(4) 其他资金运用任务。

(三) 房地产资金结算任务

房地产金融机构发挥支付中介职能提供的结算服务,包括如下几个方面。

(1) 住房公积金结算。
(2) 房租和物业管理费结算。
(3) 购(售)房资金结算。
(4) 其他资金结算。

(四) 其他金融服务任务

房地产金融机构的任务除了筹资、投融资和结算服务之外,还包括其他金融服务,如房地产保险服务、房地产投资咨询、代编代审房地产项目预决算、代编房地产开发建设项目招标标底、提供抵押房地产价值估算、代理房地产买卖和代理房地产租赁等。

房地产金融机构提供其他金融服务,一方面可拓宽房地产金融机构服务领域,扩大社会影响,吸引客户,提高房地产金融机构的信誉,另一方面,还可增加房地产金融机构的收益,增强房地产金融机构的实力,降低房地产金融机构投融资活动的风险。

三、我国房地产金融机构体系

我国从事房地产金融业务的金融机构组织可分为五大类:银行类、保险公司类、信托投资公司类、证券公司类和其他类(主要指财务公司、典当业、合作社等)。

(一) 银行类

1. 中资银行

此类银行主要有中国建设银行、中国工商银行、中国农业银行等。

2. 合资与外资银行

(1) 中外合资银行:外国的金融机构同中国的金融机构在中国境内合资经营的银行。
(2) 外国银行中国分行:外国银行在中国境内的分行。
(3) 外商独资银行:总行在中国境内的外国资本银行。

这些有外资的银行也可在其业务经营范围内从事房地产金融业务,如提供购买外销商品房的抵押贷款、住房储蓄与住房贷款等。

(二)保险公司类

此类机构主要包括保险集团公司、全国性股份制保险公司、区域性股份制保险公司。

(三)信托投资公司类

信托业务范围比较广,与房地产有关的业务主要有受托经营房地产资金信托业务,受托经营房地产财产的信托业务,受托经营房地产投资基金业务,作为投资基金或基金管理公司的发起人从事房地产投资基金业务,经营房地产企业资产的重组、并购及项目融资、财务顾问、公司理财等中介业务,受托经营房地产企业债券等的承销业务等。

(四)证券公司类

证券公司主要承担着房地产证券的承销、房地产投资基金管理、房地产公司的上市改制辅导等业务。

(五)其他类

其他类包括财务公司、金融资产管理公司、金融租赁公司、投资基金管理公司、合作社等非银行金融机构和视作金融机构的典当行等。

上述各类金融机构的运作分别受金融监管当局如银监会、保监会、证监会等监管部门的监管。

四、房地产金融机构的监管

(一)房地产金融机构的外部监控

外部监控是通过法律、制度、机构等手段适时地监控。中央银行、银行业、证券、保险和外汇的监管管理部门主要包括中国银行业监督管理委员会、中国证券监督管理委员会、中国保险监督管理委员会和国家外汇管理局等机构。

(二)房地产金融机构的内部监控

房地产金融机构的内部监控是金融机构的一种自律行为,是房地产金融机构为完成既定的工作目标和防范风险,对内部各职能部门及其工作人员从事的业务活动进行风险控制、制度管理和相互制约的方法、措施和程序的总称。完善金融机构内部控制是金融监管工作的重要组成部分,是规范金融机构经营行为、有效防范风险的关键,也是衡量金融机构经营管理水平高低的重要标志。

(1)房地产金融机构的内部监控遵循金融机构内部控制指导原则:有效性原则、审慎性原则、全面性原则、及时性原则、独立性原则。

(2)房地产金融机构内部控制的要素及内容。房地产金融机构内部控制包括房地产金融机构内部组织结构的控制、房地产金融机构资金交易风险的控制、房地产衍生工具交易的控制、房地产信贷资金风险的控制、房地产保险基金的风险控制、会计系统的控制、授权授信的控制、计算机业务系统的控制等。

(3)房地产保险公司建立内控机制,增强自控能力。保险公司的特殊性决定了其必须建立内部控制机制,健全有效的内控制度可以监督和弥补公司管理功能可能存在的缺陷,使公司在市场环境变化和人员素质差异的情况下,实现公司的市场经营目标。

(4) 房地产金融机构的公司治理。公司治理反映在金融业上,就是健全金融机构的内部管理与外部监控制度。金融机构的公司治理主要标准包括风险改善、风险管理、独立董事、董事会的权利以及信息披露和交易等。

(5) 房地产金融机构内部稽核。房地产金融机构内部稽核涉及财务监控、人事管理和经营管理等方面。财务监控的内容主要是资本金管理、现金管理、成本管理、财产管理和利润管理。财务管理要遵守国家的法律法规和财政金融政策,做好财务收支的计划、控制、考核和分析工作,有效筹集和运用资金、依法计算缴纳国家税金。人事管理的内容主要是招聘员工、培训员工、任用员工、进行工作和工资审评等。经营管理的内容主要是根据经营计划和目标安排组织和开拓各种房地产金融业务,分析经营过程,保证经营活动安全。

第4节　房地产项目融资

一、房地产项目融资的概念及特点

(一) 房地产项目融资的概念

项目融资是指使用经济实体的现金流量和收益作为偿还贷款的资金来源,并且满足于使用该经济实体的资产作为贷款的安全保障的融资方式。项目融资是商业房地产融资的发展方向。

(二) 房地产项目融资的特点

一般而言,项目融资有如下几个特点。项目导向、无追索或有限追索、风险分担、非公司负债型融资、贷款的信用支持结构多样化、融资结构复杂、融资成本较高以及充分利用税务优势。

项目融资的根本特征就是融资不仅仅是依靠项目发起人的信用保障或资产价值,贷款银行主要依靠项目本身的资产和未来的现金流量来考虑贷款偿还保证。

二、房地产信贷融资

房地产信贷业务是金融业的一项重要内容。房地产信贷一般可分为开发信贷和消费信贷。

(一) 房地产信贷资金的概念

房地产信贷就是银行或房地产信用机构通过各种信用手段,把动员、筹集起来的各种房地产信用资金,以偿还为条件让渡给房地产开发经营者和消费者使用的一种借贷行为。可见,房地产信贷资金就是以偿还为条件用于房地产业的资金。该资金的来源或筹集渠道显然与其构成密切相关,而对房地产信贷资金构成的研究可从分析房地产信贷市场的市场主体入手。

(二) 房地产信贷市场的市场主体

房地产信贷市场就是房地产金融机构在房地产业发生存款、贷款业务所形成的市场,是信贷资金在房地产业中借贷关系的总和。与其他市场一样,房地产信贷市场由主体与客体构成,市场主体即市场的参与者,市场的客体即市场交易对象。房地产信贷市场的主体(参与者)可分为债权人和债务人两大类,具体而言,有以下几类,它们在信贷市场中扮演不同的角色:房地产开发企业、房地产商品的消费者、房地产金融机构、中央银行和地方的金融管理机构。

(三)房地产信贷资金的筹集

信贷资金的来源规模决定了房地产信贷业务的规模和发展速度,因此拓展房地产信贷资金的筹集渠道对于房地产信贷业务的发展具有推动意义。

三、房地产投资融资

(一)房地产企业投资资金的概念

房地产投资是以资金作为资本,购建房地产,以谋取收益的自主经营活动。按投资主体的不同,可分为国家投资、企业投资、个人投资、外商投资。这里介绍的主要是房地产开发经营企业的投资。由于房地产本身所具备的物理特征及经济特征,房地产企业投资也表现出区别于其他投资的固有特征。

一是房地产开发周期长、投资额大,使其前期可行性研究工作显得尤为重要。

二是由于土地资源的不可再生性,以及人类发展对土地、房屋的需求日益增长,使房地产投资具有保值和增值作用,成为可抵御通货膨胀冲击的、具有强大吸引力的投资项目。

三是房地产投资受制因素多。房地产投资活动必须严格遵守国家的现有政策法令、规章制度,以及国家的统一计划指导和管理,所以房地产投资易受国家宏观调控的影响。

四是房地产投资对金融业的依赖度极大。一般的房地产开发项目,一半以上资金依靠金融业提供的贷款,所以风险也极大。

(二)房地产企业投资资金的筹集

房地产企业投资资金是房地产企业为进行房地产开发、经营和从事有关配套服务活动所使用的资金。我国房地产开发企业资金除部分来源于财政、主管部门和企业在开发经营过程中的积累资金外,绝大部分是企业自行筹集的。房地产企业投资资金的来源渠道主要包括自有投资资金、商业银行贷款、资本市场、房地产投资信托、房地产投资基金、过桥融资、引进外资、其他来源几种。

(三)居民个人住房资金的筹集

居民个人在购房时若自有资金不足,可通过向金融机构申请购房抵押贷款、向私人借款、典当、集资建房和合作建房等渠道筹集。

四、房地产项目融资的模式及其基本原则

(一)房地产项目融资模式

房地产项目融资可以帮助房地产投资者解决三个问题:一是为房地产投资者投资超过自身筹资能力的大型房地产项目提供融资;二是为国家和政府提供形式灵活多样的融资;三是实现房地产公司的目标收益率。

（二）房地产项目融资模式的基本原则

根据上述房地产项目融资所要解决的问题和房地产项目融资本身应具有的特点，选择和设计房地产项目融资模式时，应遵循实现有限追索、分担项目风险、利用项目的亏损来降低投资成本和融资成本、实现房地产投资者对项目百分之百融资的要求、实现房地产投资者非公司负债型融资的要求、结合房地产投资者的近期融资战略和远期融资战略、易操作并符合政策法规的要求等基本原则。

第 5 节　房地产信托

一、信托及房地产信托的概念

信托就是信用委托，信托业务是一种以信用为基础的法律行为，一般涉及三方面当事人，即投入信用的委托人、受信于人的受托人、以及受益于人的受益人。信托体现多边的经济关系，它是一种包括委托人、受托人和受益人在内的多边经济关系。

房地产信托是指房地产信托机构接受委托人的委托，为了受益人的利益，代为管理、营运或处理委托人托管的房地产及相关资产的一种信托行为，它在集合多种金融工具方面具有独特优势。房地产信托包括两个方面的含义：一是不动产信托，就是不动产所有权人为受益人的利益或特定目的，将所有权转移给受托人，使其依照信托合同来管理运用的一种法律关系。二是房地产资金信托，是指委托人基于对信托投资公司的信任，将自己合法拥有的资金委托给信托投资公司，由信托投资公司按委托人的意愿以自己的名义，为受益人的利益或特定目的，将资金投向房地产业并对其进行管理和处分的行为。这也是我国目前大量采用的房地产融资方式。

二、房地产信托的分类

（一）按房地产信托性质分类

(1) 委托业务。委托业务包括房地产信托存款、房地产信托贷款、房地产信托投资、房地产委托贷款等。

(2) 代理业务。代理业务即代理发行股票债券、代理清理债权债务、代理房屋设计等。

(3) 金融租赁、咨询、担保等业务。

（二）按委托人信托目的分类

(1) 房地产保管信托，主要是指某项房地产在交易过程中，预付价款的一部分因价款未清，产权无法立即交与购入方，就可委托信托机构暂时掌握产权，待款项交清后，再交给购入方拥有。

(2) 房地产管理信托，主要是受托办理代收房地产租金、代为修缮和改建、代付代缴房地产税款或其他费用等。

(3) 房地产处理信托，主要指受托办理土地或建筑物的出售事宜等。

（三）按照资金的运用方式分类

(1) 贷款类信托。贷款类信托和银行贷款基本相同，但在操作方式和具体条件把握上略有区别。

(2) 股权投资类信托。商业银行不开展此类业务,国际基金常采用这种方式,这也是信托区别于银行贷款的一个主要方面。

(3) 财产受益权转让类信托。财产受益权转让类信托指接受开发商财产作为信托财产,然后将其受益权向公众进行转让。

(四) 按信托计划管理方式分类

(1) 指定用途信托。指定用途信托指按信托计划在募集资金时就明确了信托资金用于某个特定项目。

(2) 信托公司代定项目信托。投资人基于对信托公司的信任,把资金或财产委托给信托公司,由信托公司代为寻找合适的项目进行投资。

(五) 按投资者的数量分类

按投资者的数量来分,分为单一信托和集合信托。

(1) 单一信托就是一个投资者拟订一个信托计划。

(2) 集合类信托计划的投资人则不能超过200人,即信托合同不能超过200份。

三、房地产信托机构的资金来源

房地产信托机构筹集资金的渠道与方式和银行不一样,主要来源如下。

(一) 房地产信托基金

房地产信托基金是房地产信托投资公司为经营房地产信托投资业务及其他信托业务而设置的营运资金。目前我国的信托投资公司资金来源主要有财政拨款、社会集资及自身盈利。

(二) 房地产信托存款

房地产信托存款是指在特定的资金来源范围之内,由信托投资机构办理的存款,其资金来源、范围、期限与利率,均由中国人民银行规定、公布和调整。

(三) 集资信托和代理集资信托

集资信托和代理集资信托是信托机构接受企业、企业主管部门以及机关、团体、事业单位等的委托代理发行债券、股票以筹集资金的一种方式。

(四) 信托资金

信托资金是指信托机构接受委托人的委托,对其货币资金进行自主经营的一种信托业务。信托资金的来源必须是各单位可自主支配的资金或归单位和个人所有的资金,主要有单位资金、公益基金和劳保基金。

(五) 共同投资基金

共同投资基金即投资基金或共同基金,在发达国家的金融市场上,已被实践证明是一种相当先进的投资制度,并已成为举足轻重的金融工具。

四、房地产信托业务

信托业务是由委托人依照契约或遗嘱的规定,为自己或第三者(即受益人)的利益,将财产上的权利转给受托人(自然人或法人),受托人按规定条件和范围,占有、管理、使用信托财产,并处理其收益。主要包括房地产信托存款、房地产信托贷款、房地产委托贷款、房地产资金信托融资、房地产财产信托融资、房地产投资信托基金、房地产买卖信托、房地产租赁信托、房地产权证保管信托等业务。

五、房地产信托业务运作的基本流程

(一)提出设立房地产信托申请

(1)合作谈判。
(2)项目论证。
(3)提出规模。
(4)制订计划。

(二)资金募集与转移

信托经批准成立后,委托人向受托人提供资金。

(三)建立信托账户

按照相关规定,信托投资公司将房地产信托资金投资于合同约定的对象前,应当将该资金存入信托保管人所开立的信托资金专户,任何人不得挪用。

(四)信托财产管理与运用

基于信托财产保值增值的目的,受托人管理运用信托财产,应每年编制信托事务处理情况及财产状况报告并予以公告。

(五)终止与清算

规定信托期限并在信托到期时进行信托计划财产的清理、变现、确认和分配。

第6节 房地产抵押贷款

一、房地产抵押的类别

房地产抵押以抵押的标的物来区分,可分为房地产抵押、在建工程抵押和房屋期权抵押;按担保的债权是否特定来分,还可分出最高额抵押。

(一)房地产抵押

房地产是房屋及该房屋占用范围内的土地使用权的经济形态。房屋所有权抵押时,该房屋占用范围内的国有土地使用权必须同时抵押,这是房地产管理法和担保法的一致规定。这一规定遵循了房屋的所有权和该房屋占用范围内的土地使用权权利主体一致的原则。

（二）在建工程抵押

在建工程是尚在建造中的房屋，是一个在变化过程中的物，因此，在建工程抵押与房地产抵押有较大的区别。《城市房地产抵押管理办法》规定：在建工程抵押是指抵押人为取得在建工程继续建造资金的贷款，而为偿还贷款进行的担保。将在建工程作为抵押物时，一是抵押人不能作为第三人为他人进行担保，二是不能为其他性质的债权进行担保，而只能为取得在建工程继续建造资金的贷款担保。当在建工程竣工时，如抵押权尚未消灭，抵押当事人应当在已竣工的房地产上重新设定抵押权。

（三）房屋期权抵押

房屋期权是一种债权，在一些地方性的立法中，这种期权已可以进行预告登记，也可以进行抵押。预告登记是为保全一项以将来发生不动产物权变动为目的的请求权而设立的权属登记。我国《城市房地产抵押管理办法》将房屋期权抵押规定为预购商品房贷款抵押。按这一规定，预购商品房贷款抵押在登记时，由登记机关在抵押合同上做记载，待房屋竣工以后，再由当事人重新办理房地产抵押登记。

我国原来是实行广义抵押权的国家，按《中华人民共和国民法通则》规定，债务人或者第三人可以提供一定的财产作为抵押物。即抵押物除了不动产以外，还可以是动产或某些权利。《中华人民共和国担保法》公布以后，已将动产抵押和权利抵押称为质押。《中华人民共和国担保法》规定了一些可以质押的权利，对房屋期权虽未做明确规定，但在可以抵押的财产中列入了依法可以抵押的其他财产。

（四）最高额抵押

最高额抵押是指抵押人与抵押权人协议，在最高债权额限度内，以一定期间内连续发生的债权作担保。这里所说的抵押人，是指把依法取得的房地产提供给抵押权人，作为本人或者第三人履行债务担保的公民、法人或者其他组织；抵押权人，是指接受房地产抵押作为债务人履行债务担保的公民、法人或者其他组织。最高额抵押与普通抵押的最大差别在于，最高额抵押所担保的债权是不特定的，且不因担保的主债权数额为零时消灭。这从现象上看抵押权不从属于债权，与抵押权的基本理论相悖，但这种抵押权是从属于另一种债的关系，即抵押人与抵押权人协议并由此而产生的一系列连续的债的关系。

二、房地产抵押权的概念及特点

（一）抵押权的概念

抵押权就是抵押权人对抵押财产享有的优先受偿权，即债务人或第三人不转移对其财产的占有，将该财产作为债权的担保，当债务人不能履行债务时，债权人拥有从其抵押财产折价或者拍卖、变卖该财产的价款中优先受偿的权利。

（二）抵押权的特点

（1）抵押权属于担保物权，其作用是担保债权的清偿，因此，抵押权从属于债权而存在，并将随着债权的清偿而消失。

（2）抵押权担保的债权具有优先受偿权，即当同一债务有多项债权时，抵押权所担保的债权必须优先清偿。

(3) 用益物权可设立抵押权,抵押标的除了完全物权即所有权外,用益物权如使用权等也可设立抵押权。

三、房地产抵押贷款的概念、特点及作用

(一) 房地产抵押贷款的概念

房地产抵押贷款是指银行以借款人或第三人拥有的房地产作为抵押物发放的贷款。抵押物担保的范围包括银行房地产抵押贷款的本金、利息和实现抵押物抵押权的费用及抵押合同约定的其他内容。房地产抵押人在抵押期间不得随意处置受押房地产,受押房地产的贷款银行作为抵押权人有权在抵押期间对抵押物进行必要的监督和检查。在贷款债务履行期届满,贷款人未清偿贷款本金和利息的,贷款银行可以与借款人协议以抵押的房地产折价或拍卖、变卖该抵押物所得的价款偿还贷款本金和利息;协议不成,贷款银行可以向法院提起诉讼,通过法律途径清偿贷款银行的债权。

(二) 房地产抵押贷款的特点

1. 以抵押为前提建立的信贷关系

房地产抵押贷款的基本前提是建立了抵押关系,只有债务人以房地产资产作为抵押物品,债权人才会向其发放贷款,这样做使债权人转移的资金有了物质担保,减少了债权人的贷款风险,而且其贷款发放数额由抵押物的价值和贷款项目风险来决定。但就借贷双方而言,其目的都不是出售抵押物或取得抵押物,而是以抵押物为前提融通资金。

2. 房地产抵押贷款的现实性与凭物性

房地产抵押贷款现实性与凭物性的特点,在于提高贷款偿还的安全性,但最终目的在于融通资金。由于贷款未来能否偿还具有不确定性,所以抵押物的处置权可能会被债权人掌握。

3. 抵押物权属关系复杂

房地产抵押贷款与其他标的物抵押贷款不同,它不仅涉及抵押人与承押人的双方利益,还涉及如房地产使用人、共有人以及他项权利人等各方面的权益。

(三) 房地产抵押贷款的作用

(1) 促进住房自由化和房地产消费市场的发展。
(2) 增强房地产开发经营企业的经济实力。
(3) 发挥储蓄功能,调节居民消费行为。
(4) 保障银行贷款的安全性,促进房地产金融的发展。

四、房地产抵押贷款种类

房地产抵押贷款依据不同标准可有不同的分类。

(1) 按贷款对象分为企事业法人房地产抵押贷款和个人房地产抵押贷款。

企事业法人房地产抵押贷款,即金融贷款机构向实行独立经济核算并能承担经济责任和民事责任,符合房地产抵押贷款条件的企事业法人发放的房地产抵押贷款。

个人房地产抵押贷款,即金融贷款机构向符合房地产抵押贷款条件的个人发放的房地产抵押贷款。

（2）按贷款用途分为房屋开发抵押贷款、土地开发抵押贷款、购房抵押贷款和其他用途的房地产抵押贷款。

房屋开发抵押贷款，即金融贷款机构以房地产开发经营企业所开发的房屋的权利作为抵押物而发放的贷款。土地开发抵押贷款，即金融贷款机构以房地产开发经营企业拟开发土地的土地使用权作为抵押物而发放的贷款。房屋开发抵押贷款和土地开发抵押贷款又称作房地产开发建设贷款。购房抵押贷款，又称房地产消费贷款，即金融贷款机构以购房人所购房屋作为抵押物而发放的贷款，主要包括商品房抵押贷款和二手房抵押贷款。其他用途的房地产抵押贷款，即用于除上述三种用途以外的其他生产性或消费性房地产抵押贷款。

（3）根据利息计算和本金偿还方式的不同，可分为等额抵押贷款和递减式抵押贷款。

（4）按贷款利率确定方式分为固定利率抵押贷款和可调利率抵押贷款。

五、房地产抵押贷款的基本运作程序

房地产抵押贷款运作程序的设计要能充分保障各方利益，一般通用的房地产抵押贷款运作程序包括以下几个步骤。

（一）提出贷款申请

凡是符合贷款条件的借款人向银行申请房地产抵押贷款时需填写房地产抵押贷款申请表，并提供规定的文件，经贷款银行负责人认定后方可办理借款申请。

（二）贷前审查

金融机构收到借款人的申请及相关文件后，要对借款人和抵押标的物进行全面的审查和分析。这是保证贷款安全的重要环节，审查包括以下内容：

1. 借款人资格、资信的审查

借款人资格、资信的审查主要审查借款人是否具备相应的资格和确有还款能力。

2. 抵押物的审查

抵押房地产的选择和审定，主要着眼于易于保值、易于变现、易于保管以及易于估价的房地产。抵押物要符合国家有关规定，不得抵押的房地产不能用于贷款抵押。

在房地产抵押中，必须严格土地、房产性质的审查，并根据其性质实行相应的抵押程序，以确保银行抵押权的合法有效，准确合理地维护银行的合法权益。

3. 贷款用途、贷款项目的审查

一是审查贷款的用途是否符合国家有关规定；二是对贷款项目进行可行性评估，从市场研究和经济研究两方面分析贷款是否可行，主要有营业净收益与贷款本息比率、营业费用比率、保本比率、贷款价值等指标。

（三）房地产抵押贷款合同的签订和登记

贷款审查合格之后，借款双方应在平等协商的基础上，共同订立抵押贷款合同。房地产抵押贷款合同是指房地产抵押当事人（包括借贷双方和担保人）按照一定的法律程序签订的书面契约，所签订合同应办理公证登记。另外，抵押人和抵押权人应在房地产抵押合同签订之日起 30 天内持抵押合同、有关批准文件及证件到当地房地产产权管理部门申请抵押登记。

（四）房地产抵押贷款额度、期限与利率

房地产抵押贷款的贷款额度由贷款人根据借款人的资信程度、经营状况、申请借款金额和借款时间长短确定，一般最高不超过抵押物现行作价的70%。贷款的期限主要有两种：短期建设贷款以建设周期为限，一般3～5年；长期经营贷款15～30年。抵押贷款利率一般是按照期限、货币币种确定的，人民币抵押贷款利率按建筑业流动资金贷款利率执行，并根据贷款期限的长短、借款数额的多少，实行浮动利率。

（五）房地产抵押贷款的偿还方式

借款人在贷款合同规定期限内偿还贷款本息，选择何种还款方式由借贷双方在合同中约定，常见的偿还方式有以下几种。

(1) 分期还本金加利息的不等额抵押贷款还款方式（递减还款）。
(2) 每年支付利息，期满一次偿还本金或分期归还本金的还款方式。
(3) 资金回收式年度等额还款方式。
(4) 本金利息平均归还方式。

六、房地产抵押贷款的风险

不动产抵押贷款是指债务人以房地产产权作为偿还债务的担保从债权人手中获得资金融通的行为。当前，在不动产抵押贷款的业务实践中存在以下几种风险。

（一）抵押物风险

不动产作为一种能够长期使用的财产，始终存在抵押物风险，具体表现在，抵押不动产的产权风险；由于自然或人为的原因，无意或有意地造成不动产抵押物的灭失，造成抵押住宅价值大部分损失；未经抵押权人书面同意，抵押人出售、出租抵押物或将抵押物再抵押，或抵押人单方面同意由有关机关、企业征用、拆除抵押不动产。

（二）欺诈风险

欺诈行为是指违反金融管理法规，采取捏造事实、隐瞒真相或其他不正当手段，以"房地产"作抵押，骗取根本无偿还能力或超过其偿还能力的贷款，致使国家财产遭受严重损失的行为。主要有虚拟抵押、旧契抵押和租赁房屋抵押。

（三）贷款条件风险

1. 按揭比率风险

按揭比率指贷款额占房产或抵押物价值的比率，比率越高，在相同的时限内借款数额就越大，对抵押人的压力也越大，意味着抵押人违约的可能性越大；反之亦然。但是这并非意味着比率越低越好，因为抵押贷款的目的就是帮助抵押人购房，如果首付款过高，抵押人是难以承受的。

2. 利率风险

利率的高低是影响借款额的重要指标。尽管利率风险大部分转移到了贷方，但抵押人并非毫无风险。例如，由于通货膨胀的存在，使实际利率发生变化。从抵押人角度看，如果贷款或接近到期的其他债务抵不上抵押资产，那么就要承担利率风险。同样，由于通货膨胀的影响，如果固定利率和实际利率之间的差距扩大，贷方也会遭遇风险。

3. 还款方式风险

就我国目前而言,房地产抵押贷款的还款方式是按月均还,它的好处在于债务双方都知道自己的收益或支出,从而可以制订长期的计划来安排投资。但这种还款方式忽略了资金的时间价值,是一种静态的处理方法,所以,抵押权人和抵押人都要承担风险。其中相对来讲抵押权人承担的风险更大。对于收入不稳定或有投资计划的抵押人来讲,按月均还贷的风险也比较突出。

4. 还贷期限风险

时间越长,未知因素就越多,抵押物的自身价值也会发生变化,自然风险就会增加。

(四)贷款人信用风险

主要是供款能力不足和抵押人转移投资、抵押物处置风险。由于抵押人违约,那么抵押权人就会提出对抵押物进行处置。但是,在我国现阶段,有关抵押物处置、追索的规章制度只是一个大的框架,实施起来困难很大。

(五)估价失误风险

我国房地产估价机构的机制不很健全,从事估价的工作人员经验不足,因此有时难免会出现失误。造成不动产抵押贷款风险的原因很多,归纳起来主要有三方面。一是客观上借款人的事业受到挫折,影响经济收入。如开发经营决策失误、个人因工作变迁影响其收入水平等使贷款不能如期收回。二是主观上贷款人(银行)管理不善,对借款人资质审查不严,对抵押物(房地产)评估不准确,导致贷款额超过抵押物变现价值。三是外部环境的变化,如宏观政策变化、通货膨胀等原因导致贷款损失;或者由于自然灾害等对抵押物造成损害,最终导致抵押物资不抵债。

第7节 住房公积金制度

一、住房公积金的概念

住房公积金,是指国家机关、国有企业、城镇集体企业、外商投资企业、城镇私营企业和其他城镇企业、事业单位、民办非企业单位、社会团体及其在职职工缴存的长期住房储金。

二、住房公积金的特点

住房公积金属于政策性住房金融,它是一种个人储蓄,但又不同于一般个人储蓄,是一种义务性的长期住房储金,由职工个人按月缴交占工资一定比例的公积金,单位亦按月提供占职工工资一定比例的公积金,两者均归职工个人所有。其特点如下。

(一)义务性

住房公积金的义务性是指住房公积金是通过国家政策规定强制实行的,所有单位和职工都必须按时、足额缴存,提取和使用应具备一定条件,这是住房公积金的主要属性,也是住房公积金与银行储蓄存款的根本区别。

(二)长期性

住房公积金的长期性是指缴存住房公积金是一项长期义务,贯穿于整个劳动就业过程。

不论工作有无调动，还是单位发生变更，缴存住房公积金的义务必须履行并坚持。

（三）专用性

专用性是指住房公积金的属性是个人专项住房资金，归个人所有，而不是财政预算内或预算外资金，也不是一般银行储蓄资金，住房公积金的使用方向是特定的，只能用于职工的购房、建房，或住房的翻建、大修等，任何单位都不能挪作他用。

（四）互助性

互助性是指参加住房公积金制度的职工，在住房公积金使用上，互相帮助，互相支持。对尚未解决住房问题的职工来说，买房时，不但可以使用自己缴存的住房公积金，而且通过贷款的形式，也可以使用其他职工缴存的住房公积金，享有互助的权益。对已经解决住房问题的职工来说，必须继续履行缴纳住房公积金的义务，帮助其他职工解决住房问题，承担了互助的义务。

（五）保障性

保障性是指住房公积金是职工住房消费的最低资金保障。住房是人类的基本需求，为满足这种基本需求，每个职工都应有一笔最低数额资金，作为作房消费的专项支出。

（六）政策性

政策性是指住房公积金的存取和使用均受到有关房改政策、规定的制约。实行住房公积金的单位要按月、按房改政策规定的相应比例，从企业房改资金中提供给职工个人一部分资金，体现了国家从直接投资逐步转为对个人的补贴，向个人的住宅消费方向发展的政策。

三、住房公积金的管理原则

我国住房公积金的管理遵循住房公积金管理委员会决策、住房公积金管理中心运作、银行专户存储、财政监督的原则。

（一）住房公积金管理委员会决策

住房公积金管理委员会决策是指住房公积金管理委员会作为住房公积金管理的决策机构，对有关住房公积金管理的重大问题行使决策权，包括有关住房公积金制度的政策规定和运作管理等重要事项，如拟订住房公积金的缴存比例，审批住房公积金的归集、使用计划，确定住房公积金贷款的最高额度。

（二）住房公积金管理中心运作

住房公积金管理中心运作是指在住房公积金管理委员会的领导下，各城市依法成立住房公积金管理中心，履行住房公积金的管理运作职责。

（三）银行专户存储

银行专户存储是指住房公积金管理中心在住房公积金管理委员会指定的受委托银行设立住房公积金专用账户，专项存储住房公积金。设立住房公积金专户是落实住房公积金安全运作和专项使用的基本措施。

（四）财政监督

财政监督是指财政部门对住房公积金的运作管理进行检查监督。财政监督的根本目的是防止住房公积金被挤占和挪用，控制住房公积金管理中心费用支出，严格执行住房公积金财务和会计核算办法，使住房公积金的运作管理规范、高效。

四、住房公积金的缴存

职工住房公积金按月缴存，缴存额为职工本人上一年度月平均工资乘以职工住房公积金缴存比例；单位为职工缴存的住房公积金的月缴存额为职工本人上一年度月平均工资乘以单位住房公积金缴存比例。具体缴存比例由住房公积金管理委员会拟订，经本级人民政府审核后，报省、自治区、直辖市人民政府批准。由职工所在单位按月将职工工资中扣除的住房公积金部分，连同单位替职工缴存的部分一起存入单位名下的职工个人住房公积金账户。

单位为职工缴存和代扣的住房公积金，由单位自发放月工资之日起5日内，存入银行的公积金专户。住房公积金自存入之日起计息。住房公积金实行"低存低贷"的政策，根据规定，职工个人住房公积金存款，一般按法定半年期定期存款利率计息。住房公积金存款于每年6月30日按上年7月1日银行挂牌利率结息，并自结息日起自动转存。

五、住房公积金支取条件与审批

住房公积金的支取，是指职工按规定的条件和程序，提取个人缴存的住房公积金本息。办理住房公积金的支取，主要有三种情况：一是职工在住房公积金的缴存期间，为使用住房公积金而发生的支取；二是按规定职工进行住房公积金本息余额的结算，同时办理销户手续发生的支取；三是在有关规定允许的特殊情况下办理的支取。

（一）住房公积金支取条件

一般情况下，须符合下列条件中的一项才可支取，具体要求可参见各地规定。

（1）职工按规定购买自住住房，翻修或大修私房时，可根据购房协议书或建、修房证明向单位提出支取住房公积金的申请。

（2）职工按上述规定提取住房公积金仍不够时，可由职工的同住人、非同住直系亲属或者配偶向其所在单位提出支取住房公积金申请。申请时亦须提供有关证明。

（3）职工离退休、调离居住地或出境定居时，可向单位提出支取住房公积金申请。单位在办妥职工离退休或调离手续后，方可同意支取。

（4）职工在职期间死亡或者被宣告死亡，其住房公积金可由继承人或受遗赠人取得。继承人或受遗赠人应向职工单位提出申请，单位核定继承人或受遗赠人身份无误后，方可同意办理手续，将住房公积金转移或支取。

（5）职工完全丧失劳动能力，并与所在单位终止劳动关系时，可向单位提出支取住房公积金申请。

（二）住房公积金支取流程

各地的规定存在一定差异，一般情况下，住房公积金的支取流程如下。

（1）职工个人根据公积金支取条件，向单位提出书面申请，并附上有关证明。

（2）经单位审核并同意后，由财务部门开具支取申请书，一式三份，由单位领导签字盖章并加盖银行提款印鉴。

（3）职工个人将公积金支取申请书交给单位公积金经办银行，经后台复核后填写银行付款凭证，一式四份，交提款人，同时打印职工公积金支取账单。

（4）职工个人凭银行付款凭证，收取银行公积金支取对账单和对账单上支取金额一致的公积金本息。

职工个人取走公积金后，银行还要将公积金支取申请书和银行付款凭证各一联送公积金管理机构结账；同时，银行将另一联付款凭证送到单位，由单位作为公积金账册的记账凭证。

六、住房公积金贷款

住房公积金贷款是以公积金作为资金来源的政策性较强的一种贷款。若仅从银行信贷的角度来看，它与其他贷款在受理、审核、发放贷款和监督方面没有本质的区别。但在具体运作环节上，住房公积金贷款是受住房资金管理中心委托的政策性较强的贷款（体现在贷款对象、利率、保证方式等方面），与典型的住房抵押贷款有较大的区别。从发展趋势来看，住房公积金贷款的主要对象是个人，在下面的描述中住房公积金贷款均指针对个人的住房公积金贷款。

（一）住房公积金贷款分类

到目前为止，住房公积金贷款主要分两类：一类是向单位发放的住房专项贷款，另一类是向职工发放的个人住房公积金贷款。为了降低房屋成本和提高职工的支付能力，公积金贷款遵循"低进低出"的原则进行。

（二）住房公积金贷款程序

1. 申请

购买商品房、经济适用房的，与售房单位签订购房合同的同时领取住房公积金贷款申请审批表，按表填写并准备相关材料，确定贷款额。贷款的最高限额具体可见各城市的规定。一般以月还款额不超过借款人家庭月工资总收入的50%确定最高贷款额。建造、大修自住住房的，凭土地、规划部门的批文，到当地住房公积金管理中心办理贷款申请；购买具有完全产权的私有住房（即二手房）的，到房屋置换股份有限公司办理申请。

2. 审核

售房单位或担保公司将借款人资料连同购房合同、首付款收据等，报当地住房公积金管理中心审批。

3. 签订贷款合同

经当地住房公积金管理中心审批同意后，通知借款人与银行签订借款合同，并办理合同公证、抵押物保险等相关手续。

（三）个人住房组合贷款

个人住房组合贷款是指符合个人住房商业性贷款条件的借款人又同时缴存住房公积金的，在办理个人住房商业贷款的同时还可以申请个人住房公积金贷款；借款人以所购本市城镇自住住房(或其他银行认可的担保方式)作为抵押可同时向银行申请个人住房公积金贷款和个人住房商业性贷款。

第8节　房地产保险

一、房地产保险的概念

房地产保险就是以房屋及其相关利益和责任为保险标的的保险。这里要说明的是,房地产是房产与地产两种财产的总称,包括房与地两方面。土地是一种天然形成的自然产物,一般不存在灭失、毁损等风险,因此房地产保险的标的只能是房屋及其相关利益与责任。

房地产保险按风险潜在损失所涉及的客体(即保险的对象)可以分为房地产财产保险、房地产责任保险、房地产人身保险、房地产信用保险和保证保险。由于房地产责任风险、信用风险危及的对象主要是财产与人身两类。从广义上来说,房地产保险按保险对象划分为房地产财产保险和房地产人身保险,且以房地产财产保险为主。

二、房地产保险的构成要素

房地产保险的构成要素是房地产保险运行的基本条件,包括房地产投保人、保险人、被保险人和受益人等。房地产投保人即为被保险人。受益人为房地产人身保险合同中由投保人或被保险人指定的享有保险金请求权的人。投保人、被保险人均可为受益人。

三、房地产保险原则

房地产保险作为一种特殊的合同,为了确定合同双方(投保人、保险人)的权利和义务,所订立的保险合同应遵循一定的原则。

(一) 最大诚信原则

合同双方必须以最诚实的态度对待对方,遵守合同中约定的信用关系,被保险人尤其要遵守该原则。为此投保人必须透露一切重要事实,并且不对保险做虚假陈述。如果不透露重要事实或做虚伪陈述都会违反最大诚信原则,保险人有权解除合同或不负赔偿责任。同时,最大诚信原则要求保险人将保险事项如实地告诉投保人,对保险条款的介绍不得含糊,也不得欺骗。

(二) 可保权益原则

可保权益原则要求被保险人对所投保的保险标的拥有可保权益。在房地产保险中,由于保险合同以不能事先确定事件的发生作为给予保险金(指以保险财产的价值为依据确定的,在保险灾害事故发生后,保险方承担赔偿责任的最高限额)的前提,这就有了可以利用这种特点来牟利的可能。为了防止这种情况发生,财产保险合同的投保人必须是有保险利益的人员。财产保险的保险利益是指保险标的对投保人有直接的利害关系。这种利害关系表现为假如财产安全,投保人就能得益;如果财产遭受损毁,投保人便会蒙受损失。换句话说,可以进行投保的财产必须是投保人拥有保险权益的财产。

(三) 赔偿原则

在投保人的财产发生保险责任范围内的灾害事故而遭受损失时,保险人必须按合同规定的条件进行赔偿。

四、房地产财产保险的种类和内容

房地产业务中的财产保险是以房地产开发过程中的房屋及其附属设备为保险标的的保险,属于财产保险的范围,它包括建筑工程险、居民房屋保险和企业财产保险等。

(一)居民房屋保险

在房地产业务中,居民所拥有的房屋可能面临因自然灾害或意外事故而遭受损失的风险,而居民房屋保险可以为其提供保障。

城乡居民房屋保险按照交费方式主要分为城乡居民房屋保险(简称房屋普通险)和城乡居民房屋两全保险(简称房屋两全险)两种。房屋普通险是采取交纳保险费的方式,保险期限为一年,保险期满后,所缴纳的保险费不退还,继续保险须重新办理保险手续。房屋两全险是采取缴纳保险储金的方式,无论保险期间是否得到赔款,在保险期满后都将原交的保险储金全部退还被保险人。这种保险既有储蓄性,又能获得财产的保险保障。

(二)企业财产保险

目前在国内的保险市场中,企业的房产一般不作为单独的保险标的进行保险,而是和其他的固定资产和流动资产一起,投保企业财产保险。企业财产保险是指以企业所拥有的某一特定的一般固定资产和流动资产为保险标的,对因遭受火灾及保单列明的各种自然灾害和意外事故引起保险标的的损失给予经济补偿的保险。企业财产保险可以细分为企业财产保险基本险、企业财产保险综合险等。

五、房地产保险的运作

房地产保险的运作是在法律的规范下进行的,通常有投保与承保、索赔与理赔等。

(一)房地产保险的投保与承保

房地产保险的投保与承保是房地产保险运行的开始,投保和承保的过程就是房地产投保人与房地产保险人订立保险合同的过程。

(1)投保人填写投保单。
(2)保险公司受理保单。
(3)保险人签发保险单。
(4)保险费的交付。

(二)房地产保险的索赔与理赔

索赔指当房地产保险的标的物在保险的有效期内发生损失或损害时,被保险人可以要求保险人按保险合同规定给予赔偿。理赔指房地产保险人处理被保险人提出的索赔要求,处理有关赔偿的工作。房地产保险的索赔和理赔是实现房地产被保险人权益,实现房地产保险补偿或给付职能的体现。

第9节 房地产资产证券化

一、房地产资产证券化的概念及意义

(一) 房地产资产证券化的概念

所谓房地产资产证券化,也就是指将房地产投资直接转变成有价证券形式,投资人和房地产投资标的物之间的关系由拥有房地产的所有权变为拥有证券的债权。房地产证券化的定义有广义和狭义之分。广义的房地产证券化包括两大部分,一为房地产抵押债权的证券化,二为房地产投资权益的证券化。狭义的房地产证券化指的是房地产投资权益的证券化,即商业房地产证券化。

房地产资产证券化的主要特征是先将价值量大的房地产细分化,之后资产化、流动化。利用证券市场实现房地产的资本大众化和经营专业化的目标,一方面做到了企业所有权与经营权的分离,实现专业化经营目标;另一方面能实现资金集聚,从而达到风险分散化与收益最大化目标。

(二) 房地产资产证券化的意义

(1) 为开发商提供了一种新型的融资渠道。
(2) 为开发商提供了规模经济效益。
(3) 有利于社会资源的优化配置。
(4) 降低贷款机构的流动性风险。
(5) 降低贷款机构的管理风险。

二、房地产抵押贷款证券化

(一) 住房抵押贷款证券化的概念

住房抵押贷款证券化是指银行等金融机构将其持有的住房抵押贷款债权转让给一家特别目的机构(SPV),由该机构将其收购的住房抵押贷款进行整合和信用增级后,在资本市场上发行证券的行为。住房抵押贷款证券化是房地产资产证券化的一种。

(二) 住房抵押贷款证券化的种类

房地产资产证券化的证券是选择股票形态、基金受益券形态还是债券形态,这主要视原有房地产资产权利是所有权还是债权而定。住房抵押贷款证券化的证券主要选择债券形式,根据被证券化的住房抵押贷款所有权转移与否、投资者是否承担住房抵押贷款提前偿付而面临再投资风险以及住房抵押贷款证券化的现金流等不同,可以将住房抵押贷款证券划分为如下三种基本类型。

1. 过手证券

过手证券是被证券化的住房抵押贷款的所有权经 SPV 受让并随后以证券的形式出售而转移,被证券化的住房抵押贷款从银行的资产负债表的资产方移出。过手证券的投资者对住房抵押贷款及其还款现金流实际上拥有直接所有权。银行通过提供相应的服务(如按月收取借款人偿还的住房抵押贷款本金和利息)将住房抵押贷款产生的还款现金流在扣除了有关费用(如担保费、服务费、过手费等)之后"过手"给投资者。由于银行把住房抵押贷款"实出售",涉及直接所有权的过手,过手证券不出现在银行的资产负债表上。住房抵押贷款的各种风险几乎会原封不动地过手给投资者,并且过手证券的投资者承担被证券化的住房抵押贷款提前偿还而产生的再投资风险。

2. 资产支持债券

资产支持债券是发行人以住房抵押贷款组合为抵债而发行的债券。资产支持债券类型下,被证券化的住房抵押贷款的所有权仍属于银行,被证券化的住房抵押贷款和发行的资产支持债券分别保留在银行的资产负债表中,住房抵押贷款组合所产生的现金流不一定用于支付资产支持债券的本金和利息,发行人可以用其他来源的资金支付资产支持债券的本金和利息,资产支持债券的投资者不承担被证券化的住房抵押贷款提前偿还而产生的再投资风险。资产支持债券的一个显著特征是它们一般都是超额抵押,通常按照债券本金部分的110%～200%进行超额抵押,也可以采取从第三方购买信用的方式来替代。

3. 转付债券

转付债券是根据投资者对收益、风险和期限等的不同偏好,对住房抵押贷款所产生的现金流进行重新组合而发行的债券。转付债券兼有过手债券和资产支持债券的一些特点。转付证券类型下,偿还转付债券本金和利息的资金来源于住房抵押贷款所产生的现金流,转付债券的投资者承担被证券化的住房抵押贷款提前偿还而产生的再投资风险,这与过手证券相同;而被证券化的住房抵押贷款的所有权仍属于发行人,被证券化的住房抵押贷款和发行的转付债券分别保留在银行的资产负债表中,这与资产支持债券相同。

(三)住房抵押贷款证券化的运作

1. 住房抵押贷款证券化的参与者

住房抵押贷款证券化的参与者通常主要有发起人、发行人、服务人、信用增级人、信用评级人和受托人等。

(1)发起人:发起人是住房抵押贷款的发放人,通常是发放住房抵押贷款的金融机构,如商业银行、住房专业银行等。

(2)发行人:住房抵押贷款证券的发行人主要有特殊目的机构,又称特设机构。SPV一般通过向不同的发起人收购住房抵押贷款资产,组成住房抵押贷款资产池,然后经过整合包装后发行住房抵押贷款证券,并且负责住房抵押贷款证券的本息兑付。具体承销和本息兑付工作可以由证券承销机构如证券公司、商业银行等承担。SPV可以由非发起人组建,也可以由发起人组建,SPV通常应该有独立的法律地位,SPV购买的住房抵押贷款资产应是一种真实购买,在法律上应不再与发起人的信用相联系。如果发起人破产,被证券化的住房抵押贷款不应该作为破产财产用作清算。

(3)服务人:服务人是负责住房抵押贷款回收服务的机构,一般由住房抵押贷款的发放人或者其所属机构充当。服务人定期向住房抵押贷款的借款人收取到期本息,并且将收到的住房抵押贷款本息转让交给SPV,服务人一般还负责对本息收回情况进行分析,并经过受托人审核后,向投资者公布。服务人定期获得服务费收入。

(4)信用增级人:信用增级人是为住房抵押贷款证券的发行提供信用担保的机构,通常由专业担保机构、商业银行、证券公司、保险公司等担任。通过信用增级人的担保或者保险行为,能够提高所发行的住房抵押贷款证券的信用级别,有利于发行人对该住房抵押贷款证券的定价。即使住房抵押贷款证券的定价是通过市场供求来决定,由于信用增级,也会使住房抵押贷款证券的定价朝着有利于发行人的方向倾斜。当然,住房抵押贷款证券是否采用信用增级措施,可以由发行人根据信用增级费用和投资者的投资需求等因素权衡确定。

(5) 信用评级人:发行的住房抵押贷款证券通常由被投资者认可的信用评级机构进行评级,在该住房抵押贷款证券存续期间,评级机构一般也会持续进行评级,并且在必要时适时调整信用等级。

(6) 受托人:受托人是受发行人和投资者的委托,作为担保品受托人和证券权益(一般是债权)受托人对发行人和投资者的账户进行管理。受托人通常将持有发行人以住房抵押贷款或者其他资产充当的担保品,并且作为住房抵押贷款证券持有人(投资者)的受托人,负责将服务人转让交给SPV的本息收入向投资者账户进行定期分配,在投资者的利益遭到侵害时,受托人将代表投资者的利益采取必要的法律措施。

此外,住房抵押贷款证券化的参与者还包括提供会计服务的会计师事务所,提供资产评估服务的资产评估机构,为发行人、承销机构提供法律服务的律师事务所和提供款项收付服务的银行等。

2. 住房抵押贷款证券化的基本运作模式

住房抵押贷款证券化的基本做法是:发起人对其抵押贷款资产进行打包组合,出售给为抵押贷款证券化而特别设立的机构SPV,然后由SPV通过一定的信用增级手段使其达到要求的信用级别。SPV通过分析、核算,在某一特定时间,在资本市场上,通过证券承销商发行以其所购的抵押贷款为基础的证券。具体来说,住房抵押贷款证券化的基本运作步骤包括资产池的形成、证券化特别机构的设立与证券设计、信用增级、信用评级、证券发行、后续服务等。

(1) 资产池的形成:发起人根据自己所要达到的融资要求,确定其证券化的目标,在综合考虑房地产抵押贷款的期限、利率、规模等因素后,对能够进行证券化的抵押贷款资产进行清理和估算,最后将这些资产汇集,组建资产池。汇集到资产池的抵押贷款必须符合一定的条件:具有明确可预见的未来现金流;信用特征相似;资产具有良好的记录,违约率低;多样化的借款人。

(2) 证券化特别机构的设立与证券设计:证券化特别机构是专门为完成资产证券化交易而设置的特殊实体,是证券化交易中的一项关键制度建设。SPV设立后按照"真实出售"的标准从发起人处购买资产,然后根据资产池的住房抵押贷款情况,估算抵押贷款未来的现金流,在考虑市场投资者需求的基础上,对不同的现金流进行适当的组合,设计成为不同的住房抵押贷款证券品种。

(3) 信用增级:重组后形成的抵押贷款资产的信用仍是原来的信用,这一信用并不高,为了增强投资者的信心,吸引更多的投资者,便于在资产市场上进行交易,还需要对重组后的抵押贷款资产进行信用增级。信用增级可以通过两方面来进行:内部信用增级和外部信用增级。内部信用增级主要有两种途径:一是超额抵押,即贷款库的总资产要大于以此为基础所发行的证券的总值;二是优先结构安排,即把贷款库的资产分成不同的偿还顺序结构,保证在发生风险的情况下优先偿还安排在前的证券。外部信用增级则是指由信用等级较高的机构为证券提供担保或由保险公司提供相关的担保。

(4) 信用评级:在进行信用增级后,SPV将聘请信用评级机构对将要发行的证券进行正式的发行评级,并且向投资者公布最终评级结果。房地产抵押贷款证券在进行信用评级时一般不考虑市场利率变动等因素引起的市场风险,也不考虑抵押贷款资产提前偿付引发的风险,而主要考虑抵押贷款的信用风险。

(5) 证券发行:在完成信用增级和信用评级后,即可安排抵押贷款证券的发行。房地产抵押贷款证券的发行一般由 SPV 通过证券承销商来发行。

(6) 后继服务:抵押贷款资产所有权转移后,贷款本金和利息的收回、违约处置、证券到期的偿付等日常管理工作一般仍由发起人即抵押贷款银行承担,贷款银行应按月回收贷款本金和利息,在扣除贷款发行费用后转给 SPV,再由 SPV 付给证券投资者,也可以由 SPV 委托银行直接付给投资者。待证券全部被偿付完毕后,如果资产池产生的收入还有剩余,那么它们将被返还给交易发起人。至此,抵押贷款证券化交易全部过程宣告结束。

思考与练习

一、名词解释

1. 房地产金融
2. 房地产金融市场
3. 房地产金融机构
4. 房地产项目融资
5. 信托
6. 抵押权
7. 住房公积金
8. 房地产保险
9. 住房抵押贷款证券化

二、简答题

1. 房地产金融的基本特征有哪些?
2. 简述房地产金融市场的基本构成要素。
3. 简述房地产金融市场的五大功能。
4. 房地产金融机构的主要任务是什么?
5. 房地产金融机构内部稽核涉及哪些方面?
6. 房地产信托主要有哪些分类方式?
7. 房地产抵押贷款的基本运作程序是什么?
8. 简述住房公积金的特点和支取条件。
9. 房地产保险的最大诚信原则对被保险人提出了什么要求?
10. 简述住房抵押贷款证券化的种类和运作。

第9章 房地产产权产籍管理

第1节 房地产产权登记

一、产权及房屋产权的概念

(一) 产权的概念

产权就是财产的所有权,也称物权。它是指所有人对自己的财产依法享有占有、使用、收益和处分的权利。所有权是所有制在法律上的体现。所有权是绝对权,具有排他性。一般说来,某人对某物享有所有权,其他任何人都不得非法侵犯。当所有权受到侵犯时,所有人有权要求政府的有关部门或人民法院,对其权益给予保护。所有权的行使,必须遵守国家的法律法规或有关政策,不得危害社会公共利益。

(二) 房屋产权的概念

房地产作为不动产,由于房屋建筑在土地上,土地是房屋的载体,二者在物理属性上是密不可分的;在管理上,房屋和其所占用的土地遵循权利人一致的原则。所以房地产所有权实际包含着房屋的所有权和所占用土地的使用权。由于房地产这一特殊性,决定了房地产产权产籍管理也具有特殊性。一方面,由于我国城镇土地属于国家所有,其所有权属于国家,使用者只具有一定年限内的使用权。房屋所有人在取得房屋所有权的同时,实际上也取得了土地使用权。虽然房屋所有权和土地使用权是两种不同的权利,但由于房地产的不可移动性,使得这两种权利只有在权利主体一致时,才具有法律效力。如果只取得其中任何一项权利,都不享有对该房地产的所有权。另一方面,由于房地产的不可移动性,决定了房屋的买卖、赠与、交换等变动,实际上只是房屋所有权证上权利主体名称的变更。所以必须经房地产行政主管部门对其产权变动情况是否合法进行确认和登记。

二、房屋产权的分类

按照所有权性质的不同,我国房地产产权可划分为全民所有的房产、集体房产、私人房产、不同所有制间的共有房产、涉外房产和其他房产六大类。

(1) 全民所有的房产又称国家房产,其产权属国家所有。
(2) 集体所有的房产,其所有权属于集体组织。产权主体是单一的。
(3) 私人房产是住房制度改革以来在城镇大力提倡并迅猛发展的房产形式。
(4) 不同所有制间的共有房产。由不同所有制组织采取购房、建房或其他形式取得的房产,包括如下两种形式:合资购买或合伙投资建设的房产和有限产权的房产。
(5) 涉外房产,主要包括外国人私人住宅和公寓、外资企业和机构的房产、外国政府在我国所设办事机构的房产、中外合资和中外合作企业的房产等。
(6) 其他房产。主要包括宗教房产、宗族房产、会馆房产,以及中华人民共和国成立初期遗留的国家代管房产等。

三、房屋产权的审查和确认

产权的审查和确认是产权登记的基础和核心,只有产权审查清楚,才能准确地确认产权的归属,保证政府部门核发的所有权证具有充分的法律效力。产权审查一般应经过初审、复审和审批三个阶段。

初审主要是通过查阅产权档案及有关资料,审查产权人提交的各种产权证件和必须办理的各种手续,核实房屋的四面墙界与建设用地规划证的用地范围和用地界限是否相符,弄清产权来源及其转移变动情况。

复审是指对经初审同意确认产权并经公告后,无人提出异议的登记案件,由复审人员进行全面审查。复审质量的好坏,直接关系到最终确认产权的准确性。

审批是产权审查的最后程序,它确定是否最后确认产权,是否准予发给产权证件。凡经审查批准的,才准予发给房屋所有权证。审批一般由房产产权登记机关的领导或部门负责人进行。

四、产权登记的种类

产权登记根据现行房产产权产籍管理法规的规定,分为总登记、转移变更登记和其他登记三类。

(一) 总登记

总登记是指在一定时期内,在较大行政区域范围内举办的一次性的、统一的、全面的产权登记,也叫静态登记。总登记是产权登记中最基本的登记,是编制和整理产权产籍资料的一项程序,也是产权产籍管理工作的主要手段。凡在总登记范围内的产权人均有义务依法向相关机关申请登记。

(二) 转移变更登记

转移变更登记是在总登记结束以后,产权发生转移或房屋本身状况发生变化,重新进行的登记。其目的是及时掌握权属变更,确定新的产权人,掌握房屋增减状况,保证产权证记载内容与实际情况一致,资料档案与产权证记载相一致。转移变更登记工作的好坏,反映产权产籍管理水平的高低。

(三) 其他登记

1. 遗失登记

凡房屋所有权证、共有权保持证、房屋他项权利证遗失时应及时登报声明作废,并在房屋所在地的房屋所有权登记机关申领补发。这项登记是在房屋所有权证遗失后的补救措施,可保护产权人的合法权益免受侵害。

2. 新建登记

新建房屋,应于竣工之后3个月内申请办理所有权登记。

3. 他项权利登记

在房屋上设定抵押等他项权利时,应申请登记。

五、产权登记的程序

产权登记按照现行房产产权产籍管理法规的规定,一般按以下程序进行。

(1) 登记收件。
(2) 勘丈绘图。
(3) 产权审查和确认。
(4) 绘制房屋所有权证。
(5) 收费、发证。

六、几种特殊房产的登记

(1) 代管房产登记。代管分为法定代管和委托代管两种形式。法定代管是指产权人下落不明又无合法的代理人或产权不清楚的房产,由房屋所在地房地产行政主管部门依照法律规定予以代管。委托代管是指因房屋所有人不在房屋所在地或其他原因,不能管理其房屋时,可出具委托书委托代理人代为管理。

(2) 拨用产登记。拨用产是全民所有制公有房产的一部分,由政府或房地产管理部门免租借拨给单位使用、管理和维修。

(3) 涉外房产登记。
(4) 违章房屋登记。
(5) 商品房屋登记。

第 2 节 房地产产籍管理

房地产产籍是指城市房屋的产权档案、地籍图纸以及账册、表卡等其他反映产权现状和历史情况的资料。

一、房地产产籍的内容

产籍主要由图、档、卡、册组成。它是通过图形、文字记载、原始证据等,记录产权状况、房屋及其使用国有土地的情况。

(1) 图,即房地产地籍平面图。它是专为房屋所有权登记和管理而绘制的专业用图。一般反映各类房屋及用地的关系位置、产权经界、房屋结构、面积、层数、使用土地范围、街道门牌等。

(2) 档,即房地产档案。它是指将房屋所有权登记中形成的各种产权证件、证明、文件和历史资料等收集起来,用科学的方法加以整理、分类,装订而成的卷册。

(3) 卡,即房地产卡片。它是对产权申请书中产权人情况、房屋状况、使用土地状况及其来源等简要摘录而制成的一种卡片。

(4) 册,即房地产登记簿。包括登记收件簿、发证记录簿、房屋总册等。它是根据产权登记的成果和分类管理的要求而编制的。

图、档、卡、册的内容应该是一致的,它们应同时变更注记,也可以用它们来互相校正各种资料,以便发现问题。

二、产籍管理的质量要求

产籍资料是记录和反映房地产产权情况、记录房屋及其使用土地情况的基础资料,是用以确定房地产产权、发展房地产业、进行城市建设和管理的依据,所以对产权资料必须有严格的质量要求。衡量产籍资料的原则是准确、完整、新鲜。

(1)准确,是指房地产产籍的图、档、卡、册等真实无误地记录了房屋所有人的产权关系、房屋面积、质量状况、宅基地使用情况和四邻的关系等。产权来源清楚,证件手续齐备,符合法律、政策的规定,图、档、卡、册记录一致,并与实际相符。

(2)完整,是指产籍资料完整。它包含两个方面的内容:一是各种表册的项目无缺项;二是各种证件、证明材料无遗漏,各项手续完备。

(3)新鲜,是指产籍资料应随着产权的转移变更,房屋、土地产权情况的变化,经常进行更新,随时反映已经发生变化的产权情况和房地产情况,使之符合现状。

思考与练习

一、名词解释
1. 产权
2. 房屋产权
3. 法定代管
4. 拨用产
5. 产籍

二、简答题
1. 我国房地产产权可划分为哪几大类?
2. 什么叫作转移变更登记?
3. 产权的审查分为哪几个阶段?
4. 产权登记可分为哪几类?
5. 房地产产籍的内容有哪些?
6. 衡量产籍资料的原则是什么?

第 10 章　房地产经纪

第 1 节　房地产经纪概述

一、经纪

（一）经纪的内涵及特点

经纪是商品经济发展到一定阶段而出现的促进商品交易的中介服务活动。这种中介服务活动主要通过居间、代理、行纪等服务方式，促成委托人与他人的交易，并向委托人收取佣金，从而可以提高交易效益、降低交易成本，是一种有偿的经济服务。经纪作为一种社会中介服务活动，也有其自身的特点。

1. 活动范围的广泛性

市场上有多少种商品就会有多少种经纪活动，不仅包括有形商品，还包括无形商品。社会需求的千差万别为经纪活动提供了广阔的空间。

2. 活动内容的服务性

在经纪活动中，经纪主体只提供服务，不直接从事经营。经纪机构对其所中介的商品没有所有权、抵押权和使用权，不存在买卖行为。经纪机构的自营买卖不属于经纪行为。

3. 活动地位的居间性

在经纪活动中发生委托行为的必要前提，是存在着可能实现委托人目的的第三主体，即委托目标的承受人。而经纪服务的行为人，只是为委托人与承受人所进行的事项发挥居间撮合、协助的作用。接受不存在第三主体的委托事项，不属于经纪服务。

4. 活动目的的有偿性

在经纪活动中，经纪机构所提供的服务是一种服务商品，不仅有一定的使用价值，而且具有交换价值，因此，提供服务的经纪机构有权向享受服务的委托人收取合理的佣金。佣金是经纪机构应得的合法收入。

5. 活动责任的确定性

在经纪活动中，经纪机构与委托人之间往往通过签订经纪合同明确各自的权利和义务。在不同的经纪方式下，经纪人员承担不同的法律责任和义务。明确的法律关系，是经纪活动中双方诚实守信的基础。

（二）经纪的作用

经纪在经济生活中的作用集中体现为在各种经济活动中的沟通和中介作用，即沟通市场供给与需求，提供撮合买卖的中介服务。经纪可以使交易双方预先掌握有关专业知识，减少双方信息沟通时间，从而加快交易速度，提高交易效率。经纪机构就是为交易双方互通信息提供专项服务，是受一方委托与另一方具体接触磋商的桥梁。

房地产经纪作为一种经纪活动，首先具有经纪活动的一般作用，具体体现在以下五个方面:传播经济信息、加速商品流通、优化资源配置、推动市场规范完善、促进社会经济发展。

（三）经纪的服务方式

1. 居间

居间指经纪人向委托人报告订立合同的机会或提供订立合同的媒介服务,撮合交易成功,并从委托人处取得报酬的商业行为。它是经纪最基本的形式,对象广泛,没有长期固定的合作关系。

2. 代理

代理指经纪人在受托权限内,以委托人名义与第三方进行交易,并由委托人直接承担相应责任的商业行为。它是狭义的商业代理活动,有较为长期的稳定合作关系,只收取委托人的佣金。

3. 行纪

行纪指经纪人受委托人的委托,以自己的名义与第三方进行交易,并承担规定的法律责任的商业行为。行纪有长期固定的合作关系。

（四）经纪的收入

佣金是经纪收入的基本来源,其性质是劳动收入、经营收入和风险收入的综合体,是对经纪机构开展经纪活动所付出的劳动时间、花费的资金和承担的风险的总回报。国家保护经纪机构依法从事经纪活动并收取佣金的权利。

佣金可分为法定佣金和自由佣金两种。法定佣金是指经纪机构从事特定经纪业务时按照国家对特定经纪业务规定的佣金标准收取的佣金。法定佣金具有强制力,当事人各方都应接受,不得高于或低于法定佣金。自由佣金是指经纪机构与委托人协商确定的佣金。自由佣金一经确定并写入经纪合同后,便具有法律效力,违约者必须承担违约责任。

二、房地产经纪

（一）房地产经纪的内涵及特点

1. 房地产经纪的内涵

房地产经纪是基于房地产所形成的市场而产生的,是受委托人委托,并为委托人提供房地产信息和居间、行纪、代理业务的经营活动。具体而言,房地产经纪是指向进行房地产开发、转让、抵押、租赁等房地产经济活动的当事人有偿提供居间、行纪、代理服务的经营性活动。房地产经纪是一种专业性的营业或职业活动,内容包括:

(1) 从事现房交易活动,为买者代买或为卖者代卖,从中获取一定佣金。

(2) 从事期房交易,代买者买进或代卖者卖出,按比例提取佣金。

(3) 从事地产交易,为用地者找到地源。

(4) 从事房地产抵押业务,为产权人申请抵押贷款,办理有关手续。

(5) 从事房屋租赁代理。

(6) 从事有关房地产合资、合作或联营的项目交易活动。

(7) 从事有关房地产的广告策划、过户纳税、产权调换、售后服务等代理活动。根据其经营活动的特点通常分为三种形式:房地产居间、房地产行纪、房地产代理。

2. 房地产经纪的特点

(1) 服务性。房地产经纪人作为中介人从事的是一种商业服务,即经纪人通过房地产经纪活动使另一方获得某种利益,它所提供的商品不具有实物形态。代理是一种中介服务活动,但经纪人作为代理人时其所处的地位已不再是中立的了,必须是以被代理人的名义而且是在被代理人授权范围内从事活动,代理活动所产生的法律后果也由被代理人承担。而居间活动中,居间人(中介人)是以自己的名义从事活动,而且是根据自己所掌握的信息、资料等独立地做出意思表示。居间人对自己所从事的活动承担法律后果,若委托人交易成功,则可获得佣金,交易不成则徒劳无收益。

(2) 公共性。房地产经纪人在实施经纪服务行为时,是以免费提供和传播信息为前提的,尤其是在未建立委托关系之前,所有业主或对房屋有需求的人都有可能成为服务对象,因此,经纪人必须广泛地收集、传播信息,积极地开拓房源和客源,与顾客建立良好的关系,这样就使房地产经纪活动在某种意义上具有较强的公共性。没有这种公共的服务基础,经纪活动将会成为"无米之炊"。可见,房地产经纪活动具有较强的公共性特点,但也只有与委托人签订了委托协议或合同,建立了有偿的委托关系,经纪活动才是有效的。

(二) 房地产经纪的功能

房地产经纪作为一种专业经纪活动,受到房地产市场自身特性的影响,具有自身独特的功能定位。概括而言,房地产经纪业的主要功能如下。

1. 沟通信息、提供咨询

房地产交易中,买卖双方之间存在严重的信息不对称。因此,需要由房地产经纪人收集交易信息,沟通供需双方,提供专业咨询。

2. 促成交易、提高效率

在房地产交易中,当事人需要市场供求、对方信誉等信息,只有在了解对方和市场情况后才会做出决定。因此房地产经纪业的另一个基本定位,就是通过为当事人提供专业服务,促成双方顺利、安全交易,以提高市场交易效率。

3. 规范交易、保障安全

房地产交易主要是产权转让。由于房地产价值量大,在当事人的全部财产中占有相当大的份额,因此房地产交易的安全关系到当事人的重大利益。保护有关当事人的财产安全的最有效市场方式之一,就是依托经纪人坚守中介立场,发挥专业优势,规范服务程序。

4. 公平买卖、维护权益

房地产交易中,标的价值量大,信息不对称,交易程序复杂,交易当事人受专业知识和交易经验所限,很难实现在交易中公平买卖,维护自身的合法权利。房地产经纪作为市场中介,能够依靠专业知识和职业素养很好地解决这些问题。

(三) 房地产经纪的类型

1. 房地产居间

房地产居间是指房地产经纪人在房地产经营活动中,作为中介人为委托方提供房地产成交机会或撮合委托方与他方成交并取得报酬的商业服务活动。在房地产居间活动中,一方当事人为居间人,即房地产经纪人;另一方为委托人,即与居间经纪人签订居间合同、协议的当事人,或为委托人,或是有可能成为委托人交易对象的交易方。

为了适应不同置业投资需要,房地产经纪根据其服务内容的不同又可进一步细分为房地产买卖居间、房地产投资居间、房地产抵押居间、房地产租赁居间等多种形式。

2. 房地产行纪

居间与行纪活动的相同之处是，在行纪活动中，受托人也是以自己的名义为委托人从事商业活动。行纪与居间所不同的是，在行纪活动中，受托人只能以自己的名义进行活动，而且受托人要与相对第三人发生业务关系，其产生的后果由受托人自己承担(这也是行纪与代理的主要区别)。而居间人只与委托人确立合同关系，与相对第三人有业务上的接洽，但不一定产生法律关系。当然，有时经纪人也可能同时接受相对第三人的委托，确立合同关系，即成为交易双方的委托人。这样，在一宗居间业务中就存在两个居间合同。但是，居间合同的标的与行纪活动中受托人和第三方业务合同(如拍卖合同等)的标的是不同的。拍卖合同中的标的是所拍卖的物品，而居间合同中的标的则是劳务，即居间活动。从居间活动与行纪活动的主体来分析，居间活动中的居间人既可以是个体经纪人，也可以是经纪人事务所或经纪公司，而行纪活动中的受托人通常为从事信托业务的企业法人，如信托商店、拍卖行或拍卖公司等。国家对从事行纪业务的主体的资格要求更加严格。

3. 房地产代理

房地产代理是指房地产经纪人受委托人的委托，在委托权限内，以委托人的名义与第三方进行交易，并由委托人承担相应的法律责任的经纪活动。

上述三种经纪活动相比较，它们之间最大的区别就在于经纪人与委托方的关系及其相应的法律责任。房地产居间是以自己的名义活动并且承担相应的法律责任，但不占有商品；房地产行纪也是以自己的名义活动并且承担相应的法律责任，但前提是占有商品；房地产代理只是以委托方的名义活动，并且由委托方承担委托权限内的相应法律责任。因此，三者之间既有区别，也有相同之处。中介活动作为一种商业行为，与通常的交易行为最主要的区别是中介人并不占有交易对象。因此，居间是典型的中介活动。

三、房地产经纪业

(一)房地产经纪的行业性质

1. 服务性

房地产经纪业是房地产中介服务业的重要组成部分。房地产经纪并不直接经营有形的房地产商品，而是为促成房地产商品交易的有效、公平和安全提供支持、促进与保障服务。在全部交易过程中，房地产经纪机构或房地产经纪人不拥有房地产商品的所有权。与房地产开发业相比，房地产经纪业是完全的服务业。

2. 中介性

房地产经纪机构(人)是房地产交易的中介人，房地产经纪服务的这种中介属性，体现了房地产经纪业存在的根本理由。在房地产市场上，房地产经纪机构所产生的沟通、媒介作用，是保证房地产市场顺利运行、市场机制充分发挥作用的重要因素。

3. 信用性

房地产经纪活动关系到家庭重大财产的委托，涉及大笔资金的交易服务，承担很大的社会责任，因此房地产经纪服务的信用性具有社会信用的特征。

4. 专业性

房地产交易是复杂的商品交易活动，房地产经纪人必须系统地掌握房地产专业知识，熟悉行业所在地的法律法规、房地产市场运作流程与惯例、房地产金融制度及运作,具有扎实的房地产信息收集、市场分析等专业技能,并具有相应的职业素质,才能有效地发挥市场服务功能。

(二)现代房地产经纪业发展趋势

有关房地产经纪的一系列政策、法规、条例的出台,为房地产经纪人员和经纪机构的经纪行为、运作程序、组织制度、资历管理等提供了比较科学的依据、标准,为房地产经纪行业的进一步发展、成熟、壮大创造了条件。一些具有一定规模、操作比较规范的大型房地产经纪机构已经出现,它们将作为行业的中坚力量,推动行业前进。当前中国房地产经纪业正步入新的调整发展与完善规范时期。

然而,从整体情况来看,目前我国房地产经纪业仍存在着从业人员素质不高、企业经营不够规范、法律法规不健全等问题。少数从业人员和企业的不诚信行为,甚至违法行为,导致相当规模的经纪机构陆续关门倒闭,不仅给人民群众的财产造成了严重损害,也破坏了房地产经纪业的整体社会形象。因此,对房地产经纪活动的管理和监督还有待进一步加强和完善。

四、房地产经纪人员

(一)房地产经纪人员的职业资格

房地产经纪人员是在房地产交易中从事居间、代理等经纪活动的人员,在房地产的买卖、租赁、转让等交易活动中从事中介服务工作。国务院 2014 年发布的《国务院关于取消和调整一批行政审批项目等事项的决定》(国发〔2014〕27 号)取消了房地产经纪人员的职业资格许可和认定事项。

(二)房地产经纪人员的权利与义务

1. 房地产经纪人员的权利
(1)依法发起设立房地产经纪机构。
(2)加入房地产经纪机构,承担房地产经纪机构关键岗位工作。
(3)指导同事进行各种经纪业务。
(4)经所在机构授权订立房地产经纪合同等重要文件。
(5)要求委托人提供与交易有关的资料。
(6)有权拒绝执行委托人发出的违法指令。
(7)执行房地产经纪业务并获得合理报酬。

2. 房地产经纪人员的义务
(1)遵守法律法规、行业管理规定和职业道德。
(2)不得同时受聘于两个或两个以上房地产经纪机构执行业务。
(3)向委托人披露相关信息,充分保障委托人的权益,完成委托业务。
(4)为委托人保守商业秘密。
(5)接受国家工商行政管理部门和地方各级工商管理部门及房地产行政主管部门监督检查。
(6)不断提高业务水平。

（三）房地产经纪人员的职业道德

房地产经纪人员职业道德的基本要求体现在职业良心、职业责任感和职业理念三个方面。房地产经纪人员在职业道德方面应符合以下要求：守法经营、以诚为本、信守信用、尽职守责、公平竞争、注重合作。

（四）房地产经纪人员的职业技能

房地产经纪人员应具备收集情息的技能、市场分析的技能、人际沟通的技能、供求搭配的技能、促成交易的技能。

五、房地产经纪机构

（一）房地产经纪机构设立的条件和程序

1. 房地产经纪机构设立的条件

房地产经纪机构的设立应符合公司法、合伙企业法、个人独资企业法、中外合作经营企业法、中外合资经营企业法、外资企业法等法律法规及其实施细则和工商登记管理相关文件的规定。

此外，设立房地产经纪机构应当具备一定数量的房地产经纪人和房地产经纪人助理，具体数量由各市、县房地产主管部门或其委托的机构制定。

2. 房地产经纪机构设立的程序

设立房地产经纪机构，首先应向当地工商行政管理部门申请办理工商登记。房地产经纪机构在领取工商营业执照后 30 日内，应当持营业执照、章程等书面材料到登记机构所在地的市、县人民政府房地产行政管理部门或其委托的机构备案，领取备案证明。

（二）房地产经纪机构的变更和注销

1. 房地产经纪机构变更

房地产经纪机构（含分支机构）的名称、法定代表人（执行合伙人、负责人）、住所等备案信息发生变更的，应当在变更后 30 日内，向原备案机构办理备案变更手续。

2. 房地产经纪机构注销

房地产经纪机构的注销，标志着其主体资格的终止。注销后的房地产经纪机构不再有资格从事房地产经纪业务，注销时尚未完成的房地产经纪业务应与委托人协商处理，可以转由他人代为完成，或者终止合同并赔偿损失，在符合法律规定的前提下，经委托人同意，也可以采用其他方法。

（三）房地产经纪机构的企业性质

（1）房地产经纪公司是指依法设立的经营房地产经纪业务的有限责任公司和股份有限公司。有限责任公司和股份有限公司都是法人机构。

（2）合伙制房地产经纪机构是指依照《中华人民共和国合伙企业法》和有关规章设立的由各合伙人订立合伙协议，共同出资、合伙经营、共享收益、共担风险，并对合伙机构债务承担无限连带责任的从事房地产经纪活动的营利性组织。合伙人可以用货币、实物、土地使用权、知识产权或者其他财产权利出资。对货币以外的出资需要评估作价的，可以由全体合伙人协商确定，也可以由全体合伙人委托法定评估机构进行评估。

(3) 个人独资房地产经纪机构是指依照《中华人民共和国个人独资企业法》和有关房地产经纪管理的部门规章设立,由一个自然人投资,财产为投资人个人所有,投资人以其个人财产对机构债务承担无限责任的从事房地产经纪活动的经营实体。

(四) 房地产经纪机构的业务类型

(1) 以租售、代理、居间为重点的实业型房地产经纪机构。
(2) 以房地产营销策划、投资咨询为重点的顾问型房地产经纪机构。
(3) 管理型房地产经纪机构。
(4) 全面发展的综合型房地产经纪机构。

(五) 房地产经纪机构的经营模式

房地产经纪机构的经营模式是指房地产经纪机构承接及开展业务的渠道和其外在表现形式。根据房地产经纪机构是否通过店铺来承接和开展房地产经纪业务,可以将房地产经纪机构的经营模式分为无店铺模式和有店铺模式。

(六) 房地产经纪机构的权利和义务

1. 房地产经纪机构的权利

(1) 享有工商行政管理部门核准的业务范围内的经营权利,依法开展各项经营活动,并按约定标准收取佣金及其他服务费用。
(2) 按照国家有关规定制订各项规章制度,并以此约束本机构经纪人员的执业行为。
(3) 房地产经纪机构有权在委托人隐瞒与委托业务有关的重要事项、提供不实信息或者要求提供违法服务时,中止经纪服务。
(4) 由于委托人的原因,造成房地产经纪机构或房地产经纪人员的经济损失的,有权向委托人提出赔偿要求。
(5) 经纪人可向房地产管理部门提出实施专业培训的要求和建议。
(6) 法律法规和规章规定的其他权利。

2. 房地产经纪机构的义务

(1) 依照法律法规和政策开展经营活动。
(2) 认真履行房地产经纪合同,督促房地产经纪人员认真开展经纪业务。
(3) 维护委托人的合法权益,按照约定为委托人保守商业秘密。
(4) 接受房地产管理部门的监督和检查。

第 2 节 房地产经纪基本业务

一、房地产经纪基本业务的分类

房地产经纪业务可以按经纪服务的方式、标的房地产类型、房地产交易类型等进行分类。具体来看,主要有以下几种。

(1) 根据经纪服务的方式,可以分为房地产代理业务和房地产居间业务。
(2) 根据经纪活动所涉及的标的房地产类型分,有以下几种。
①根据标的房地产的用途类型,可以分为住宅房地产经纪业务、商业房地产经纪业务和

工业房地产经纪业务。

②根据标的房地产的物质状态类型,可以分为土地经纪业务和房屋经纪业务。

③根据标的房地产所处的市场类型,可以分为土地经纪业务、新建商品房经纪业务、二手房经纪业务。

(3)根据房地产经纪活动所促成的房地产交易类型,可以分为房地产转让经纪业务、房地产租赁经纪业务和房地产抵押经纪业务。

二、二手房经纪业务

(一)二手房居间业务流程

(1)寻找客户。寻找客户是二手房居间业务的开始,也是一项重要的基础工作。主要工作是寻求客户委托和争取客户。

(2)房地产居间业务洽谈。当委托人已有初步委托意向时,房地产经纪人首先要倾听客户的陈述,充分了解委托人的意图与要求,衡量自身接受委托、完成任务的能力;其次,查验有关证件,如身份证明、公司营业执照、房地产权证等相关证明文件,了解委托人的主体资格、生产经营状况及信誉;再次,向客户告知自己的姓名及房地产经纪机构的名称、资质以及按房地产经纪执业规范必须告知的所有事项;最后,双方就居间方式、佣金标准、服务标准以及拟采用的居间经纪合同类型和文本等关键事项与客户进行协商,对委托达成共识,这是居间业务洽谈中最重要的内容。

(3)房地产查验。主要是查验房地产的物质状况、房地产的权属情况、房地产的环境状况。

(4)签订房地产居间合同。房地产经纪机构接受委托人的委托,应签订房地产居间合同。房地产居间合同的当事人双方既可以都是自然人或法人,也可以一方是自然人,另一方是法人。自然人必须具备完全民事行为能力。签订房地产居间合同既可采用政府制定的房地产合同示范文本,也可以由双方共同协商,自行拟订合同。

(5)信息的收集与传播。

(6)买方或承租方看房。

(7)交易配对与撮合成交。

(8)协助房地产权属登记(备案)。

(9)房地产交验。

(10)佣金结算。

(11)售后服务。

(二)二手房代理业务流程

不同类型的二手房代理业务,其业务流程既有共性又有个性。代理业务的基本流程是相似的,以卖方代理业务为例介绍二手房代理业务流程的主要环节:房地产代理业务开拓、房地产代理业务洽谈、房地产查验、签订房地产代理合同、信息收集与传播、买方或承租方看房、房地产交易谈判及合同签订、房地产交易价款收取与管理、协助房地产权属登记(备案)、房地产交验、佣金结算、售后服务。

三、新建商品房销售代理业务流程

新建商品房销售代理业务也称一手项目销售代理业务。该业务的拓展是指房地产经纪机构为承接一手项目代理业务而进行的市场行为。

（一）项目信息开发与整合

在这一阶段，首先要调动房地产经纪机构的全体人员进行项目信息的开发，及发动每个员工通过各种途径尽力收集新建商品房项目的信息；然后拓展部负责汇总并初步筛选所得到的信息，上报总经理或专门的信息统筹部门；经过总经理或专门决策机构决定的项目，再分类落实到具体业务部门。

（二）项目拓展的初步准备

(1) 开发商战略意图及背景了解。
(2) 地块及市场状况了解。

（三）提案配合及执行

(1) 项目提案目标了解。
(2) 项目提案总体规划。
(3) 项目提案分工安排。
(4) 项目提案包装。
(5) 项目提案演讲要点。
(6) 项目提案后续工作。

（四）项目签约

首先，由项目的直接操作部门（如子公司、项目组等）与项目开发商进行具体谈判，并起草代理合同文本。然后在房地产经纪机构内部有关部门，如交易部门、法律顾问和高层管理人员之间进行流转，并各自签署意见，其中应有专门负责法律事务的部门或人员对合同草案出具书面法律意见书，提交房地产经纪机构最高层决策者。最后，由最高层决策者签署与开发商达成一致的合同。

四、房地产经纪相关业务

（一）房地产行纪和房地产拍卖

1. 房地产行纪

行纪又称信托，是指行纪人受他人委托，以自己的名义代他人购物、从事贸易活动或寄售物品，并取得报酬的法律行为。

2. 房地产拍卖

拍卖是指以公开竞价的形式，将特定的物品或者财产权利转让给最高应价者的买卖方式。一般来说，拍卖必须符合三个条件：一是有两个以上的买主，二是有竞争，三是价高者得。

（二）房地产经纪业务中的代办服务

房地产经纪业务中的代办服务主要有房地产登记代办和房地产抵押贷款代办。

（三）房地产经纪业务中的咨询服务

房地产经纪业务中的咨询服务主要有房地产投资咨询、房地产法律咨询和房地产价格咨询。

第3节 房地产经纪合同

一、房地产经纪合同的概念及特征

（一）房地产经纪合同的概念

房地产经纪合同是房地产经纪机构或房地产经纪人为委托人提供有助于促成其与第三方之间的房地产交易的经纪服务而与委托人协商订立的协议。

（二）房地产经纪合同的特征

1. 房地产经纪合同属于劳务合同

房地产经纪合同是房地产经纪服务的提供方与被服务对象关于房地产经纪服务这种劳务服务订立的合同。

2. 房地产经纪合同是双方合同

双方合同是指双方当事人互相享有权利、承担义务的合同，是商品交换中典型的法律表现形式。

3. 房地产经纪合同是有偿合同

有偿合同是指当事人取得权利必须支付相应代价的合同。一方当事人取得利益，必须向对方当事人支付相应的代价，而支付相应代价的一方必须取得相应的利益。这种代价可以是金钱，也可以是给付实物或提供劳务。

4. 房地产经纪合同一般为书面形式的合同

合同法中规定合同形式分为要式合同和不要式合同，是否是要式合同主要以是否以法律规定的特定形式要件为主。

5. 房地产经纪合同是从合同

从合同必须以主合同的存在并有效为前提。房地产经纪合同作为一种劳务合同，是以房地产交易合同为主合同的，房地产经纪人在经纪活动中所担负的义务主要是以促成或承担完成房地产交易为前提的劳务服务。

二、房地产经纪合同的作用

（一）有效保障合同当事人的合法权益

房地产经纪合同是劳务合同。与商品交易合同相比，劳务合同的标的具有较强的不确定性。房地产经纪人在接受委托人的劳务委托时，往往因为委托对象和委托事务的不同，而需要制订不同的服务计划来确定服务内容、服务方式以及服务报酬的标准。

合同对合同当事人具有法律约束，当事人必须依照约定履行自己的义务，不得擅自变更或者解除合同。合同当事人在履约过程中不承担义务或者违反约定的，必须承担继续履行、采取补救措施及赔偿损失等违约责任。

（二）维护和保证市场交易的安全与秩序

房地产经纪活动是房地产市场的重要组成部分,对房地产市场的交易活动有着重要影响。房地产经纪活动是市场行为,房地产经纪人与委托人之间的劳务关系实质上也是一种市场交易关系。这种交易能否在合法、正常的状态下进行,将依赖于市场交易活动的安全及交易秩序的稳定。

三、房地产经纪合同的内容

依民事法律关系而言,合同的内容是指当事人的权利和义务。一般情况下,房地产经纪合同应包含:交易标的的价值、当事人各自的责任以及希望履行义务的标准、对经济风险及当事人对风险造成损失的分担的事先预定、对履约过程中发生障碍的处理办法。

从法律文书角度来看,合同的内容是指合同的条款。从这个意义上讲,房地产经纪合同的内容是指经纪合同的条款。

以上两方面的含义是不可分割又密切相关的。合同当事人的权利、义务是通过合同的各项条款反映出来的。

四、签订房地产经纪合同的准备工作

合同的签订,意味着与合同对方当事人之间民事权利、义务关系的成立。签订的后果,既有可能是通过合同的履行获得理想的获利结果,也有可能事与愿违、遭遇经济上的重大损失。因此,我们要做好签订房地产经纪合同的准备工作,明确为什么签订合同及承诺的合同义务是否能实际履行等。签订房地产经纪合同的准备工作主要包括报告、核实、洽谈等。

五、房地产经纪合同的签订

当事人订立合同应当具有相应的民事权利能力和民事行为能力。当事人依法可以委托代理人订立合同。限制民事行为能力人订立的合同,经法定代理人追认后,该合同有效;但纯获利益的合同或者与其年龄、智力、精神健康状况相适应而订立的合同,不必经法定代理人追认。房地产经纪合同的具体形式,应根据业务类型予以确定。

六、房地产经纪合同纠纷

（一）合同不完善造成的纠纷

在合同签订过程中,由于房地产经纪人与委托人未进行充分协商,造成对一些合同主要条款未达成完全共识或在缺乏某一主要条款的情形下,草率签订经纪业务合同,导致双方在执行合同过程中对出现的问题发生认识差异,引发纠纷。

（二）合同不规范造成的纠纷

（1）房地产交易行为与经纪行为混淆。
（2）居间行为与代理行为混淆。

（三）经纪合同的权利、义务不等

房地产经纪人员在与委托人订立合同时,利用委托人的不知情,订立有利于自己而不利于委托人的合同,合同内容中存在明显的权利、义务关系不等。

(四)经纪合同的主要条款欠缺

房地产经纪企业在经纪活动中与委托人订立的合同大多都是自拟的,属于企业格式合同文本。合同格式粗糙,内容简易,其中反映合同要件的主要条款可能欠缺,如服务条款、履行期限条款、违约条款、争议协商解决条款等,对于这些涉及双方权利、义务关系的主要条款的约定,常常用口头方式表示。口头表示的随意性很大,经常因为时间和情况的变化造成不能履约,从而引起纠纷。

(五)服务标准与收取佣金存在差异

房地产经纪纠纷中经常发生房地产经纪机构与委托人对经纪机构所提供的服务内容和规格及其所对应的佣金有明显认识差异,因而发生冲突和纠纷。

七、房地产经纪企业的风险防范

风险是指引起损失产生的不确定性。其定义包含了损失与不确定性两个非常重要的因素。风险是人们难以确定何时、何处、发生何种程度损失的可能性。

在企业的发展历程中,风险无时不在,也无处不在,既有源于企业外部的不可控因素所导致的风险,如社会动荡、自然灾害等,也有源自企业内部可控因素所导致的风险。

(一)总体风险

总体风险是指所有房地产企业都会遇到的风险,这类风险一般由外部环境的变化引起,可控性较差,当这类风险发生时所有房地产企业和相关机构都会受到影响。总体风险包括政策风险和市场风险。

(二)个别风险

个别风险是指由于种种不利因素的影响,而给个别房地产经纪机构内部带来的不确定性。个别风险包括经营风险、财务风险、决策风险、人力风险等。

(三)意外风险

意外风险是指人们无法预料到的风险,包括自然灾害(如地震、暴雨、台风等灾害的发生)和意外(如人们的过失行为)所带来的风险。

第4节 房地产经纪职业规范及行业管理

一、房地产经纪职业规范

房地产经纪职业规范是指房地产经纪人员在房地产经纪活动中应该遵守的法律法规、道德准则、经纪方式、服务质量要求等方面的各种规则、标准和不成文约定的统称。

(一)告示责任

为使委托当事人在与房地产经纪机构签订经纪合同之前,对其主体资格有一定了解,以初步确保经纪合同的效力,房地产经纪机构应当在经营场所的醒目位置明示下列事项:

(1) 营业执照。
(2) 房地产管理部门备案证明。
(3) 房地产经纪行业会员证书。
(4) 房地产经纪机构品牌标识。
(5) 聘用的房地产经纪人员的姓名、照片。
(6) 服务内容、服务标准及业务流程。
(7) 服务收费标准及收取方式。
(8) 遵守的房地产经纪执业规则。
(9) 使用的房地产经纪业务合同文本。
(10) 信用档案上网公示证明。
(11) 投诉方式和渠道。
(12) 法律法规规定应当明示的其他事项。

(二) 告知责任

房地产经纪机构在接受委托时,应当由房地产经纪人员向委托人书面告知下列与委托业务相关的事项。

(1) 委托项目相关的市场行情、可选择的房地产交易方式。
(2) 法律法规和政策对房地产交易的限制性、禁止性规定。
(3) 应由委托人协助的工作、提供的必要文件和证明。
(4) 房地产交易应办理的手续、应由委托人缴纳的税费以及房地产经纪机构可为委托人代办的事项。
(5) 标的房屋的权属、质量。
(6) 发票的样式和内容。
(7) 经纪业务完成的标准。

(三) 房地产经纪合同的主要内容

房地产经纪机构承接经纪业务,应当与当事人签订委托协议,并应尊重委托人的选择,优先采用房地产行政主管部门制定和工商行政管理部门监制的房地产经纪合同示范文本或者房地产经纪行业组织推荐的房地产经纪合同示范文本。与委托人签订的书面的房地产经纪合同应当包括下列主要内容。

(1) 经纪事项及其服务要求和标准。
(2) 合同当事人的权利、义务。
(3) 合同履行的期限。
(4) 佣金的支付标准、数额、时间。
(5) 交易物质量、安全状况及责任约定。
(6) 违约责任和纠纷解决方式。
(7) 双方约定的其他事项。

(四) 重要文件、业务记录和资料

为将经纪合同责任落实到每个房地产经纪人,增强房地产经纪人的责任心,切实保护委托人的利益,房地产经纪合同和书面告知材料等重要文件应当由房地产经纪机构签章。

（五）佣金

佣金是指房地产经纪机构完成受委托事项后，由委托人向其支付的报酬。房地产经纪机构依照合同约定向委托人收取佣金，应开具发票。房地产经纪机构收取佣金不得违反国家法律法规，不得赚取差价及谋取合同约定以外的非法收益；不得利用虚假信息骗取中介费、服务费、看房费等费用。

（六）经纪业务的承接

房地产经纪机构应当依法承接房地产经纪业务，并指派或由委托人选定本机构的房地产经纪人为经纪业务的承办人，执行经纪业务，并在委托协议中载明。承办人可以选派本机构的房地产经纪人协助执行经纪业务。承办人委托协办人的，应在委托协议中载明，对协办人执行经纪业务进行指导和监督，并对其工作结果负责。

二、房地产经纪活动中的争议处理

在履行房地产经纪合同过程中，因房地产经纪人员或其所在的房地产经纪机构的故意或过失，给当事人造成经济损失的，均由房地产经纪机构承担赔偿责任。房地产经纪机构在向当事人进行赔偿后，可以向有关责任人追偿全部或部分赔偿费用。

当事人之间对房地产经纪合同的履行有争议的，可以通过以下方式处理。

（1）双方当事人本着平等自愿的原则协商解决。

（2）如双方协商不成，可以向有关政府管理部门投诉，由其从中进行调解。

（3）如经调解不能达成协议，双方可以按照合同中的有效仲裁条款进行处理。合同中没有仲裁条款的可以另行达成仲裁协议，根据仲裁协议向所选择的仲裁委员会申请仲裁，仲裁裁决为终局裁决。

（4）合同中没有仲裁条款的，可以向房地产所在地人民法院提起诉讼。

三、房地产经纪活动中的禁止行为

房地产经纪活动的宗旨：房地产经纪机构、房地产经纪人员应当勤勉尽责，向委托人提供规范、优质、高效的专业服务，以促成合法、安全、公平的房地产交易为使命。在房地产经纪活动中，房地产经纪机构、房地产经纪人员不得有下列行为。

（1）不得在经办业务中诱导、指使委托人以合法的形式掩盖非法目的，采取假赠与、瞒报或者不实申报成交价等手段规避国家相关规定。不得明知交易物或交易方式属法律法规所禁止的范围，仍提供房地产经纪服务。

（2）不得赚取差价及谋取合同约定以外的非法收益；不得利用虚假信息骗取中介费、服务费、看房费等费用。

（3）不得对委托人隐瞒与交易有关的重要事项；不得在脱离、隐瞒、欺骗房地产经纪机构的情况下开展经纪业务；不得虚构交易机会、提供不实信息和虚假广告。

（4）不得招揽已由另一家房地产经纪机构独家代理的经纪业务；不得承接、承办自己不能胜任的经纪业务；不得采取引诱、欺诈、胁迫、贿赂、恶意串通、恶意降低佣金标准或者诋毁其他房地产经纪机构、房地产经纪人员等不正当手段承接房地产经纪业务；不得接受违法违规或者违背社会公德、损害社会公众利益的房地产经纪业务；不得转让或者变相转让受托的经纪业务。

(5) 不得在隐瞒或者欺骗委托人的情况下,向委托人推荐使用与自己有直接利益关系的担保、估价、保险、金融等机构的服务。

(6) 不得擅自将委托人提供的资料公开或者泄露给他人,特别是委托人的商业秘密和个人隐私;不得利用委托人的商业秘密牟取不正当利益。

(7) 不得允许他人使用自己的名义从事房地产经纪业务。

(8) 不得挪用、占用或者拖延支付客户的房地产交易金,以保障交易资金的安全。

(9) 不得同时在两个及两个以上房地产经纪机构从事房地产经纪活动。

(10) 严禁伪造、涂改交易文件和凭证。

(11) 严禁损害行业的信誉,房地产机构、房地产经纪人员应当树立良好的社会形象,提高行业的公信力。

(12) 法律法规禁止的其他行为。

四、房地产经纪执业的法律责任

房地产经纪机构和房地产经纪人员违规执业,按照其违反规定的性质不同及承担法律责任方式的不同,可以分为民事责任、行政责任和刑事责任。

(一) 民事责任

民事责任是民事主体因违反合同或不履行其他法律义务,侵害国家集体财产,侵害他人财产、人身权利,而依法承担的民事法律后果。民事责任主要分为违约责任和侵权责任。

(二) 行政责任

房地产经纪机构和房地产经纪人员违反有关行政法律法规和规章制度的规定,行政主管部门或授权的部门可以在其职权范围内,对违法房地产经纪机构或房地产经纪人员处以行政处罚。其种类有警告、罚款、没收违法所得和非法财物、责令停业、暂扣或吊销营业执照、行政拘留和法律法规规定的其他行政处罚。

(三) 刑事责任

房地产经纪机构和房地产经纪人员在经营活动中,触犯刑法的,应当追究有关责任人的刑事责任。已经由行政机关处理的,行政机关应及时移送司法机关处理。

房地产经纪机构应当建立健全各项内部管理制度,加强内部管理,规范自身执业行为,监督指导房地产经纪人员及相关人员认真遵守房地产经纪执业规则,对房地产经纪人员的违法违规行为进行干预并采取必要的补救措施,依法对房地产经纪人员的业务行为承担责任。

五、房地产经纪行业管理的内容

(一) 房地产经纪纠纷及投诉处理

1. 房地产经纪活动中常见的纠纷类型

近年来,相对于房地产经纪业的迅速发展,现有法律法规尚不够完善,加上房地产经纪行业本身涉及面广、不确定性多的特点,使得房地产经纪行业成为产生社会矛盾和纠纷较多的一个经济领域。从现实经济生活看，房地产经纪活动中常见的纠纷类型主要有合同不规范造成的纠纷、缔约过失造成的纠纷。

2. 规避房地产经纪纠纷的主要手段

房地产经纪纠纷是房地产经纪行业运行的社会成本。房地产经纪纠纷不仅会降低社会整体福利，还会影响房地产经纪行业本身的运行效率和发展前景。因此，有效规避房地产经纪纠纷是房地产经纪行业管理的重要内容。目前，我国房地产经纪行业主管部门可以通过以下手段来规避房地产经纪纠纷：规范示范合同文本；制订服务标准，明确服务内容；加强对房地产经纪合同的监督管理；房地产经纪纠纷投诉受理。

（二）房地产经纪收费管理

房地产经纪活动的服务收费也是房地产经纪行业管理涉及的一项重要内容。依据规定，房地产中介服务收费实行明码标价制度，房地产经纪机构依照合同约定向委托人收取服务费，并开具发票。因此，对房地产经纪服务费的管理主要是从是否符合收费标准和是否明码标价两个方面进行。凡有违规行为，将受到相应的处罚。

（三）房地产经纪行业信用管理

房地产经纪行业信用管理也是房地产经纪行业管理的一项重要内容。建立房地产经纪信用管理体系对于整顿房地产经纪市场，规范房地产经纪人员行为，提高诚信度和服务水平，促进房地产经纪行业的发展具有更重大的意义。

（四）开展业务培训

从市场经济发展的客观要求看，伴随房地产经纪行业不断制度化、规范化、信息化、规模化、专业化、多元化，对从业人员的素质和专业服务技能要求也越来越高，房地产经纪人员必须不断补充新的知识、掌握新的技能以更好地适应市场发展的需要。

思考与练习

一、名词解释

1. 房地产经纪
2. 居间
3. 房地产交易
4. 房地产登记
5. 土地变更登记
6. 房地产经纪合同

二、简答题

1. 房地产经纪的特点有哪些？
2. 房地产经纪的类型有哪些？
3. 简述现代房地产经纪业的发展趋势。
4. 房地产经纪人员的权利、义务、职业道德和职业技能分别是什么？
5. 房地产经纪机构的变更和注销条件是什么？

6. 简述新建商品房销售代理业务流程。
7. 房地产交易的一般规则有哪些?
8. 房地产经纪合同的作用是什么?
9. 房地产经纪活动中的禁止行为有哪些?

第11章　房地产物业管理

第1节　物业管理的程序

一、物业管理早期介入与前期物业管理

(一) 物业管理早期介入的含义和内容

物业管理早期介入是指物业服务企业在接管竣工物业之前,参与物业的规划、设计和施工建设,从物业管理的角度提出意见和建议,使建成后的物业更好地满足业主和使用人的要求的各项活动。

物业建设是一个系统工程,因此物业管理的早期介入应该贯穿于开发建设的全过程。在投资决策、规划设计、施工建设和竣工验收各阶段都有很多内容可以参与。

1. 投资决策阶段

房地产开发企业在进行市场调查和项目投资评估时,应注意听取物业管理人员对项目选址、市场定位以及物业管理内容、标准、成本、利润及收费等方面的意见和建议,以减少决策的盲目性和主观随意性,提高投资决策的科学化水平。

2. 规划设计阶段

在规划设计阶段,物业管理人员可以就以下主要方面提供自己的建议和意见。

(1) 物业总体布局和功能。物业总体布局,功能设计,绿地、道路、公共活动场所、房型设计以及各种房型的匹配比例、内外墙装修标准等。

(2) 日常的管理。中央监控室、设备层、管理用房、大门、总台、门卫等的设置及标准,人员通道、车辆进出和停放、保安、消防设施的配置,垃圾容器及堆放、清运点的设置,建筑外立面附属物(空调、雨篷、排烟道、晾衣架等)、孔洞位置预留以及阳台、窗户的外立面设计。

(3) 设备设施及材料选用。设备设施及建筑材料的性能特点、使用效果,养护、维修以至更换成本,水、电、煤气、通信等设备容量的预留和分配,管线的布局、配置、走向等。

(4) 公建配套建设。各类商业网点、文化娱乐等公建配套设施的服务内容、服务半径、服务对象等。

3. 施工建设阶段

在此阶段,物业服务企业主要应派人员到现场,熟悉基础和隐蔽工程、机电设备的安装调试、管道线路的敷设和走向等,发现问题,及时反馈解决。

4. 竣工验收阶段

竣工验收阶段是房地产开发建设阶段的最后环节,它是对房地产项目设计质量和施工质量的全面检验。物业服务企业作为物业的管理者,要从确保物业在相当长一段时间内能正常使用的目的出发,参与对物业的竣工验收。

综上所述,物业管理早期介入是前期物业管理的重要铺垫,介入越早、越深入,对物业价

值的提升及日后管理效能的提高帮助越大。

(二) 前期物业管理的含义和内容

前期物业管理是指物业竣工验收后至业主或业主大会选聘物业管理者之前的物业管理。前期物业管理的主要内容如下。

1. 建立服务系统和服务网络

前期物业服务合同一经签订,物业服务企业首先要建立服务系统和服务网络,其中包括落实该物业的管理机构以及管理操作人员。机构的设置应根据所委托物业的用途、面积确定;人员配备除了考虑管理人员的选配以外,还要考虑操作人员的招聘或专项工作的发包。管理人员和操作人员一旦确定,则必须根据各自的职责进行培训,以便他们对所管理物业、服务对象、职责范围有较深的了解。

2. 建立管理制度

必要的规章制度是物业管理顺利进行的保证。前期物业管理的基础性的特点,要求物业服务企业在实施管理的一开始就有一整套行之有效、切实可行的管理制度和实施细则。因此,物业服务企业要结合新接物业的特点和要求,对公司现有的规章制度资料进行修改确认并颁布施行。

3. 物业的接管验收

物业的接管验收是物业服务企业正式实施管理的标志,它是关系到今后物业管理工作正常进行和分清责任承担者的重要环节。在前期物业管理阶段,物业的接管验收主要依据有关接管验收的技术规范与标准,对已通过竣工验收的物业进行再检验,验收中发现的问题应明确记录在案,及时反馈给建设单位,以便建设单位督促施工单位整修。物业的接管验收不仅是物的移交,更重要的是管理的移交,因此凡涉及今后管理的有关业主资料、产权资料、技术资料以及管理责任和业务关系等都需要一一移交。

4. 进户管理

所谓"进户",是指业主或使用人收到书面通知书,并在规定期限内办理完相应手续并实际入住。其内容和步骤如下:①由开发企业发出入住通知书;②购房业主按要求缴清剩余房款及其他费用;③购房业主与物业管理人员实地验收物业;④不合格项目整改;⑤签订物业使用公约、业主临时公约;⑥业主或使用人信息登记;⑦发放用户手册或办事指南;⑧发放钥匙,完成进户手续。

5. 装修搬迁管理

由于人们生活水平的提高,人们对家庭装饰的品质和个性化要求越来越高。装修已成了物业实际使用前的必要程序。不管是新房还是二手房,几乎家家都在入住前进行装修。由于装修是受业主或使用人个人意志支配的,他们往往给物业和其他的业主带来很多不良影响。例如,随意改动建筑结构、破坏承重墙、改变管线走向,在外墙立面任意添装附属设备或设施等,客观上极大地影响了物业的整体价值。另外,施工队伍随意倾倒垃圾、夜间施工、机械噪声、有毒气体挥发等,均会妨碍左邻右舍的正常生活。这一切都说明规范装修行为成了前期物业的管理重点和难点。除了装修,搬迁管理也是物业管理企业必须加以重视的事情。

6. 档案资料管理

档案资料有两种,一种是物业资料,另一种是业主或使用人资料。物业资料是接管验收所获得的各种技术资料和产权资料。业主或使用人资料包括他们的姓名、工作单位、联系方式、家庭成员或进户人员、各项费用收缴情况等。档案资料的管理主要抓住收集、整理、归档和利用四个环节。收集的关键是完整，要从时间和空间两方面将所有的资料收集完整。整理的关键是去伪存真，即保留那些对物业管理有用的资料。归档的关键是分类科学、存取方便。利用的关键是方便、安全。要建立相应的制度使得使用者既方便又不会造成泄密、丢失损坏的情况。

（三）物业接管验收的定义和内容

物业的接管验收是指物业管理单位对建设单位移交的新建房屋以及业主委托管理的原有房屋按行业标准进行综合检验，然后收受管理的工作。物业接管验收既发生在物业管理单位与建设单位之间，也发生在业主与物业管理单位以及物业管理单位与物业管理单位之间。它的形式有房管部门接管、依法代管、依约托管及单位自有房屋接管等。

接管验收主要包括三方面的内容：一是资料验收；二是质量与使用功能检验；三是问题处理。

1. 新建房屋接管验收的内容

（1）资料的验收。主要包括如下内容。

①产权资料。包括项目批准文件、用地批准文件、建筑执照、征收安置文件等。

②技术资料。主要包括竣工图，工程合同及开、竣工报告，地质勘察报告，工程预决算，图纸会审记录，工程设计变更通知及技术核定单，隐蔽工程验收签证，沉降观察记录，竣工验收证明书及材料、设备、设施的合格证书、使用说明、测试报告等。

（2）质量与使用功能的检验。质量与使用功能的检验主要根据国家规定的各项技术标准、设计规范、验收规范对房屋进行对照检验。其涉及的部位主要分为主体结构、外墙、屋面、楼地面、装修、电气、水、卫、消防、采暖、附属工程及其他。

（3）质量问题的处理。主要有以下两方面。

①影响房屋结构安全和设备使用安全的质量问题，必须约定期限由建设单位负责进行加固补强或返修，直至合格。

②对于不影响房屋结构安全和设备使用安全的质量问题，可约定期限由建设单位负责维修，也可采取费用补偿的办法，由接管单位处理。

2. 原有房屋接管验收的内容

（1）资料的接管验收。主要包括如下内容。

①产权资料。包括房屋所有权证，土地使用权证，有关司法、公证文书和协议，分户使用清册，房屋设备及定着物、附着物清册等。

②技术资料。包括房地产平面图、房屋分间平面图、房屋及设备技术资料（这些资料包括了新建房屋的所有技术资料）。

（2）质量与使用功能的检验。主要内容如下。

①以《危险房屋鉴定标准》(JGJ 125—2016)和国家其他有关规定作为检验依据。

②从外观上检查建筑物整体的变异状态。

③检查房屋结构、装修和设备的完好与损坏程度。

④查验房屋的使用情况（包括建筑年代、用途变迁、装修和设备情况）。

（3）危险与损坏问题的处理。主要包括以下三个方面。

①属有危险的房屋,应由移交人负责排险解危后,才可接管。

②属有损坏的房屋,由移交人和接管单位协商解决,既可约定期限由移交人负责维修,也可采用其他补偿方式。

③属法院判决没收并通知接管的房屋,按法院判决办理。

(四) 室内装修管理的措施

1. 安民告示宣传在先

在业主或使用者入住前的咨询和入住时办理手续阶段,物业管理企业都要不失时机地进行宣传,分发宣传资料。无论是住宅使用公约、业主临时公约、入住手册,还是装修须知、租户手册等,都要就装修规定进行告知。告知要以国家及地方的有关法规条款作依据,并表明本公司严格执行国家装修法规方面的明确的态度,提出详细要求,从一开始就给业主和使用者一个明确的信息,即装修活动必须合法。

2. 签订装修管理协议

为使业主或用户与施工单位在装修时明确地知道自己的权利及义务,同时保证所有的业主或用户以及施工单位都能认真地履行装修管理规定的各项条款的内容。要求所有的业主或用户及施工单位与物业管理单位签订装修管理协议,做好事先备忘和法律准备。

3. 严格装修管理程序

(1) 装修前必须完成装修报批手续。

①入户时物业管理企业发放装修公约。

②装修前业主向物业管理处申报并填写装修申请表。

③业主提交装修平面图、管线图、施工队伍的资质证明及身份证明,供物业管理处审核。

④签订装修协议。

⑤对装修队伍按公约和协议进行培训。

⑥装修人员按规定办理临时出入证。

⑦装修队伍必须配备灭火器,做好公共场所的保护。

⑧物业管理处颁发装修施工许可证张贴在分户门上。

⑨开始装修。

(2) 装修时进行严格监控。

①严格检查施工人员出入证件,严格阻止一切有装修公约禁止内容的装修材料进入小区,或将未经业主同意的各类物件、装修材料运出小区。

②组织由工程、保安及清洁人员组成的装修管理小组,每天巡视,按照批复的图纸检查并做好记录,一旦发现问题及时处理。

③严格控制施工时间,不得在晚上 20:00 以后从事任何有响声的工作。不听劝阻的,给予清场处理。

④管好装修阶段电梯的运行,防止超重、超长物品或腐蚀性材料对电梯的损坏。

(3) 竣工时检查验收。

①竣工时,装修管理小组按图纸进行检查验收,发现问题督促其及时整改。

②验收通过,施工单位向物业提交由业主和施工单位签字的装修竣工图。

③管理处出具装修意见书,由业主和施工单位签收。

4. 违章事故处理

(1) 物业管理人员对于每天巡视中发现的违章行为,应予当场制止、责令整改,并做好详细记录。

（2）第二天发现未整改，并已造成事实的，管理人员进行拍照或录像，同时出具整改通知书交施工人员签收。

（3）管理处按照公约和装修协议与业主、施工队沟通，告知事态发展的后果，尽量达成整改意见并形成书面记录，由三方签字确认。

（4）若无法沟通，则物业和开发商联合向业主和施工单位出具停止违章施工的律师函，并将律师函复印件张贴于物业辖区的告示栏内。

（5）物业服务企业将违章情况及证据资料上报相关管理部门，由其进行核查，并给予制止和告知行政知讼的后果。

（6）物业服务企业可联系市装饰协会督察部门，吊销施工单位的协会成员资质。

（7）可联系业主单位，共同做好劝说工作。必要时，可通过媒体曝光。

（8）上述努力无效时，物业管理单位申请进入行政诉讼程序。并将主管部门出具的起诉书复印件张贴于告示栏。

（9）行政诉讼或民事诉讼得出结果，物业服务企业配合法院或行政执法机关执行判决。

二、物业的接管验收

（一）物业接管验收的作用

物业服务企业不仅要尽早介入物业的前期管理工作，而且要充分利用其在接管验收中的地位，严把质量关。如果在接管验收中马虎从事，得过且过，物业服务企业就可能遭受严重损失。因为一旦物业托管合同生效，物业服务企业就必须承担合同中规定的义务和责任。所以物业接管验收具有十分重要的作用，具体主要表现在以下几个方面。

（1）在物业接管验收中明确交接双方的责任、权利和义务。在市场经济条件下，交接双方是两个独立的经济实体，通过接管验收，签署一系列文件，实现权利和义务的同时转移，从而在法律上界定交接双方的责任、权利和义务。

（2）确保物业的使用安全和正常的使用功能。物业的接管验收有其相应的标准，通过这一过程，促使施工企业及开发建设企业依据相应的标准组织规划设计和施工，否则，物业将作为不合格产品，不允许进入使用阶段。

（3）为实施专业化、社会化、现代化物业管理创造条件。通过对物业的接管验收，一方面可以使工程质量达到标准的要求，减少管理过程中的维修、养护工程量，另一方面，根据接管物业的有关文件资料，可以摸清物业的性能与特点，预测管理过程中可能出现的问题，计划安排好各管理事项，建立物业管理系统，发挥专业化、社会化、现代化管理的优势。

（4）提高物业的综合效益。如住宅小区的接管验收，不是简单的房屋验收，而是对住宅小区各组成部分进行的综合验收。通过综合验收，使住宅小区注重配套设施的建设，使其综合效益得到不断提高。

（5）促进建设项目的及时投产，发挥投资效益，总结建设经验。物业接管验收工作既是其进行投产、发挥效益的前提，也是其正常运营的保证。同时，接管验收实际上还是一项清理总结的过程，便于发现建设过程中存在的问题，及时纠正解决，也会积累建设经验，为以后的建设提供借鉴。

（6）维护和保障业主的利益。一方面，大多数业主不懂物业的有关技术和政策，另一方面,物业具有很高的价值,这就决定了接管验收对业主的重要性。

(二)物业接管验收的原则

物业的接管验收是一个比较复杂的过程,它不仅涉及建筑工程技术,而且牵涉到许多法律法规问题,常常出现实际结果与理论要求不一致之处。为了处理好接管验收过程中发现的问题,要掌握如下基本原则。

(1)原则性与灵活性相结合的原则。
(2)细致入微与整体把握相结合的原则。

(三)物业接管验收的条件

1. 新建房屋接管验收的条件

新建房屋的接管验收,是在工程竣工验收合格的基础上,以主体结构安全和满足使用功能为主要内容的再检验。接管验收应具备以下条件。

(1)建设工程全部施工完毕,并且经竣工验收合格。
(2)供电、采暖、给排水、卫生、道路等设备和设施能正常使用。
(3)房屋幢、户编号业务,经有关部门确认。

2. 原有房屋的接管验收条件

(1)房屋所有权、使用权清楚。
(2)土地使用范围明确。

(四)物业接管验收的程序

1. 新建房屋的接管验收程序

①建设单位书面提请接管单位验收。
②接管单位按接管验收条件和应提交的资料逐项进行审核,对具备条件的,应在15日内签发验收通知并约定验收时间。
③接管单位会同建设单位对物业的质量与使用功能进行检验。
④对验收中发现的问题,按质量问题处理办法处理。
⑤经检验符合要求的房屋,接管单位应签署验收合格证,签发接管文件。

2. 原有房屋的接管验收程序

①移交人书面提请接管单位接管验收。
②接管单位按接管验收条件和应提交的资料逐项进行审核,对具备条件的,应在15日内签发验收通知并约定验收时间。
③接管单位连同移交人对原有房屋的质量与使用功能进行检验。
④对检验中发现的危损问题,按危险和损坏问题的处理办法处理。
⑤交接双方共同清点房屋、装修、设备及定着物、附着物,核实房屋使用状况。
⑥经检验符合要求的房屋,接管单位应签署验收合格证,签发接管文件,办理房屋所有权转移登记(若无产权转移,则无须办理)。

(五)物业接管验收的标准

1. 新建房屋的接管验收标准

(1)主体结构。

①地基基础的沉降不得超过规范所允许的变形值;不得引起上部结构的开裂或相邻房屋的损坏。

②钢筋混凝土构件产生变形、裂缝不得超过规范所规定的值。

③木结构应节点牢固,支撑系统可靠,无蚁害,其构件的选材符合相应规范的有关规定。

④砖石结构必须有足够的强度和刚度,不允许有明显裂缝。

⑤凡应抗震设防的房屋,必须符合抗震规范的有关规定。

(2) 外墙不得渗水。

(3) 屋面。

①各类屋面必须符合相应规范的规定,排水畅通,无积水,不渗漏。

②平屋顶应有保湿隔热措施,设置屋面检修设施。

③采取有排水的屋面,出水口、结构、落水管应安装牢固,接口严密、不渗漏。

(4) 楼地面。

①面层与基层必须黏结牢固,不空鼓。面层平整,不允许有裂缝、脱皮和起砂等缺陷,块料面层应表面平整、接缝顺直、无缺棱掉角。

②卫生间、阳台、洗手台地面与相邻地面的相对标高符合设计要求,不应有积水,不允许倒泛水和渗漏。

③木楼地面应平整牢固,接缝密合。

(5) 装修。

①门窗安装平整牢固,无扭曲变形,开关灵活,位置准确。

②进户门不得使用胶合板制作,门锁应安装牢固,底层外窗、楼层公共走道窗、进户门的上亮子均应装设铁栅栏。

③木装修工程应表面光洁,线条顺直,对缝严密,不露钉帽,与基层必须钉牢。

④门口玻璃应安装平整,油灰饱满,粘贴牢固。

⑤抹灰应表面平整,不应有空鼓、裂缝和起泡等缺陷。

⑥饰面砖应表面洁净,粘贴牢固,阴阳角与线脚顺直,无缺棱掉角。

⑦油漆、刷浆应色泽一致,表面不应有脱皮、漏刷现象。

(6) 电气。

①电气线路安装应平整、牢固、顺直,过墙应有导管。导线连接必须紧密,铅导线连接不得采用铰接或绑接。采用管子配线时,连接点必须紧实、可靠,使管路在结构上和电气上均连成整体并有可靠的接地。

②应按套安装电表或预留表位,并有电气接地装置。

③照明器具等低压电器安装必须牢固,部件齐全,接触良好,位置正确。

④各种装置的连接点必须牢固可靠,接地阻值必须符合相应规范的要求。

⑤电梯应能准确地启动运行,牵引机的噪声和振动声不得超过规范的规定值。制动器、限速器及其他安全设备应动作灵敏可靠。安装的隐蔽工程、试运转记录、性能检测记录及全部的图纸资料均应符合要求。

⑥对电视信号有屏蔽影响的住宅,电视信号场微弱或被高层建筑遮挡及反射波复杂的地区,应设置电视共用天线。

⑦除上述要求外,同时应符合地区性"低压电气装置规程"的有关要求。

(7) 水、卫、消防。

①管道应安装牢固、控制部件启闭灵活、无滴漏。水压试验及保温、防腐措施必须符合规范的要求。

②高位水箱进水管与水箱检查口的设置应便于检修。

③卫生间、厨房内的排污管应分设,出户管长不宜超过 8 m,并不应使用陶瓷管、塑料管。地漏、排污管接口、检查口不得渗漏,管道排水必须流畅。

④洁具质量良好,接口不得渗漏,安装应平整、牢固,部件齐全,制动灵活。

⑤水泵安装应平稳,运行时无较大振动。

⑥消防设施必须符合有关规范的要求,并且有消防部门检验合格签证。

(8) 采暖。

①采暖工程的验收时间,须在采暖期以前两个月进行。

②锅炉、箱罐等压力容器应安装平整,配件齐全,不得有变形、裂纹、磨损等缺陷。安装完毕后,必须有专业部门的检验合格签证。

③炉排必须进行 12 h 以上试运转,炉排之间、炉排与炉铁之间不得互相摩擦,且无杂音,不跑偏、不受卡,运转自如。

④各种仪器、仪表应齐全精确,安全装置必须灵敏、可靠,控制阀门应开关灵活。

⑤炉门、灰门、煤斗闸板、风挡板应安装平整,开闭灵活,闭合严密,风室隔墙不得透风漏气。

⑥管道的管径、坡度及检查井必须符合相应规范的要求,管沟的大小及管道的排列应便于维修,管架、支架、吊架应牢固。

⑦设备、管道不应有跑、冒、滴、漏现象。保温、防腐措施必须符合规范的规定。

⑧锅炉辅机应运转正常,无杂音。消烟除尘、消音减振设备应齐全,水质、烟尘排放浓度应符合环保要求。

⑨经过 48 h 连续试运行,锅炉和附属设备的热工、机械性能及采暖区室温必须符合规定要求。

(9) 附属工程及其他。

①室外排水系统的标高、检查井设置、管道坡度及管径必须符合相应规范的要求。管道应顺直且排水通畅,井盖应搁置稳妥。

②化粪池应按排污量合理设置,池内无垃圾杂物,进出水口高差不得小于 5 cm。立管与粪池间的连接应有足够坡度,并不应超过两个弯。

③明沟、散水、落水管头不得有断裂、积水现象。

④房屋出入口处必须做室外道路,并与主干道相通,路面不应有积水、空鼓和断裂现象。

⑤房屋应按单元设置信报箱,其规格、位置应符合有关规定。

⑥烟道、通风道、垃圾道应畅通,无阻塞物。

⑦单体工程必须做到工完料净场地清,临时设施及过渡用房拆除清理完毕。室外地面平整,室内外高差符合设计要求。

⑧群体工程应检验相应的市政、公建配套工程和服务设施,达到应有的质量和使用功能要求。

2. 原有房屋的接管验收标准

(1) 以《危险房屋鉴定标准》(JGJ 125—2016)和国家有关规定作为检验依据。

(2) 从外观检查建筑物整体的变异状态。

(3) 检查房屋结构、装修和设备的完好及损坏程度。
(4) 检查房屋使用状况,评估房屋现有价值,建立档案资料。

(六) 物业接管验收合同

物业接管验收合同实质上就是物业管理委托合同。它是物业所有人或者物业管理委员会同物业服务企业之间,通过对物业的接管验收,明确双方的责任、权利和义务关系,为实现物业管理和经营目标而签订的协议。

三、物业管理招投标及合同

(一) 物业管理招标

1. 物业管理招标的概念和类型

物业管理招标是指房地产开发商或业主委员会等物业管理市场权力主体,通过编制和公开符合其管理服务要求和标准的招标文件,向社会招聘,并采取科学方法进行分析和判断,最终确定最佳的物业管理企业并与之签订物业前期服务合同或物业服务合同的过程。

常采用的物业管理招标方式类型可分为两种:公开招标和邀请招标。

2. 物业管理招标文件的构成

物业管理招标文件的内容根据招标项目的特点和需要而有所不同。根据我国相关规定和国际惯例,物业管理招标文件的基本内容大致如下。

(1) 投标邀请书:投标邀请书应提供必要的信息,从而使潜在投标人获悉物业管理项目招标信息后,决定是否参加投标。其主要内容包括项目名称、地点、范围、技术规范及要求的简述,招标文件的售价,投标文件的投报地点,投标截止时间,开标时间、地点等。投标邀请书可以归入招标文件中,也可以单独寄发。

(2) 投标人须知:投标人须知是为整个招投标的过程制订的规则,是招标文件的重要组成部分,它是业主委员会、房地产开发商或招标机构对投标人如何投标的指导性文件。其内容如下。

①总则:总则主要对招标文件的适用范围、常用名称的释义、合格的投标人和投标费用进行说明。

②招标文件说明:招标文件说明主要是对招标文件的构成、招标文件的澄清、招标文件的修改进行说明。

③投标书的编写:该部分要提出对投标书编写的具体要求,这些要求包括投标所用的语言文字及计量单位、投标文件的组成、投标文件格式、投标报价、投标货币、投标有效期、投标保证金、投标文件的份数及签署。

④投标文件的递交:该部分主要是对投标文件的密封和标记、递交投标文件的截止时间、迟交的投标文件的处理、投标文件的修改和撤销的说明。

⑤开标和评标:包括对开标规则的说明、组建评标委员会的要求、投标文件的澄清、对投标文件的评估和比较、遵循科学的评标原则及方法、评标过程保密。

⑥授予合同:授予合同的内容通常包括定标准则、资格最终审查、接收和拒绝任何或所有投标的权利、中标通知、授予合同时变更数量的权利、合同协议书的签署、履约保证金。

(3) 技术规范和要求:技术规范是详细说明招标项目技术要求(如物业管理项目的服务标准、具体工作量等)的文件,是重要的招标文件之一。技术规范通常以技术规格一览表的形式进行说明,另外还需附上项目的工程设计图等作为投标人计算标价时的重要依据。

(4) 合同条款:合同条款分为一般性条款和特殊性条款。在合同条款中,特殊性条款优于一般性条款,在两者发生不一致时,合同应以特殊性条款为准。

(5) 附件:附件是对招标文件主体部分文字说明的补充,包括以下主要内容。

①附表:包括投标书格式、授权书格式、开标一览表、项目简要说明一览表、投标人资格的证明文件格式、投标保函格式、协议书格式、履约保证金格式(通常为银行保函)。

②物业说明书。

③附图:物业的设计和施工图。

3. 物业管理投标原则

(1) 明确目标市场。

(2) 详细掌握投标物业的情况。

(3) 合理估算成本。

(4) 掌握信息,灵活报价。

(5) 加强调查,了解市场。

(二) 物业管理投标的程序

物业管理投标是指物业服务企业为了开拓业务,根据物业管理招标文件中确定的物业管理服务要求与标准,组织编制投标文件,并向招标单位递交应聘申请书和投标书。参加物业管理投标的一般程序或步骤如下。

1. 物业管理投标的前期工作

(1) 获取物业管理资格:按照我国公司法的规定,作为独立经营、独立核算的法人机构,物业管理企业(或其所属集团公司)必须拥有工商行政管理部门所颁发的营业执照,以证明其合法经营资格。

(2) 做好资金筹措准备:投标公司应根据自身财务状况及招标物业管理服务所需资金,做好资金筹措准备,以使自己有足够资金通过投标资格预审。

(3) 收集有关招标资料:物业服务企业在投标初期应多渠道、多方位全面收集资料。收集之后的整理、分析是更为重要的工作。工作人员应按资料的重要性、类别进行分门别类,以便于投标工作人员使用,由此而得出的最有价值的信息将为投标公司下一步的可行性研究提供分析基础。

(4) 投标可行性研究。

①招标物业条件分析:包括物业性质分析、客户特殊服务要求分析、物业招标背景分析以及物业开发商信誉等状况分析。

②企业投标条件分析:包括分析本企业以往是否有类似的物业管理经验,是否拥有经验丰富的管理人员,是否与其他在该物业管理方面有丰富经验的专项服务公司有密切合作关系,本企业能否利用高新技术提供高品质服务或特殊服务,以及本企业财务管理优势的分析。

③竞争对手的分析:包括对潜在竞争者的分析,同类物业服务企业的规模及其目前管理的物业的数量与质量的分析,当地竞争者的地域优势分析以及不同管理经营方式差异的分析等。

④风险分析:包括通货膨胀风险、经营风险、自然风险(如水灾、地震等)及其他风险(如

分包的专项服务公司不能履行合同规定义务,而使物业服务企业遭受经济乃至信誉损失等)分析。物业服务企业必须在决定投标之前认真考虑这些风险因素,并从自身条件出发,制订出最佳规避风险方案,将其可能发生的概率或造成的损失尽量减少到最小。

(5)申请资格预审:物业服务企业在考察了以上条件之后,可初步确定是否参与投标。若决定参与投标,则可提请资格预审。企业在申请进行资格预审时,通常需提交相应申请文件。

2. 物业管理投标的实施工作

在通过资格预审之后,物业服务企业便可正式进行以下的投标程序。

(1)购买并阅读标书。物业服务企业要想取得标书,必须向招标人购买。而取得标书之后,如何阅读成为重要环节。

①仔细阅读标书:投标企业应本着仔细谨慎的原则,阅读标书并尽可能找出疑问之处,列为"招标前由招标人明确答复"的问题。

②注意标书的翻译:参与国际投标的物业服务企业还应注意标书的翻译。不同的翻译可能会导致标书内容面目全非,而由精通外语的计价员直接阅读标书则是解决这一问题的理想办法。

③注意招标文件中的各项规定:投标的物业服务企业还应注意招标文件中的各项规定,如开标时间、定标时间、投标保证书等,尤其是对设计图、设计说明书和管理服务标准、要求和范围予以足够重视,仔细研究。

(2)现场查看:根据惯例,投标人应对现场条件考察结果自行负责。投标人不得在接管后对物业外在的质量问题提出异议。因此,投标企业必须细致了解,包括现场查看工程土建构造、周围设施分布情况和主要业主情况以及当地的气候、地质、地理条件等。

(3)制订管理服务方法与工作量:通常投标企业可根据招标文件中的物业情况和服务范围、要求,详细列出完成管理服务的方法和工作量。

投标物业服务企业可根据招标物业性质及所要求服务的内容制订、规划服务内容及工作量。

(4)制订资金计划:资金计划应当在确定服务内容及工作量的基础上拟订。

资金计划应以资金流量为工具进行测算,一般说来,资金流入应当大于流出,这样的资金计划安排才对评标委员会具有说服力。其主要的现金流入和流出项目为标书规定的预付款和保证金、接管期间费用支出、接管期间收入以及其他资金来源。

(5)标价试算:以上工作完成后,投标者便可进行标价试算。试算前,投标人应确保做到以下几点。

①明确领会标书中各项服务要求、经济条件。

②计算并复核服务工作量。

③掌握物业现场基础信息。

④掌握标价计算所需各种单价、费率、费用。

⑤拥有分析所需的适合当地条件的经验数据。

(6)标价评估与调整:对于上述试算结果,投标者必须经过进一步评估才能最后确定标价。现行标价的评估内容大致有两方面:一是价格类比,二是竞争形势分析。

(7)办理投标保函:投标保函所承担的主要担保责任如下。投标人在投标有效期内不得撤回标书及投标保函;投标人被通知中标后必须按通知书规定的时间前往物业所在地签约,在签约后的一定时间内,投标人必须提供履约保函或履约保证金。如果投标人违反上述任何一条规定,招标人就有权没收投标保函,并向银行索赔其担保金额。若投标人没有中标或没有任何违约行为,招标人就应在通知投标无效或未中标或投标单位履约之后及时将投标保函退给投标人,并相应解除银行的担保责任。

（8）编制标书:投标人在做出投标报价决策之后,就应按照招标文件的要求正确编制标书,即投标人须知规定的投标人必须提交的全部文件。

（9）封送标书、保函:全部投标文件编制好以后招标人就可派专人或通过邮寄将所有标书投送给投标人。投标人应按照封送标书的一般惯例将所有投标文件按照招标文件的要求,准备正本和副本(通常正本1份,副本2份)。标书的正本及每一份副本应分别包装,而且都必须用内外两层封套分别包装,密封后打上"正本"或"副本"的印记,两层封套上均应按投标邀请书的规定写明投递地址及收件人姓名或名称,并注明投标文件的编号、物业名称、在某日某时(开标时间)之前不要启封等。所有投标文件都必须在投标邀请书中规定的投标截止时间之前送至招标方。招标方将拒绝接收在投标截止时间后收到的投标文件。

3. 物业管理投标的结束工作

（1）中标后合同的签订与实施:经过评标与定标,招标方将及时发函通知中标的物业服务企业。中标的物业服务企业则可自接到通知之时做好准备,进入合同的签订阶段。物业服务合同自签订之日起生效,业主与物业服务企业均应依照合同规定行使权利并履行义务。

（2）未中标的总结:未中标企业应在收到未中标通知后及时对本次失利原因做出分析总结,避免重蹈覆辙。

（3）资料的整理与归档:无论投标企业是否中标,在竞标结束后都应将投标过程中一些重要文件进行归档保存,以备查核。通常这些文档资料主要包括招标文件、招标文件附件及设计图、对招标文件进行澄清及修改的会议记录和书面文件、企业投标文件及标书、同招标方的来往信件、其他重要文件资料等。

4. 物业管理投标书的构成

物业管理投标书,即规定投标者必须提交的全部文件,主要包括以下几类。

（1）投标致函。投标致函实际上就是投标者的正式标价信,其主要内容如下。

①表明投标者完全愿意按招标文件中的规定承担物业服务任务,并写明自己的总报价金额。

②表明投标者接受该物业整个合同的委托管理期限。

③表明本投标如被接受,投标者愿意按招标文件规定金额提供履约保证金。

④说明投标报价的有效期。

⑤表明本投标书连同招标者的书面接受通知均具有法律约束力。

⑥表明对招标者接受其他投标的理解。

（2）附件。附件的数量及内容按照招标文件的规定确定。但应注意,各种商务文件、技术文件等均应依据招标文件要求备全,缺少任何必需文件的投标将被排除在中标人之外。这些文件主要内容如下。

①企业简介,概要介绍投标企业及以往业绩等情况。

②企业法人地位及法定代表人证明,包括资格证明文件、资信证明文件(保函、已履行的合同及客户意见书、中介机构出具的财务状况书等)。

③企业对合同意向的承诺,包括对承包方式、价款计算方式、服务款项收取方式、材料设

备供应方式等情况的说明。

④物业管理项目小组情况,包括主要负责人的职务、以往业绩等。

⑤物业管理组织实施规划等,说明对该物业管理运作中的人员安排、工作规划、财务管理等内容。

(三)物业服务合同的签订、履行、变更及解除

1. 物业服务合同的签订

对于新竣工的物业而言,一般委托管理合同先由房地产开发商与物业服务企业签订前期物业服务合同,然后在成立业主大会、业主委员会后由业主委员会与物业服务企业签订物业服务合同。如果业主大会决定选聘新的物业服务企业,业主委员会就不会与前期介入的物业服务企业续签委托合同;即使业主大会同意与原来的由房地产开发商选聘的、前期已介入的物业服务企业续签委托管理合同,它也可能会对原物业服务合同做出一定的修改,即对前期物业服务合同修改后形成新的物业服务合同。由此可见,房地产开发商的最初委托只是一种临时性的安排,而业主大会的委托才是最终的决定。若招标物业是已使用过的物业,则物业服务合同将直接由业主委员会与中标的物业服务企业签订。

(1)物业服务合同的签订。按照国际惯例,物业服务合同的签订大致应当经历以下几个程序。

①招标人与中标的物业服务企业谈判。谈判重点应放在一些不清晰、不完备的条款之上,其主要内容包括讨论中标企业的改进意见、变更局部条件、完善不规范条款、修改报价。

②签订谅解备忘录。

③发送中标函或签发意向书。

④拟订并签订合同协议书。

(2)专项服务分包合同的签订。

①专项服务分包合同主要包括以下内容:企业类型、基本管理项目、内容,管理要求,专项管理要求,管理费用,双方权利、义务,合同期限,违约责任以及其他条款。

②对于投标企业而言,签订专项服务分包合同应注意分包价格确定、违约风险防范、部分风险转移以及奖惩措施等。

2. 物业服务合同的履行

合同的履行,是指合同双方当事人正确、适当、全面地完成合同中规定的各项义务的行为。物业服务合同的履行不仅是指签订合同双方最后的交付行为,而且还包括双方一系列行为及其结果的总和。物业服务合同的履行通常在法律上规定为全部履行,即当事人必须按照合同规定的标的及其质量、数量,由适当的主体在适当的履行期限、履行地点,以适当的履行方式,全面完成合同中规定的各项义务。它实际上包含两方面的含义。

(1)实际履行:实际履行是指按照合同规定的标的履行。按照实际履行的定义,如果一方发生违约,其违约责任不能以其他财物或赔偿金代替。即使违约方支付了违约金或赔偿金,如果一方要求继续履行的,仍应继续履行合同。只有在实际履行已成为不可能或不必要时,才允许不实际履行。

(2)适当履行:适当履行是指履行物业服务合同时,在合同标的(物业服务)的种类、数量、质量及主体、时间、地点、方式等方面都必须适当。按照适当履行的定义,如果一方不履行或不适当履行,有过错的一方应及时向对方说明情况,以避免或减少损失,同时承担赔偿

责任。当缔约一方只履行合同的部分义务时,另一方有权拒绝,并可就因一方部分履行义务导致其费用增加要求赔偿,但部分履行不损害当事人利益的除外。当事人一方如果有另一方不能履行合同的确切证据时,可以暂时中止合同,但应立即通知另一方。如果另一方对履行合同提供了充分的保证,则应继续履行合同。

3. 物业服务合同的变更

在物业服务企业接管物业之后,可能会由于业主的其他要求或环境的变化,导致合同的部分内容不再符合实际,此时应由物业服务企业与业主委员会商议,对服务合同的内容及时进行修改。

(1) 物业服务合同变更的特点。

①协商一致性:即合同的修改须经双方当事人协商一致,并在原有合同基础之上达成新的协议。

②局部变更性:即服务合同的变更只能是对原有合同内容的局部修改和补充。

③相对消灭性:合同的变更必然意味着有新的内容产生,它的履行相应不能再按照原有合同进行,而应按变更后的权利和义务关系履行。

(2) 物业服务合同变更的要件:要构成服务合同的变更,还必须具有以下形式要件。

①已存在合同关系基础:合同的变更必须建立在已有合同基础之上,否则就不可能发生变更问题。

②具有法律依据或当事人约定:物业服务合同的变更可以依据法律规定产生,也可通过当事人双方协商产生。

③具备法定形式合同的变更:应当从形式和实质上符合法律规定。

④非实质性条款发生变化:非实质性条款是指不会导致原合同关系破灭和新合同关系产生的合同条款,即除合同标的之外的其他条款。

(3) 物业服务合同变更的效力。

物业服务合同的当事人应当就合同变更的内容做出明确的规定,若变更内容不明确,则从法律上可推定为未变更。服务合同一旦发生变化,当事人就应当按照变更后的内容履行合同,任何一方违反变更后的合同内容都将构成违约。如果合同的变更对一方当事人造成了损害,则另一方当事人应负相应的赔偿责任。

4. 物业服务合同的解除

合同的解除是指由于发生法律规定或当事人约定的情况,使得当事人之间的权利和义务关系消灭,从而使合同终止法律效力。导致物业服务合同解除的事项主要如下。

(1) 合同规定的期限届满。

(2) 当事人一方违约,经法院判决解除合同。

(3) 当事人一方侵害另一方权益,经协商或法院判决解除合同。

(4) 当事人双方商定解除合同。

第 2 节 物业综合管理

物业综合管理,是为了给业主和使用人提供安全、舒适、美观、方便的工作、学习和生活环境,物业服务企业实施的系统全面的管理和服务活动。物业综合管理包括物业的环境管理和物业的安全管理。物业的综合管理与服务是一种日常性的管理服务工作,看似普通,但涉及面广,具有统筹性、开放性、专业性、服务性等特点。

一、物业清洁管理

(一)物业清洁管理工作的具体内容

(1)物业公共部分的清洁卫生。

(2)做好清洁卫生的宣传督促工作。

(3)在做好本职工作的同时,积极向业主或使用人提供清洁卫生服务。这种服务可以将有偿服务与无偿服务相结合。

(二)清洁管理的具体措施

(1)制订管理制度,具体包括清洁部门劳动纪律、清洁部门奖罚条例、业主清洁管理制度等。

(2)搞好区域卫生,具体包括物业区域的清扫与保洁、生活废弃物的清除等。

(3)抓好清洁卫生设施的建设与管理,具体包括清洁车辆的配置和管理、便民设施的建设与管理。物业区域内要建设便利群众的卫生设施,如垃圾清运站、果皮箱等。

(4)加强对业主或使用人的教育。

二、物业绿化管理

(一)设立绿化管理机构

物业绿化管理可以有两种管理模式:由物业管理公司与专业园林绿化部门签订合同,将此项工作以契约形式转包出去;由物业管理公司自己来管理。若承包给专业园林绿化部门,物业管理公司只需设立一个绿化监督小组,由几个管理人员负责对专业园林绿化部门的工作进行监督管理即可。若自己管理,则需成立专门的绿化管理机构来负责。机构设置可根据实际情况而定,名称可以定为绿化部或绿化科、绿化组。管理人员配1~3名。如果配管理人员3名,工人10名,则可成立绿化部,设经理1名,主管1名。绿化部可下设养护组、花圃组和服务组。

(二)加强绿化管理员工的培训

在初期,应采取干什么学什么的学习方式,联系实际具体讲解,到工作现场学习,在布置工作和安排生产时,要讲授技术、交代措施。在后期,物业服务公司拥有一定数量的工人后,再组织集中学习,系统讲授有关绿化知识及园林技艺。

(三)制订严格的管理制度,强化绿化管理的职能

全面、严格的绿化管理规章制度,包括绿地营造、养护管理制度等。同时,还可以按照我国《城市绿化条例》,对违章占绿、毁绿现象,加大管理和处罚力度,保护绿化成果。

(四)加强绿化宣传,培养绿化意识

物业服务企业要积极通过行使组织、协调、督导、宣传教育等职能,以及通过建绿、护绿等活动,培养公司员工和社区广大居民的绿化意识。

三、车辆、交通管理

(一) 车辆管理

1. 搞好停车场(库)的建设

(1) 光度要求。停车场(库)内的光线应充足,使车主能清楚地找到停车位,清楚地识别自己的车辆;使管理人员能轻易地发现撬盗车辆的案犯;便于消防管理的实施等。

(2) 设施要求。停车场(库)应设置清楚而又足够的指示信号灯,还要有适当的解释标语。另外,消防设备也是停车场(库)不可缺少的。

(3) 区位布置要求。考虑可能的情况,把停车场(库)划分为不同的区域或类型,要求车主必须按类别使用车位;需经常停放的车辆,应办理手续有偿使用固定车位,外来车辆和临时停放的车辆有偿使用非固定车位。

2. 建立健全车辆管理规章制度并严格执行

车辆管理的规章制度包括机动车管理制度、摩托车管理制度、门卫管理制度、车辆保管规定等。物业管理公司要组织有关人员认真学习和宣传这些规定与制度,以保证这些规章制度顺利贯彻执行。

(二) 交通管理

交通管理的任务是正确处理人、车、路的关系,在可能的情况下,做到人、车分流,保证居住区内交通的安全、畅通,重点是机动车行车管理。物业服务企业除加强对司机和广大住户、用户的宣传教育外,还要制订居住区道路交通管理规定。其主要内容包括:①建立机动车通行证制度,禁止过境车辆通行;②根据区内道路的情况,确定部分道路为单行道,部分交叉路口禁止左转弯;③禁止乱停乱放车辆,尤其是在道路两旁停放;④限制车速,铺设减速带,确保行人安全。在物业管理区域内发生交通事故,应报请公安交通管理部门处理。

四、保安与消防管理

(一) 保安管理

(1) 建立健全物业治安管理组织机构。物业服务企业一般均设有保安部,在保安部下设治安处。根据物业区域的特点,治安处可以设立"三班一室",即监视班、门卫班、安全巡逻班和保安办公室,负责本区物业的治安管理工作。治安处一般有部门经理、保安领班、安全巡逻人员、门卫人员和监视人员等。安全巡逻班根据监视区域责任可划分为多个班组,每个班组可根据 24 h 值班需要,分为 3~4 个轮换班。

(2) 制订和完善各项治安保卫管理制度。针对业主、使用人的制度包括治安保卫管理规定、车辆出入停放管理制度、防风防火管理规定等。针对内部保安管理人员的制度包括保安员值班岗位责任制度、保安人员行为规范、保安人员交接班制度、对讲机使用管理制度、警械器具使用管理规定、保安人员奖罚制度、消防管理规定等。

(3) 加强保安员的培训。培训内容包括心理学、法律、职业道德、文明礼貌用语、物业管理的有关规章制度、列队、擒拿格斗、治安保卫常识等。

(4) 建立正常的巡视制度。明确重点保卫目标,做到点、面结合。该项工作具体可以分为门卫、守护和巡逻三个方面来实施。

(5) 完善区域内的安全防范设施。根据财力与管理区域的实际情况,配备必要的安全防范设施。例如,在商住小区四周修建围墙或护栏,在重要部位安装防盗门。

(6) 联系区域内群众,搞好群防群治。物业服务部门可采取定期上门的办法,及时走访群众,通报治安情况,听取他们的意见,改进工作中的缺点,联络双方的感情,也可在办公地点附近设置信息反馈记录簿和来信来访登记簿,并由专人负责管理等。

(7) 与周边单位建立联防联保制度,并与当地公安机关建立良好的工作关系。由于物业服务企业的管理权限和可采取的工作措施有限,管理能力也受到各方面的限制,因此,与当地公安机关(如派出所)建立良好的工作关系,接受其指导,争取其配合是非常重要的。

(8) 为保安人员配备必要的保安器具,并为保安人员办理人身保险。管理部门应为保安人员办理人身保险,以解除因意外事故带来的一些问题,同时也可为保安人员解除后顾之忧,使他们可全身心地投入到治安管理工作中去。

(二) 消防管理

物业服务企业管理人员要广泛地开展防火宣传教育,树立消防安全意识,动员和组织职工与区内群众积极地同火灾做斗争。消防管理的主要内容如下。

(1) 建立高素质的专群结合的消防队伍,具体工作分为三个方面。

①专职消防管理队伍的建设。一般在保安部内设立消防处(班)来专职负责消防管理工作。消防处(班)的主要任务包括消防值班、消防培训、消防器材的管理与保养,以及协助公安消防队的灭火工作。

②义务消防队的建立。物业服务企业可在企业内部其他部门和业主、使用人中选定义务消防员,并在此基础上成立义务消防队。消防队全体消防员都应同时是义务消防员。对于商贸楼宇,义务消防队员的人数一般不低于总人数的10%。义务消防队主要从事火灾预防工作。义务消防队建立后,要定期进行业务培训,使其掌握消防技能。

③消防训练与演习。消防人员平时必须坚持灭火管理的训练,通过训练,摸索防火、灭火的措施和技术。要做到平时训练和定期演习相结合。物业服务企业根据自己的实际情况,最好每年进行一次消防演习。

(2) 制订完善的消防管理规章制度。消防管理规章制度主要包括消防值班管理制度、消防档案管理制度、消防岗位责任制度以及防火规定。

(3) 搞好消防设备的管理。消防设备的管理主要是对消防设备的保养与维护。消防设备的维修需要专门的技术,特别是一些关键设备,一般应请政府认可的、持有合格消防证照的专业公司进行。

作为物业服务企业,一般应注意:①熟悉消防法规,了解各种消防设备的使用方法,制订本物业的消防制度及有关图册,并使管理人员和用户熟知;②禁止擅自更改消防设备,特别是业主、使用人进行二次装修时,必须严格检查;③定期检查消防设备的完好状况,对使用不当的应及时劝其改正;④公共安全通道必须保证畅通,绝对不准堆放其他物品等。

第 3 节 物业设备管理

一、物业设备和物业设备管理的概念及构成

(一)物业设备和物业设备管理的概念

1. 物业设备

物业设备是附属于房屋建筑的各类设备的总称,它是构成房屋建筑实体的不可分割的有机组成部分,是发挥物业功能和实现物业价值的物质基础和必要条件。房屋设备之所以属于房屋建筑实体不可分割的有机组成部分,是因为在现代城市里,没有水、电、气等附属设备配套的房屋建筑,不能算是完整的房屋;同时,设备设施的不配套,或配套的设施、设备相对落后,也会降低房屋的使用价值和价值。因此,从法律意义上来说,房屋的设备和设施是属于构成房屋所有权的不可分割的定着物。

2. 物业设备管理

物业设备管理是指按照科学的管理方法、程序和技术要求,对各种物业设备的日常运行和维修进行管理。物业设备的运行和维修管理是保障物业功能正常发挥的有力保证,是物业管理的重要内容。

(二)物业设备管理的构成

我国城市建筑物必配的设备主要有两大类:卫生设备和电气工程设备。卫生设备包括给排水设备系统、燃气设备系统及暖通空调设备系统;电气工程设备包括照明设备系统、供电设备系统、自动控制设备系统、运输设备系统和防雷装置等。

1. 给排水设备系统

房屋的给排水设备系统是为房屋用户提供足够数量的符合水质标准的生产或生活用水,同时将使用过的污、废水进行一定的净化处理后,进行排放或重复使用的系统。它包括给(供)水设备、排水设备、卫生设备、热水供应设备及消防设备等。

2. 燃气设备系统

燃气设备系统可以分成四类:调压设备、计量设备、用气设备和安全保护装置。

(1)调压设备:在有些燃气用量很大的建筑物内,市政燃气应中压或高压输送供应。当用中压或高压供应燃气,而使用压力仍为低压时,为保证用气设备前的燃气压力稳定在允许范围内,应增加调压设备,包括调压器、调压箱和调压站。

(2)计量设备:计量设备就是燃气表。燃气表由燃气公司负责按要求配置、安装和调试,在日常使用中也由燃气公司负责管理。

(3)用气设备:用气设备包括家用和商用两类。家用的用气设备有燃气灶具、烤箱和热水器等。商用的用气设备有炒菜灶、蒸锅灶、烤炉和开水炉等。用气设备和供气管道在使用前必须按标准进行施工验收,在一定的压力下,气密性良好,不能有泄漏现象。家用热水器必须性能良好,并设有自动点火、自动熄火保护和缺氧保护等安全装置。

(4)安全保护装置:为了预防系统或用气设备漏气,可以在放置用气设备的房间内设置燃气泄漏报警器及自动切断器等安全保护装置。

3. 暖通空调设备系统

舒适、优雅的工作和生活环境离不开对室内空气的调节,空气调节不仅要保持室内空气的洁净、流通,而且要保持一定的室内气温。事实上,混浊的空气或者过高与过低的温、湿度都会对人的身体及工作效率有很大的影响。而且由于现代化物业大厦越来越多地采用了高新技术设备,而有些设备,诸如计算机系统等均对室内空气环境有一定的要求,不适宜的温度与湿度都会严重影响设备寿命与使用状态。所以,熟悉物业的暖通空调设备系统,并对其进行有效的保养与维修管理,这对于物业管理来讲是不可缺少的管理内容。

4. 照明设备系统

照明设备系统不仅可以为人们创造良好的光照条件,还可以利用光照的方向性和层次性等特点渲染建筑物,创造奇特的光环境。照明设备系统主要由照明装置和电气部分组成,照明装置主要是灯具,电气部分包括照明开关、线路及配电盘等。

5. 供电设备系统

房屋的供电系统主要是指接收电源输入的电力,并进行检测、计量、变压和输送等,然后向用户和用电设备分配的系统的总称。我国的用电电压标准一般有三类,一是额定电压为 100 V 以下,主要用于安全照明等;二是额定电压为 100~1000 V,主要用于低压动力及一般照明,建筑电气系统的用电电压属于这一类;三是额定电压为 1000 V 以上,主要用于高压用电等。通常,一般工业与民用房屋的电源引入方式主要有三种,一是引入单相 220 V 电源,二是引入两相 380 V/220 V 电源,三是引入三相高压 6 kV 或 10 kV 电源,具体应视房屋规模和用电设施及设备情况而定。

6. 自动控制设备系统

房屋的自动控制设备系统是指利用先进的电子技术,建立由计算机网络统一管理的系统,也称"5A"型智能化建筑设备系统。由于建筑的类型、等级不一,所以,许多建筑只配有其中的一部分。自动控制设备系统主要包括信息通信系统、设备控制系统、消防监控系统、保安和车库管理系统及办公自动化系统。

7. 运输设备系统

运输设备系统主要指房屋设备中的电梯和自动扶梯(还有自动人行道,但它的应用范围较窄)。电梯和自动扶梯是物业中用于垂直运输的运载工具,主要用于人们上下楼或货物运输,这对于提高物业功能,改善工作、生活条件具有很大的作用。电梯的应用范围很广,不仅是高层物业所不可少的设备,而且目前在多层物业中也很常见。电梯按用途可分为客梯、货梯、客货梯、消防梯及各种专用梯等。按驱动方式可分为交流电梯、直流电梯、液压电梯、直流电机驱动电梯。按速度可分为低速梯(速度低于 1 m/s)、中速梯(速度为 1~2 m/s)、高速梯(速度高于 2 m/s)。按控制方式分为信号控制、集选控制、微机程序控制和手柄控制等。电梯的组成部分一般包括传动设备、升降设备、安全设备和控制设备等。

8. 防雷设备

建筑物防雷设备有针式和栅式两大类,其中避雷针又可分为单支、双支和多支保护等几种形式。避雷设备一般由接闪器(避雷针、避雷带)、引下线和接地极组成。

二、物业设备管理的内容

物业设备管理的内容范围很广,包括设备基础管理、运行管理、安全管理、维修管理、更新改造管理、备品配件管理和经济运行管理等。

(一) 设备购置的技术经济评价

物业设备的更新,即设备的购置既是物业设备管理中的一项技术性工作,也是一项物业投资的经济性活动。因此对于设备,特别是大型设备的购置必须进行技术经济论证,以保证技术上先进、经济上合理、功效上适用,获得业主的认可和批准。技术经济评价考虑的因素主要有以下三个方面。

(1) 技术性要求。从技术角度考虑,必须考虑的因素有功能、可靠性、安全性、耐用性、节能性、环保性和可操作性等。

(2) 适用性要求。要考虑设备的用途和功能与物业的总体功能要求及装修等级、使用环境等方面的要求协调一致。与此同时,设备的用途和功能应能满足业主和用户的需要及要求。

(3) 经济性要求。从经济角度考虑,要求设备的寿命周期总费用最低。即在设备选择时既考虑设备的购置费用,也要考虑设备的使用费用。因此,要做多方案的比较和经济性评价,由此做出合理的选择。

设备购置多方案比较的经济性评价方法主要有年费法和现值法。这两种方法本质上是一样的,都是考虑了资金的时间价值,区别只是将资金放在哪个时间点上计算。

(1) 年费法。这种方法就是将各种方案的一次性投资费用,用投资回收系数折算成每年的投资费用支出,加上每年的使用费用,估算出每年总费用支出。然后对各方案的年总费用做比较。

(2) 现值法。这种方法就是将每年的平均使用费,用年金现值系数折算成投资初期的现值总额,再加上初期的投资费,估算出寿命周期总费用的现值后进行方案比较。

(二) 物业设备的备品配件管理

备品配件的技术管理应由专业技术人员负责,包括备品配件范围确定,备件图纸的收集和测绘整理,确定备件来源的途径和方法,确定合理的储备定额和储备形式,编制备件卡和备件台账,为备件的制造、采购提供科学的依据。

应考虑备品的配件包括易磨损的零件和使用寿命小于大修理间隔期的其他易损件;制造周期长、加工复杂或需要协作解决的零部件;有较多同类型设备的零部件;停止运行会带来很大的影响的重要设备的主要零部件。

三、物业设备的维修、保养与管理

(一) 房屋给排水设备的维修、保养与管理

给排水系统不仅是一个城市不可缺少的基础设施,而且是城市经济繁荣与发展的一个重要条件,也是一幢房屋的主要组成部分。房屋给排水系统的保养与维修管理包括房屋给水系统、排水系统及各种给排水设施的保养与维修管理。物业管理者应组织专门的保养与维修管理人员,定期对房屋给排水系统及设施进行保养,并建立严格的值班制度。当班管理人员应对当班的给排水系统进行巡查,按规定的时间与路线进行认真巡检,发现问题或故障及时维修,以保证整个给排水系统的正常运行。

1. 给水系统的维修、保养与管理

房屋给水系统将直接关系到人们的日常生活及生产。给水系统提供的水压、水量及水

质条件将直接影响房屋的使用功能及使用效果,并在很大程度上影响物业的经济价值,而且饮用水的质量也会直接关系到人的身体健康。所以作为物业管理者应十分注意房屋给水系统的保养与维修管理,一方面要确保房屋供水的正常;另一方面,要确保房屋的饮用水和特殊生产用水的质量。

(1) 给水系统的保养与维修管理应注重整个给水系统的每个环节及设施,应对整个系统做定期的检查与保养,发现故障应及时修复,保证房屋给水系统的正常运行。

(2) 定期检查、清洗储水池及水箱,一般要求每年至少清洗两次,在清洗时应注意尽量避免影响用户的正常用水。

(3) 加强对水泵的检查、保养与维修。水泵是给水系统的关键设施之一,其运行正常与否将直接影响整个房屋供水的正常与否。

(4) 对具有净水系统的给水系统应注意保持净水系统的正常运转,要定期进行水质检查。

(5) 建立给水系统的报修制度。

(6) 定期检查、测试消防给水系统的状态。

2. 排水系统的保养与维修管理

房屋的排水系统是房屋给排水系统不可缺少的主要组成部分,房屋给水系统必须配有一个有效的排水系统,两大系统共同作用、互相配合。虽然排水系统一般要比给水系统简单,但排水系统的缺陷或故障也会严重影响用户的正常生活或生产,甚至会严重损害房屋的结构及使用效果。通常,一般房屋排水系统的保养与维修管理应做好以下几个方面的工作。

(1) 定期对排水设施,包括地上部分及地下部分进行保养、维修和疏通清理,对用户申报或管理人员发现的排水设施漏水、堵塞等问题,应及时查明原因并组织维修,保证排水管网的畅通。

(2) 监督用户,不准向排水设施内乱扔杂物,以免发生堵塞,并不准私自挪动、改装及加装。

(3) 餐饮服务、医疗等行业及单位食堂的排水,应设置诸如沉淀池及隔油池等局部处理设施,并定期检查、定时检测处理设施的运行状况。

(4) 监督用户,不准在排水设施的下水管网、窨井及化粪池的盖面上搭设棚屋和堆放过重物品,以免压坏排水设施。

(5) 防止污水管渠内出现淤塞及蚊虫滋生,防止污水外泄引起环境污染。

(6) 定期(一般为3～5年)对外露的排水管道进行油漆,以加强水管外层的保护及美观。

(7) 建立用户随时报修制度及管理人员的巡视制度,发现排水管网堵塞、外漏及有关设施出现故障,及时进行修复。

(二) 房屋供电设备的维修、保养与管理

电力是物业用电系统的动力,是提供并改善物业内人们工作及生活条件,保证并提高物业使用功能和经济价值必不可少的基础条件。但电力也是非常危险的,使用不当或供电及用电设施的故障都可能引发意外事故。最常见的如触电产生的人身伤亡,用电超载造成的火灾,供电系统故障、用电设施使用不当产生财物损失等。所以,加强物业供电系统的保养与维修管理,保证安全正常的供电,有效地防止各种意外的发生,既是供配电系统的保养与

维修管理的根本目的,也是其工作的出发点。供配电系统的日常保养与维修管理工作是一项频繁而持久的工作,要保证物业能安全、正常地供配电,必须注意以下几方面的内容。

1. 加强房屋配电房的管理,保持配电房安全、正常地供配电

(1) 定期打扫、清理配电房,保持配电房的干净、整洁,保证良好的照明、通风和适当的室温。

(2) 建立严格的配电房管理制度,实行值班与交接班制度,非值班或无关人员不得任意进入配电房。

(3) 定期对配电房内的配电柜做全面的测试、检查,包括对配电柜的电流过载、漏电保护及供电电缆的绝缘性能进行测试、检查,并注意定期清理、添加润滑油。

(4) 定期检查并记录配电房设备的工作状况,一般每班巡查一次,每月仔细检查一次,半年检修一次,发现磨损严重或损坏的零部件要及时更换,改善设施的使用状态并延长其使用寿命。

(5) 配电房内严禁乱接乱拉电线或改变线路布置,严禁乱用其他电器,如属必须用的电器,需报经相关负责人同意。

2. 加强对物业供配电系统的日常保养与维修

(1) 定期巡视、检查物业公共区域供配电设施的运行状况,保持各开关箱、配电箱及其他供配电设施完好无损。

(2) 建立健全用户报修制度,对来人来电报修,应及时登记并前往维修,维修结束后应做好工时与材料的统计工作,不能及时维修的应先妥善保护现场安全,然后再及时安排修复。

(3) 检修人员在对供配电系统及设施进行检修时,必须使用电工绝缘工具,并在有关位置悬挂标志牌,以免发生危险;在地下室、厨房、厕所等潮湿场地或夹层工作时,应注意先切断电源,不能断电的,至少应有两名检修人员在场一起工作。

(4) 物业停电、限电之前,应提前通知用户,特别是一些关键部门或关键设备、设施的用户;如有可能,要及时启用备用电源或采用其他应急措施,以免造成伤亡或经济损失。

(5) 物业恢复供电时,管理人员应及时通知各用户,及时做好受电准备;供电时还需注意供电情况,发现问题及时与供电部门取得联系。

(6) 在特殊情况下,如用户临时装修施工或发生火灾、地震、水灾等,应有切实可行的管理措施或应急措施。

(三) 房屋供暖设备的维修、保养与管理

供暖设备是寒冷地区建筑物不可缺少的组成部分。随着城市居民生活水平的提高、工作条件的改善和环保节能的需要,城市供暖越来越多地采用集中供暖。集中供暖的管理是一种技术含量较高的系统工程。集中供暖系统由热源(供热锅炉房)、热网(供暖管网)、散热设备(热用户)三部分组成。供暖管理对象是供暖系统的生产和再生产过程。具体管理内容为热源管理、热网管理和热用户管理。

1. 供暖的物业管理模式

供暖的物业管理模式主要有两种,即自营管理和委托专门的供热管理公司管理。

(1) 自营管理:由物业服务企业组建专门机构对供暖系统全面负责,管理其运行和维护。包括热源管理、热网管理和热用户管理。

(2) 委托专门的供热管理公司管理：由物业服务企业（甲方）与供热管理公司（乙方）签订管理合同，由乙方对供热系统负责运行和维护，即进行热源与热网管理；甲方提供必要的费用和监督支持，即进行热用户管理。

2. 供暖费的收取

(1) 供暖费的计算方法有三种。

①按建筑面积或使用面积计。

②按热水或蒸汽的实际流通量计。

③按户计。不论面积大小，每户承担同样标准的取暖费。

实际上，第一种是最常用的方法，第二种是最合理的方法，第三种方法适用于特殊场合。

(2) 用户供暖管理费用的缴纳和监督。

按期缴纳供暖管理费用是用户的责任。供暖管理费应在供暖期前缴纳。对未能按期缴纳的，管理人员要调查用户情况，只要经济条件允许，都应监督上交，对久拖不交的诉诸法律。对于个别用户（已交费）室内采暖温度长期达不到标准(16 ℃以上)的，或在某一个时效内（如 24 h）用户报修而没有及时维修等情况，影响正常采暖的，可制订合理的补偿标准。

3. 供暖设备的维修与保养

(1) 锅炉的检查：定期检查锅炉是一项预防锅炉发生事故的重要措施。锅炉在运行过程中，由于受到烟、煤、汽、水的侵蚀以及温度变化的影响，会产生某些损害。为保证锅炉安全运行，对使用的锅炉进行定期检查是十分必要的。

对于终年使用的锅炉，每 3 个月进行一次清洗检查，每年要进行一次炉内、炉外和附件的彻底检查与维修。对于仅供取暖用的锅炉，一般在停火后进行清洗检查，每年生火前再做一次检查与维修。

定期检查主要检查锅炉的腐蚀程度，受压部件有无过热变形或渗漏情况，附件是否灵活（如安全阀）、准确（如压力表）、严密（如各个阀门）等。如有问题应及时解决和处理。

(2) 锅炉打碱：锅炉中的水垢（水碱）对锅炉有很大的腐蚀性，又由于它的传热性能较差，会浪费大量的燃料，容易使铝炉受热面产生过热和变形现象，所以应及时清除水垢。打碱方法一般可采取手工打碱、机械打碱、药剂清碱、烤胶除垢等。

(3) 锅炉的保养：锅炉的保养分湿式和干式两种。无论采用哪一种保养方法，均需在锅炉的水垢和烟灰清理干净后进行。

（四）房屋电梯设备的维修、保养与管理

电梯是高层建筑中不可缺少的垂直运输设备。因此，电梯的维修、保养与管理便成为物业管理中的一项重要内容。能否保证电梯的正常使用，关系到使用者的方便和舒适程度，而电梯的质量问题和运行故障更会对人民的生命财产安全有重大影响。因此，物业服务企业必须加强电梯的保养、维修、管理。电梯维修、保养安全规定如下。

(1) 电梯在维修、保养时，停止运载乘客或货物，并必须在该梯基站放置"检修停用"、在电梯开关上悬挂"有人工作，禁止合闸"等告示牌。

(2) 检修时，应由主持和助手协同进行，并保持随时互相呼应。检修人员作业时应穿工作服，高空作业应系安全带，上下交叉作业应戴安全帽。

(3) 在机房维修保养时，应先断开机房总电源，然后才能进行各底板的清理、保养等工作，严禁用湿毛巾擦机身。

(4) 在轿顶工作时,应断开轿顶急停开关或安全联动开关;在箱内工作时,应断开轿箱操纵盘内的运行电源开关;在底坑作业时,应断开底坑检修按钮箱的急停开关或限速器张紧装置的开关。

(5) 在轿顶作业时,应将各厅门关好,作业人员不准将任何部位伸出护栏。严禁作业人员双脚分跨在厅坎和轿箱内工作,或双脚站在厅坎,身体趴在轿顶工作。严禁开启厅门探身到井道内或在轿厢顶探身到另一井道检查电梯。

(6) 严禁维修人员拉吊井道电缆线,以防电缆线被拉断。

(7) 底坑作业时使用的手灯必须带护罩,并采用 36 V 以下的安全电压。随时清理废油等易燃品,禁止吸烟和使用明火。

(8) 非维修保养人员不得擅自进行维修作业,工作完毕后要装回挡板,清理工具,不得留工具在设备内。离去前拆除加上的临时短路线,电梯检查正常后方可使用。

第 4 节　物业服务企业的资金管理

一、物业服务企业资金管理的内容

物业服务企业为了满足业主的各项需求,要对物业进行有效的管理和经营,就必须要投入大量的活劳动和物化劳动,其中就涉及各种类型的物业管理资金。物业管理各种类型资金使用的好坏和使用效率的高低直接关系到物业管理水平的高低,因此物业管理中资金的筹集、使用和管理是物业服务企业财务管理中极为重要的一项工作,也关系到物业服务企业自身能否实现利润目标。

（一）物业管理中的资金类型

一般来说,物业管理过程中,会涉及以下几种资金。

1. 注册资本

根据《中华人民共和国公司法》和相关法规的规定,设立物业服务企业必须具有一定数额的货币注册资金。注册资本除用于启动公司运行、支付必要的开办费以外,还可用于首期物业管理的启动资金。

2. 物业接管验收费

物业接管验收费是物业服务企业在接收、接管物业时,由开发商向物业服务企业缴纳的专项验收费用。它主要用于物业服务企业参与验收新的物业和接管旧有物业时,组织水电、管道等专业技术人员和管理人员所支付的费用,包括人工费、办公费、交通费、零星杂费、资料费等。

3. 物业管理服务费

业主和租用人入住或使用物业时,接受物业服务企业的管理与服务,向物业服务企业缴纳管理服务费。

4. 物业专项维修资金

为保障物业的正常使用,住宅物业、住宅小区内的非住宅物业或者与单层住宅楼结构相连的非住宅物业的业主应缴纳物业专项维修资金。专项维修资金属业主所有,专门用于物业保修期满后物业共用部位、共用设施设备的维修和更新、改造。

5. 物业质量保证金

《中华人民共和国建筑法》第六十二条规定："建筑工程实行质量保修制度。"物业一般体积大、投资大，构成要素的连带性和隐蔽性特点决定了物业的保修期要比一般耐用消费品长。开发商在向物业服务企业移交物业时，向物业服务企业缴纳的保证物业质量的资金，用于交房后的保修期内被接管物业的保修。建筑工程的保修范围应当包括地基基础工程、主体结构工程、屋面防水工程和其他土建工程，以及电气管线、上下水管线的安装工程，供热、供冷系统工程等项目。保修的期限应当按照保证建筑物在合理寿命年限内正常使用，维护使用者合法权益的原则确定。具体的保修范围和最低保修期限由国务院规定。

6. 多种经营收入

随着时间的推移，房屋及其附属设备设施会日渐损坏，日常保养、维修的各项费用也与年俱增。完全靠开发商的扶持和从业主、使用人中收取的物业管理服务费、专项维修资金是无法满足需要的。为此，客观上要求物业服务企业以各类物业为依托开展多种经营服务，以增加物业管理资金的来源。同时，开展多种经营服务也是物业服务企业实现企业利润目标的要求。

7. 信贷资金

物业服务企业启动后，管理费用尚未收缴上来以前，物业管理资金十分紧张。物业服务企业往往可以通过银行信贷来筹措流动资金，以弥补物业管理费用的早期缺口。

（二）物业管理资金的筹措

物业管理资金筹措是物业管理正常运转的基础，也是物业管理资金良性运作的保障。随着物业租售完毕，物业公司就进入维护物业功能，为人们生产生活提供服务的长期运营阶段，而物业的日常养护、维修、更新和管理，都要投入一定的人力和物力，需要有大量的各种类型资金的收取和支出。因此，物业服务企业的各项资金筹集和落实到位，对物业管理实现良性循环显得尤为重要。

1. 物业管理资金筹措原则

（1）"量出为入"原则。

（2）收支平衡，保本微利原则。

（3）相对稳定，适当调整原则。

2. 物业管理资金筹措的渠道

（1）注册资本：不同的物业服务企业注册资本的筹集各不相同。一般来说，合营企业由合营各方出资构成，中外合资和股份制公司由中外各方按比例出资和股东出资筹集构成，外资物业服务企业则由外方单独出资构成。

（2）物业接管验收费：物业接管验收费一般向开发商收取。物业服务企业要参与竣工验收，竣工验收是全面考核房地产项目开发成果，检查设计和工程质量的重要环节，做好竣工验收工作对促进开发项目及时完成接管验收，尽快投入使用，发挥投资效益，有着重要的意义。

（3）物业管理服务费：物业管理服务费的筹措渠道主要有以下几个方面。

①定期向业主收取。根据《物业服务收费管理办法》，物业服务企业可以而且应该就其提供的物业服务收费。该费用向业主收取，是物业管理经费长期稳定的主要来源。通过双方谈判，制订合理的收费标准，确保稳定的资金来源是每一个从事物业管理的企业必须面对

的一个非常重要的问题。

②物业服务企业开展多种经营的收入和利润。在不向政府要钱,不增加业主和使用人经济负担的情况下,物业服务企业可根据物业状况和自身情况,开展多种经营,创造经济效益,以业养业,补充物业管理经费的不足。物业服务企业开展多种经营有以下两种情况。

第一,利用物业共用部位、共用设施设备进行经营活动。在征得相关业主、业主大会同意后,物业服务企业可以利用物业共用部位、共用设施设备进行经营活动。这种经营活动所得收益属于业主,应主要用于补充专项维修资金,经业主大会同意,也可弥补物业管理服务费的不足。

第二,利用自身条件,开展各种经营活动。物业服务企业可以利用自身条件,开展多种经营活动,如组建工程队,完善住宅小区配套建设,建小区围墙、停车场等,开办商店、餐饮、健身房、美容美发厅等。此时的收入和利润,从性质上讲属于物业服务企业的收入和经营利润。其收入和利润事先无法准确地测算和预计,因此,这种收入和利润并不属于物业管理经费的主要来源。之所以将物业服务企业开展多种经营的部分利润也作为物业管理经费的一个来源,主要是考虑目前我国物业管理的市场经济体制尚不完善,是从推动物业管理的运作、建立物业管理良好声誉和人民群众经济承受能力的实际出发,而提出的在一定时期内的带有较强过渡色彩的措施。

③政府多方面的扶持。目前,政府对物业管理的扶持主要体现在制定相关的政策和给予一定的资金支持,主要包括制定住宅小区物业服务收费办法和政府指导价,加强对收费的管理,规定物业服务企业可享受国家对第三产业的优惠政策,在开展多种经营中可适当减免部分税金等。《物业管理条例》第五十一条规定,供水、供电、供气、供热、通信、有线电视等单位,应当依法承担物业管理区域内相关管线和设施设备的维修、养护责任。

④业主的赞助。物业管理服务的质量直接关系到全体业主的切身利益,其中家庭经济状况较好的部分业主的赞助也是物业管理经费的来源之一。这种来源的前提是物业服务企业和业主之间建立的良好关系以及区域内业主之间的良好人际关系,业主大会可以设立专项赞助基金,所得款额用于物业管理费用的补充,以减轻小区内其他业主的负担。随着社会经济的发展和人民群众收入的提高,业主赞助会逐渐有所增加。

(4) 物业专项维修资金:物业专项维修资金的筹措渠道主要有以下几个方面。向业主收取;向售房者收取;向国家有关部门申请。

(5) 工程质量保证金:工程质量保证金的缴纳有多种方法,它可以留在开发商处,由物业服务企业在接受业主报修、组织施工后实报实销,也可以由开发商一次性缴纳给物业服务企业,保修期满后结算,多退少补;或可采取包干办法一步到位,盈亏由物业服务企业负担。

(6) 信贷资金:信贷资金主要是通过银行获得。

(三) 物业管理资金的使用原则

(1) 专款专用原则。
(2) 厉行节约原则。
(3) 效益原则。
(4) 民主管理原则。

二、物业服务费用

(一) 物业服务费用的确定和缴纳

物业服务收费应当遵循合理、公开以及费用与服务水平相适应的原则,区别不同物业的性质和特点,由业主和物业服务企业按照《物业服务收费管理办法》在物业服务合同中约定。

业主应根据物业服务合同的约定缴纳物业服务费用。业主与物业使用人约定由物业使用人缴纳物业服务费用的,从其约定,业主负连带缴纳责任。已竣工但尚未出售或者尚未交给物业买受人的物业,物业服务费用由建设单位缴纳。

业主违反物业服务合同约定,逾期不缴纳物业服务费用的,业主委员会应当督促其限期缴纳;逾期仍不缴纳的,物业服务企业可以向人民法院起诉。

物业管理区域内,供水、供电、供气、供热、通信和有线电视等单位应当向最终用户收取有关费用。物业服务企业接受有关单位委托代收费用的,不得向业主收取手续费等额外费用。

物业服务费用应根据所提供服务的性质、特点等不同情况,分别实行政府定价、政府指导价和经营者定价。为物业产权人、使用人提供的公共卫生清洁、公共设施的维修保养和保安、绿化等有公共性的服务,以及代收缴水电费、煤气费、有线电视费和电话费等公众代办性质的服务收费,实行政府定价或者政府指导价。实行政府定价或者政府指导价的物业服务收费的其他价格管理形式,由省、自治区、直辖市物价部门根据当地经济发展水平和物业管理市场发育程度确定。凡属于为满足物业产权人、使用人个别需求而提供的特约服务,除政府物价部门规定有统一收费标准者除外,服务收费实行经营者定价。

实行政府定价和政府指导价的物业管理服务收费标准,由物业管理单位根据实际提供的服务项目和各项费用开支情况,向物价部门申报,由物价部门征求物业管理行政主管部门意见后,以独立小区为单位核定;实行政府指导价的物业服务收费,物业管理单位可在政府指导价格规定幅度内确定具体收费标准;实行经营者定价的物业服务收费标准由物业单位与小区管理委员会(业主管理委员会)或产权人代表、使用人代表协商议定,并应将收费项目和收费标准向当地物价部门备案。

在核定收费标准时,应充分听取物业管理单位和小区管理委员会或产权人代表、使用人代表意见,既要有利于物业服务的价值补偿,也要考虑物业产权人、使用人的经济承受能力,以物业服务所发生的费用为基础,结合物业管理单位的服务内容、服务质量、服务深度进行核定。物价部门对核定的物业管理收费标准,应根据物业服务费用的变化及时进行调整。

(二) 物业服务费的主要构成

(1) 管理、服务人员的工资和按规定提取的福利费。
(2) 公共设施和设备日常运行、维修及保养费。
(3) 绿化管理费。
(4) 清洁卫生费。
(5) 保安费。
(6) 办公费。
(7) 物业管理单位固定资产折旧费。
(8) 法定税费。

(9) 合理利润。

物业服务费的利润率暂由各省、自治区、直辖市政府物价主管部门根据本地区实际情况确定,经物价部门核定或由物业管理单位与小区管理委员会在物业管理合同中约定。

三、物业专项维修资金

物业专项维修资金是指业主或者公有住房售房单位缴存的,专项用于住房共用部位、共用设施设备保修期满后的维修和更新、改造的资金。专项维修资金属业主所有,专项用于物业保修期满后物业共用部位、共用设施设备的维修和更新、改造,不得挪作他用。

商品房在销售时,购房者与售房单位应当签订有关维修资金缴纳的约定。具体标准由省、自治区人民政府建设主管部门或者直辖市人民政府房地产主管部门制定。售房单位代为收取的维修资金属于全体业主共同所有。

(一)物业专项维修资金的使用

(1) 物业专项维修资金的用途及使用原则如下。

物业专项维修资金的使用应专款专用,专门用于住宅共用部位、共用设施设备保修期满后的更新与改造。

物业专项维修资金的使用应当遵循方便快捷、公开透明、受益人和负担人相一致的原则。

(2) 物业专项维修资金的支出。

①实施物业管理的住房,对全体业主的共用部位、共用设施设备进行维修和更新、改造的,由物业服务企业提出物业专项维修资金使用计划,经业主大会通过后实施;对部分业主的共用部位、共用设施设备进行维修和更新、改造的,由物业服务企业提出物业专项维修资金使用计划,经对该共用部位、共用设施设备具有共有关系的三分之二以上的业主通过后实施。

实施物业管理但未成立业主大会,以及未实施物业管理但有房屋管理单位的住房,由物业服务企业或者房屋管理单位提出物业专项维修资金使用计划,经对该共用部位、共用设施设备具有共有关系的三分之二以上的业主通过后实施。

未实施物业管理,也没有房屋管理单位的住房,由对共用部位、共用设施设备具有共有关系的业主提出物业专项维修资金使用计划,经对该共用部位、共用设施设备具有共有关系的三分之二以上的业主通过后实施。

②发生危及房屋安全的情况,需要立即对住房共用部位、共用设施设备进行维修和更新、改造的,可由物业服务企业或者房屋管理单位预先垫付有关费用,经规定程序审核确定后从物业专项维修资金中列支。

③因对商品住房共用部位、共用设施设备进行维修和更新、改造,使用物业专项维修资金的,从对该共用部位、共用设施设备具有共有关系的业主账户中列支。

因对已购公有住房共用部位、共用设施设备进行维修和更新、改造,使用物业专项维修资金的,可以按照业主和售房单位缴存物业专项维修资金的比例,分别从与该共用部位、共用设施设备具有共有关系的业主账户和售房单位的物业专项维修资金账户中列支。

④住房共用部位、共用设施设备在保修期内应由建设单位承担的维修和更新、改造费用,不得从物业专项维修资金中列支。

⑤供水、供电、供气、供热、通信、有线电视等管线和设施设备的维修、养护责任依法应由相关单位承担的,所需费用不得从物业专项维修资金中列支。

⑥住房共用部位、共用设施设备属于人为损坏的,修复费用由责任人承担,不得从物业专项维修资金中列支。

⑦根据物业管理合同约定,应当由物业服务企业从物业管理服务费用或者物业服务资金中支出的住房共用部位、共用设施设备的维修养护费用,不得从物业专项维修资金中列支。

(3) 物业专项维修资金的增值收益:在保证物业专项维修资金正常使用的前提下,代管单位可以按照国家有关规定将物业专项维修资金用于购买一级市场国债。业主大会成立后,代管单位用物业专项维修资金购买一级市场国债的,应当经业主大会同意。物业专项维修资金存储或者购买国债的增值收益应当转入物业专项维修资金滚存使用。

(4) 其他规定:利用住房共用部位、共用设施设备进行经营的,业主税后所得纯收益应当主要用于补充物业专项维修资金,业主大会另有决定的除外。住房共用设施设备报废后回收的残值,统一纳入物业专项维修资金。

(二) 物业专项维修资金的管理与监督

物业专项维修资金管理实行统一缴存、专户存储、专款专用、所有人决策、政府监督的原则。专项维修资金属于代收代管基金,因此,必须加强对专项维修资金的管理与监督。

(1) 物业专项维修资金的代管主要包括以下几点。

①业主首次缴存的物业专项维修资金,由直辖市、市、县人民政府房地产主管部门或其委托的单位代收代管。

②成立业主大会的,物业专项维修资金的代收代管由业主大会决定。

③公有住房售房单位缴存的物业专项维修资金,由直辖市、市、县人民政府房地产主管部门代管。

业主应当在住房产权登记前,将物业专项维修资金交至代收单位。

公有住房售房单位应当在业主缴纳购房款 30 日内,将提取的物业专项维修资金交至代管单位。

代收代管单位应当向缴存人出具由省、自治区、直辖市以上人民政府财政部门统一监制的物业专项维修资金专用票据。

(2) 物业专项维修资金的储存:物业专项维修资金代管单位应当委托商业银行办理资金账户的设立、储存、提取、查询等手续。业主缴存的物业专项维修资金按幢设账,按业主分户核算。公有住房售房单位缴存的物业专项维修资金按售房单位设账,按幢核算。具有区分所有关系的业主的物业专项维修资金应当存储于一家商业银行。

(3) 物业专项维修资金的过户:业主转让住房时,应当结清欠缴的物业专项维修资金,该住房结余的物业专项维修资金应当随房屋所有权同时过户。

(4) 物业专项维修资金的结余:因征收等原因造成住房灭失的,物业专项维修资金代管单位应当将业主缴存的物业专项维修资金账面余额返还业主,售房单位缴存的物业专项维修资金账面余额纳入政府统筹管理。

(5) 物业专项维修资金的监督:物业专项维修资金代收代管单位应当定期向业主公布其使用情况,接受业主咨询,并依法接受审计部门的审计监督。物业专项维修资金的财务管理和会计核算应当执行国务院财政部门有关规定。物业专项维修资金专用票据的购领、使用、保存、核销管理,应当按照省、自治区、直辖市以上人民政府财政部门的有关规定执行,并接受财政部门的监督检查。财政部门应当加强对物业专项维修资金收支的财务管理和会计核算制度执行情况的监督。

第5节 房屋维修管理

一、房屋维修管理的概念及特点

(一)房屋维修管理的基本知识

1. 房屋维修的概念

房屋维修是指房屋自建成到报废的整个使用过程中,为了修复由于各种因素造成的房屋损坏、维护和改善房屋的使用功能、延长房屋的使用年限进行的各种检修、维护和保养活动。房屋具有使用期限长的特点,在使用过程中常因自然因素、使用因素、生物因素、地理因素、灾害因素等导致房屋损坏,根据损坏程度的不同进行维修和改建,才能保护房屋的使用安全,延长其使用年限,减少房屋的自然淘汰。

2. 房屋维修管理的概念

房屋维修管理是指物业管理组织按照国家有关房屋维修管理的标准和要求,以及科学的管理程序和制度,对所管理房屋进行维护维修的技术管理。房屋维修管理是物业管理的主体工作和基础工作。房屋维修管理是相对房屋维修的各项活动所进行的计划、组织、协调、管理等工作。房屋维修管理通过制订合理的维修周期和科学的维修计划,以及确定合理的维修范围和维修方案,合理组织人、财、物,做到节省费用、缩短工期,取得良好的经济效益、社会效益和环境效益。

(二)房屋维修的特点

(1) 房屋维修具有经常性。
(2) 房屋维修具有经营和服务的双重性。
(3) 房屋维修具有广泛性和分散性。
(4) 房屋维修技术要求高。

二、房屋维修管理的原则

现阶段,我国房屋维修总的方针是"管养合一",积极开展房屋小修养护,实行综合有偿服务;严格控制大片拆建,有计划地进行房屋大、中修与拆留结合的综合改建;集中力量改建危险房屋,保证住户安全;有步骤地轮流搞好综合维修,以提高房屋的质量、完好程度和恢复、改善设备的使用功能;实行专群结合、修防结合、分工负责、综合治理,调动各方面的积极因素维修好房屋。房屋维修管理应遵循以下几项原则。

(1) 经济、合理、安全、适用的原则。
(2) 修、养、爱结合的原则。
(3) 区别对待原则。
(4) 服务于用户和业主的原则。

(5) 等价有偿的原则。

三、房屋维修管理的内容

房屋维修管理的主要内容包括房屋维修计划管理、房屋安全与质量管理、房屋维修技术管理、房屋维修施工管理和房屋维修的费用管理等。

(一) 房屋维修计划管理

房屋维修计划管理是指物业管理者根据房屋的完损程度、用户对房屋保养与维修的要求以及政府对保养与维修的有关规定,为科学制订并实施房屋的综合保养与维修计划所进行的各项管理工作。房屋保养与维修往往是交叉进行的,而在实际工作中,房屋维修工作在一定程度上总会影响房屋的保养,比较容易打乱房屋的保养计划,所以,在制订房屋保养与维修计划时,应充分考虑各方面工作的实际,注意其科学合理性。

房屋保养与维修计划根据计划周期的不同,可以分为短期、中期及长期计划等。作为整个房屋的保养与维修管理,管理者会充分注意长期计划的制订与管理,如房屋 5 年、10 年乃至全寿命周期的保养维修计划,特别是房屋的改良性维修计划,这对于有效维护房屋的使用性能及经济价值都是十分有利的。通常,房屋的保养与维修计划周期越短,则越强调其实际操作性,往往要求也越详细、具体;而计划周期越长,则往往强调其可控性、协调性。房屋保养与维修计划的内容应包括保养与维修的目的、内容、实施办法、实施人员、材料、费用及质量考核等方面。

(二) 房屋安全与质量管理

(1) 房屋维修管理中的安全与质量管理,主要是指房屋日常使用过程中的安全与质量管理。即在房屋的使用过程中,通过定期和不定期进行房屋质量鉴定、安全检查以及危房鉴定和排险工作,随时掌握房屋的质量状况,为房屋的合理使用、维护管理和计划修缮提供基本的依据,确保房屋的完好和住用安全。

(2) 房屋安全与质量管理包括房屋质量等级鉴定、房屋使用安全检查及危房的鉴定和排险三方面的工作。

(三) 房屋维修技术管理

房屋维修技术管理是指对房屋维修过程中的各个技术环节,按国家技术标准进行的科学管理。

房屋维修技术管理的内容或基本环节为房屋维修设计、施工方案的制订,维修施工质量的管理,房屋技术档案资料的管理及技术责任制的建立。

(四) 房屋维修施工管理

房屋维修施工管理是指按照一定的施工程序、施工质量标准和技术经济要求,运用科学的方法对房屋维修施工过程中的各项工作进行有效的科学管理。其内容主要包括维修施工队伍的选择、维修施工的组织与准备、维修施工的技术交底、施工的调度与管理、施工工程的竣工验收及资料的交接。

(五) 房屋维修的费用管理

房屋的维修费用主要是指房屋保养维修过程中,所花费的人工、材料及设备使用等方面的费用。房屋保养与维修的费用管理要求物业服务企业根据物业服务合同及政府的有关规定,本着科学与合理的原则,核定及控制费用的来源及支出,以保证整个保养与维修工作的顺利开展。

四、房屋维修的分类及考核

(一)房屋维修标准

房屋的维修标准按主体工程,木门窗及装修工程,楼地面工程,屋面工程,抹灰工程,油漆粉刷工程,水、电、卫、暖等设备工程,金属构件工程及其他工程九个分项工程进行确定。

(1)主体工程。主要指屋架、梁、柱、墙、屋面、基础等主要承重构件的维修。当主体结构损坏严重时,不论修缮哪一类房屋,均应要求牢固、安全、不留隐患。

(2)木门窗及装修工程。木门窗应开关灵活、不松动、不透风;木装修应牢固、平整、美观、接缝严密。

(3)楼地面工程。楼地面工程的维修应牢固、安全、平整、不起砂、拼缝严密,不空鼓开裂,地坪无倒泛水现象。如厨房、卫生间长期处于潮湿环境,可增设防潮层;木基层或夹砂楼面损坏严重时,应改做钢筋混凝土楼面。

(4)屋面工程。必须确保安全、不渗漏、排水畅通。

(5)抹灰工程。应接缝平整、不开裂、不起壳、不起泡、不松动、不剥落。

(6)油漆粉刷工程。要求不起壳、不剥落、色泽均匀,尽可能保持与原色一致。对木构件和各类铁构件应进行周期性油漆保养。各种油漆和内外墙涂料以及地面涂料,均属保养性质,应制订养护周期,达到延长房屋使用年限的目的。

(7)水、电、卫、暖等设备工程。房屋附属设备均应保持完好,保证运行安全、正常使用。电气线路、电梯、安全保险装置及锅炉等应定期检查,严格按照有关安全规程定期保养。对房屋内总电气线路破损老化严重、绝缘性能降低的,应及时更换。当线路发生漏电现象时,应及时查清漏电部位及原因,进行修复或更换。对供水、供暖管线应做保温处理,并定期进行检查维修。水箱应定期清洗。

(8)金属构件工程。应保持牢固、安全、不锈蚀,损坏严重的应更换,无保留价值的应拆除。

(9)其他工程。对所管辖区域的院墙、院墙大门、院落内道路、沟渠下水道损坏或堵塞的,应修复或疏通。庭院绿化不应降低绿化标准,并注意对庭院树木进行检查、剪修,防止大风、暴雨对房屋造成破坏。

(二)房屋维修的考核指标

根据《房地产经营、维修管理行业经济技术指标》的规定,考核指标、计算公式以及说明如下。

1. 主要经济技术指标

(1)房屋完好率:50%~60%。
(2)年房屋完好增长率2%~5%,年房屋完好下降率不超过2%。
(3)房屋维修工程量:100~150 m²/(人·年)。
(4)维修人员劳动生产率:5000元/(人·年)。
(5)大、中修工程质量合格品率:100%,其中优良品率30%~50%。

(6) 维修工程成本降低率:5%～8%。

(7) 安全生产,杜绝重大伤亡事故,年职工负伤事故频率:小于3‰。

(8) 小修养护及时率:99%。

(9) 房屋租金收缴率:98%～99%。

(10) 租金用于房屋维修率:不低于60%～70%。

(11) 流动资金占用率:小于30%。

(12) 机械设备完好率:85%。

2. 指标计算公式(按百分比计)

房屋完好率＝完好、基本完好房屋建筑面积/直管房屋总建筑面积×100%

年房屋完好增长率＝新增完好、基本完好房屋建筑面积/直管房屋总建筑面积×100%

年房屋完好下降率＝原完好、基本完好房屋下降为损坏房屋的建筑面积/直管房屋总建筑面积×100%

房屋维修工程量＝年大、中、综合维修建筑面积/年全部维修人员平均人数(m^2/(人·年))

维修人员劳动生产率＝年大、中、小、综合维修工作量(元)/年全部维修人员及参加本企业生产的非本企业人员的平均人数×100%(元/(人·年))

大、中修工程质量合格品率＝报告期评为合格品的工程建筑面积之和/报告期验收鉴定的单位工程建筑面积之和×100%

大、中修工程质量优良品率＝报告期评为优良品的单位工程建筑面积之和/报告期验收鉴定的单位工程建筑面积之和×100%

维修工程成本降低率＝维修工程成本降低额/维修工程预算成本额×100%

年职工负伤事故频率计算公式有两种:

年职工负伤事故频率＝全年发生的负伤事故人次/全年全部职工平均人数×100%

年职工负伤事故频率＝报告期发生的负伤事故人次/报告期全部职工平均人数×100%

小修养护及时率＝月(季)度全部管区实际小修养护户次数/月(季)的全部管区实际检修、报修户次数×100%

房屋租金收缴率＝当年实收租金额/当年应收租金额×100%

租金用于房屋维修率＝用于房屋维修资金额/年实收租金额×100%

流动资金占用率＝流动资金年平均余额/年完成维修工作量×100%

机械设备完好率＝报告期制度台日数内完好台数/报告期制度台日数×100%

思考与练习

一、名词解释

1. 物业
2. 物业管理
3. 物业服务企业
4. 业主
5. 业主委员会
6. 物业服务合同
7. 物业接管验收

8. 物业管理招标
9. 现值法

二、简答题

1. 请简述物业的分类。
2. 试分析物业管理三大目标的内涵。
3. 物业管理的专项业务有哪些?
4. 物业管理的特点、原则和职能分别是什么?
5. 业主大会的职责是什么?
6. 一般从哪些方面审查物业服务合同的法律效力?
7. 物业早期介入的含义和内容是什么?
8. 物业接管验收的标准是什么?
9. 房屋维修的考核指标是什么?
10. 简述物业专项维修资金的使用和管理。

参 考 文 献

[1] 刘薇.房地产基本制度与政策[M].北京:化学工业出版社,2010.
[2] 周京奎.城市土地经济学[M].北京:北京大学出版社,2007.
[3] 邹永丽,伍军,褚中喜.房地产法律概论[M].北京:中国政法大学出版社,2015.
[4] 陈鹏.中国土地制度下的城市空间演变[M].北京:中国建筑工业出版社,2009.
[5] 叶剑平,谢经荣.房地产业与社会经济协调发展研究[M].北京:中国人民大学出版社,2005.
[6] 韩国波.房地产概论[M].北京:中国矿业大学出版社,2012.
[7] 赖笑,倪志军.房地产建设项目管理概论[M].北京:北京理工大学出版社,2011.
[8] 刘亚臣,王静.住宅与房地产概论[M].北京:中国建筑工业出版社,2013.
[9] 黄安永.物业管理[M].北京:中国建筑工业出版社,2008.
[10] 范幸义,冉小平.房地产研发设计概论[M].2版.成都:西南交通大学出版社,2014.
[11] 陈港.房地产营销概论[M].2版.北京:北京理工大学出版社,2011.
[12] 吴翔华,封海洋.房地产中介概论[M].2版.北京:化学工业出版社,2011.
[13] 董藩,赵安平.房地产金融[M].北京:清华大学出版社,2012.
[14] 陈琳,谭建辉.房地产项目投资分析[M].北京:清华大学出版社,2015.